外國法制史

朱琳 主編
羅燕、李珊珊、謝緣、黃皓 副主編

前 言

外國法制史是法律史學的重要組成部分,是法學基礎學科之一。它是一門以馬克思列寧主義為指導,研究世界歷史上各種不同類型的、具有代表性的法律制度的本質、主要內容、表現形式、基本特徵及其互相聯繫,並揭示其發展演變規律的學科。所謂具有「代表性」的法律制度,一般說來,應該是指那些在世界法律發展史上佔有重要地位的法律制度,比如,各種法系的母法,對後世法律或者當時的社會進步產生了重大影響的法律制度,對認識法律的本質及其與宗教、道德、倫理等社會現象的聯繫有直接幫助的法律制度,在立法技術、法律意識及司法活動等方面有獨特表現的法律制度,對當代中國的法治建設具有重要借鑑意義的法律制度,等等。法律制度的內涵非常豐富,其外延也是多方面的。外國法制史學不僅要說明這些法律制度「是什麼」,還要揭示「是什麼」背後的「為什麼」;它不僅要說明一種法律制度的內容、形式、特徵和本質,還要解釋這種法律制度和其他法律制度之間的聯繫和區別,以及這種法律制度與其他社會現象之間的相互關係;它不僅要說明一個特定時期某種類型的法律制度,更要闡明這種法律制度的來龍去脈以及造成其變化的原因,並且以具體事例為依據,總結法律制度發展、更替的規律。由於各國的法律制度有自身發生、發展、變化的歷史,因此,外國法制史的學科體系既要考慮同一社會經濟形態中不同國家的法律制度的基本共性,也要考慮即使是同一類型的國家的法律制度也存在著相當的差異性。

外國法制史的研究對象決定了外國法制史的學科體系。由於外國法制史選擇的是一些有影響、有代表性的國家和地區的法律制度,並對其加以闡述,因此在研究的地區和國別範圍上並不能等同於世界法制史。同時,它也不包括中國法制史。

外國法制史與法學基礎理論有著直接而密切的關係,但二者又有區別。法學基礎理論綜合研究整個法的基本概念、原理和規律等,它綜合併概括法制史和部門法學提供的歷史與現實材料,闡明法的本質、特點、歷史類型和發展的一般規律。法制史則不同,它必須根據不同國家的不同歷史條件,實事求是地具體闡明法律制度的產生、發展、變化,揭示其特點、本質和基本規律。

在人類法制發展史上,對外域法律文化進行借鑑與移植的方法,早已被不同時期不同社會形態下的立法者所採用。古希臘的法學家在進行立法改革前曾遊歷埃及,考察過古代東方國家的法制;古羅馬的法學家不僅繼承和發展了雅典的債法和訴訟法,而且也接受了古希臘斯多葛學派的自然法思想;中世紀的日耳曼人雖然在徵服羅馬帝國後一度使發達完善的羅馬法沉寂,但當社會的發展給了羅馬法重登歷史舞臺的機遇時,他們不僅欣然接受,促成了日耳曼法與羅馬法的相融並存,而且使被徵服者的法

律文化在新時代得以復興和傳承發展。而近代西方確立的兩大法律傳統即大陸法傳統和英美法傳統，也均是以羅馬法與日耳曼法為基礎建立起來的。此外，美國法對英國法的借鑑移植，不同時期的日本法對中國法、大陸法以及英美法的借鑑移植，乃至於天主教會法對希伯來法的借鑑移植等，也都是對外域法律文化進行借鑑與移植的典型例證。不同國家和地區之間法律文化的借鑑已經成為各個法律體制發展的必經之路。

學習外國法制史具有重要的意義。它可以幫助我們擴大知識面，開闊視野，增強法律意識，加深對法律這種社會現象與其他社會現象之間的互動關係的理解。同時，學習外國法制史還能加深我們對外國現行法律的理解，因為外國法制中許多重要法律制度都與現行法律有密切聯繫，有的甚至就是現行的法律。此外學習外國法制史還可以幫助我們理解法律文化多元化的現象。一部外國法制史就是一部外國法律文化進化史，它給我們描繪了世界上各種有代表性的法律文化的產生、演變軌跡，並提供了這些法律文化從形式到內容的各種具體知識。各種法律文化在其發展演變的過程中會表現出巨大的差異，這不僅取決於各國獨特的政治、經濟形態，也取決於其宗教、歷史、文化傳統。當然，不同的法律文化在發展進化過程中也往往相互碰撞、交融，取長補短，一種法律文化也可能會借鑑、模仿或者移植其他國家或民族的法律文化，但這不僅不會妨礙不同法律文化的長期共存，而且能夠使法律文化呈現出更加豐富的多元化發展態勢。

本書選擇了古埃及法、楔形文字法、印度法、古希臘法、羅馬法、日耳曼法、教會法、城市法和商法、伊斯蘭法、英國法、美國法、法國法、德國法、日本法、俄羅斯法、歐洲聯盟法等最具代表性的法律體系來進行介紹和論述。我們在每一章後面還開列了參考文獻及書目，都是國內關於外國法制史最基本的參考書，以便為要求更深一步掌握外國法制史的讀者提供一些參考資料。

由於時間倉促，加之編者水平有限，書中難免有疏漏之處，敬請讀者批評指正。

編者

序

外國法制史作為法學基礎課程，從一個不太嚴格的意義上來講，就是關於外國法律制度歷史的學問。因此，這門法學基礎課程主要就是闡述外國法律制度的產生、發展和演變的過程。在外國法制史上有眾多的法律制度，本書主要採用各種類型中具有代表性的法制。基本內容主要包括兩個部分：一是法律發展史，主要涉及各種法律的形成、立法文件、立法思想及法律的特點；二是法律制度、原則的歷史發展，涉及憲法、民法、刑法、行政法、經濟法、社會法及訴訟法等基本內容。外國法制史的研究對象具有一定的局限性，即不可能將人類歷史上所有的除中國之外的國家或地區的法律制度都不加區別地作為自己的研究對象，而是應該擇取其中一些具有代表性的、有一定影響力的國家或地區的法律制度作為自己的研究對象。因此，從這個意義上講，那些沒有落入本書研究視野的國家和地區的法律制度也並非無足輕重，而是限於篇幅和側重點的緣故，本書選擇了古埃及法、楔形文字法、印度法、古希臘法、羅馬法、日耳曼法、教會法、城市法和商法、伊斯蘭法、英國法、美國法、法國法、德國法、日本法、俄羅斯法、歐盟法16個具有代表性的法律體系進行介紹和論述。

外國法律制度的歷史經歷了從古代法到中世紀法並向近代、現代法的演變過程。世界上最早出現法律文明的地方是古代東方的埃及、兩河流域、印度和中國。在古代東方法中，我們選擇了古埃及法、楔形文字法和古印度法作為代表性的法律體系來介紹。古埃及距今時間久遠，加上歷經多次戰亂，法律文本早已失傳，因此，今天對於這一古老的法律制度的研究，主要依據考古發現的石雕、銘文和紙草文字殘片以及埃及僧人和希臘學者的遺著等。根據現有的文獻資料，古埃及法制的歷史發展與法制文明的發展軌跡大體相同，即都有從習慣法向成文法轉變的過程。公元前15世紀末，成文法律逐漸發展並編纂成為法典。與古埃及同時，在西亞的兩河流域出現了奴隸聯邦制國家，公元前3000年，這些聯邦國家開始採用楔形文字記載和書寫法律，在法制史上稱之為楔形文字法。楔形文字法是人類歷史上最早的成文法系，具有獨特的法典結構和明顯的東方奴隸制色彩，對古代西亞各民族的法律，包括希伯來法有較大影響。世界上迄今為止發現的最早的一部成文法典《烏爾納姆法典》就誕生在此地。繼《烏爾納姆法典》之後，兩河流域的楔形文字法繼續發展，到公元前18世紀古巴比倫國王漢穆拉比完成了兩河流域的統一，並制定頒布了《漢穆拉比法典》。《漢穆拉比法典》集兩河流域楔形文字法之大成，標誌著楔形文字法乃至整個古代東方法發展到完備階段，在世界法制史上具有重要歷史地位。古印度法是東方早期宗教法的代表，是世界五大法系之一——印度法系的母法，古印度法與宗教的發展密不可分，並帶有強烈的

种姓制特点，对罗马天主教会法和伊斯兰法产生直接影响。公元前4世纪左右，印度大量编纂法律汇编和法经，其中《乔达摩法经》是最古老的一部，公元前2世纪至公元2世纪，印度法制史上第一部较为正规的法典典籍《摩奴法典》形成，对后来印度法的发展和变化具有深远的影响，其影响范围扩大到东南亚国家。

在世界法制史上，古代东方法产生较早，但是其发展较为缓慢，在古代法制史上具有重要地位。与古代东方法相比，古代西方法产生较晚但发展较快。古代西方法的典型代表是古希腊法和罗马法。古希腊和古罗马这两个国家较早地孕育并发展了奴隶制商品经济，并长期采用民主共和制政体，因此法律中带有民主性。公元前7世纪至公元前4世纪，希腊各城邦进入成文法阶段，古希腊法是一种成邦法，各邦法律在内容和形式上存在差异，所以并不构成一个统一的法律体系，但是古希腊的公法比较发达，尤其是雅典「宪法」对西方民主政治的影响极大。古罗马法形成较晚，公元前6世纪，罗马奴隶制国家形成，从王政时代，经共和国帝国，法律制度逐渐从简单到复杂，从不完备到完备，最终成为古代社会最发达完善的法律体系，其概念术语、体系结构和制度都对近现代西方法律，甚至是世界上多数国家法律的发展产生了深远影响，堪称世界法制史上的鸿篇巨制，因此，罗马法是整个古代法的重点。

日耳曼法、教会法和伊斯兰法是中古时期世界范围内三个重要的法律体系。日耳曼法是中世纪前期在西欧占统治地位的法律，具有属人主义、团体本位的特点，属于西方近现代法律，也是英美法系的历史渊源之一。因此，研究日耳曼法的产生、发展及基本制度和特点等，对于审视日耳曼法与大陆法系和英美法系具有极为重要的意义。教会法是一个宗教法律体系，在西欧中世纪中期教权一度超越世俗政权，而教会法也发展成为西欧占统治地位的法律体系，对于西方法律传统的形成具有重要意义。教会法是一种超越国界的法律，在一定的历史时期内深刻地影响了西欧社会，对后世的影响主要体现在法律思想和法律制度两个层面，尤其是在宪政、分权与制衡、婚姻家庭、国际法等方面，教会法的影响非常明显。伊斯兰法是东方世界的一个典型宗教法律体系，显著的特点是政教合一，宗教教义对国家政治、法律制度具有举足轻重的影响，至今仍是伊斯兰国家的重要法律渊源之一。

在西欧中世纪的中后期，随着政治、经济和文化的不断复兴，引发了西欧历史上的城市自治运动，城市法的出现和发展就是此期的一个重要标志。这一时期城市法的主要特征是契约、参与和阶级。城市法在大多数场合是根据成文的特许状建立起来的，在某些方面与当代宪政有相似之处。未经法律程序，不得随意逮捕和监禁公民，典型的市民特许状在于它免除许多封建劳役和赋税以及对其他劳役和赋税的严格限制，政治权力最终属于市民全体。11世纪以来也是西欧商法的发展和变化的关键时期。在城市规模和数量急遽增长的同时出现了一个商人阶级。为了满足商人阶级的需要，新型

的商法體系應運而生。商法與當時的主要法律體系一樣，也同樣具有客觀、普遍、互惠、參與裁判制、整體以及發展的特性。

英美法系和大陸法系是近現代最重要的兩大法律體系，英國法是英美法系的母法，英美法中許多重要的概念、原則和制度都是產生於英國。英國法的一個重要的特色是以判例法作為主要法律淵源。英國在憲法和其他部門法方面都有很多獨特的制度，對其他英美法系國家甚至是非英美法系國家的相關制度都產生了重要的影響。美國法是在繼承英國法的基礎上形成的，但同時又根據自身國情有所創新。美國法的歷史雖然不長，但是由於美國在國際上舉足輕重的地位以及自身法律制度的快速發展，美國法對當今世界法律的影響深遠。與英國法相比，美國法雖然繼承了英國普通法、衡平法和制定法的表現形式，但是在內容上有所發展和突破。尤其是在憲政、司法審查、法律教育、法律思想的活躍性與多樣性、反壟斷法等方面，美國法具有深刻的內容和鮮明的特色。

法德日俄是大陸法系的重要代表。法國法堪稱大陸法系國家的典型代表，其法律制度的產生和演變頗具有代表性。法國法是大陸法系的母法，它繼承了羅馬法的傳統，法律淵源以成文法為主。《法國民法典》在法國法律體系中居於核心地位，它所確認的無限私有、契約自治、過失責任等原則奠定了19世紀民法的基礎。在拿破侖時代所創立的「六法體系」對於大陸法系的形成和發展具有強大的塑造力，其結構體系、法典編纂理念、行政法院以及訴訟等方面的制度都對大陸法系國家產生深刻影響。德國法是大陸法系的另一面旗幟，也是在繼承羅馬法的基礎上建立的，但與法國不同的是，德國法中所包含的日耳曼法因素更多，並且更加注重社會利益的保護，以《德國民法典》為代表的德國法典結構更加嚴謹，概念更加準確，對於20世紀大陸法系中各國法制的影響也更大。德國法在19世紀曾經一度處於領先地位，其在法律制度的構建方面也有特殊貢獻，諸如團體法、社會法、經濟法、民商法等領域都可以看到德國法的蹤跡。日本法從總體上來講也是大陸法系的重要成員，但是其法律制度帶有明顯的混合色彩，不僅保留了中華法系的若干傳統因素，而且二戰後還受到英美法的強烈影響。從法律文化傳統上來看，俄羅斯法以成文法為主要淵源，基本上屬於大陸法系的範疇。就其基本特徵來講，俄羅斯法的法律淵源比較統一，屬於世俗法，在法律形式上接近於大陸法系，即成文法相對發達，判例法不被認為是法律淵源之一。俄羅斯法在早期屬於斯拉夫法系，後來又繼受羅馬法，十月革命後建立世界第一個社會主義國家，創立了第一個社會主義法律體系——蘇聯法，其法律理論與實踐深刻地影響了包括中國在內的其他社會主義國家，但是理論中也有一些較為負面的因素，比如片面強調法的階級性以及法學中的國家主義傾向等。

歐洲聯盟法是一種特殊的法律體系，就法律淵源來看，歐洲聯盟法主要包括條約、

歐洲聯盟立法、歐洲法院的判例與解釋、世界貿易組織的規定、國際法與國際協定、法的一般原則等。歐洲聯盟法的效力主要體現在直接效力原則和間接效力原則。直接效力原則是指所有歐盟的條約、由立法派生的規則、指令可以在成員國或接受指令的成員國直接適用，無須上述成員國內立法機關同意，做出的決定對所有的歐盟成員國及成員國個人具有直接的效力；間接效力原則是指不能直接在成員國適用或需要在成員國通過國內立法程序予以轉化或其他配合才能適用的原則。歐洲聯盟法的基本內容主要是憲政法律制度、歐盟市場法律制度、歐盟對外貿易法律制度、外交與安全以及內務方面的法律制度。作為一個開放的不斷變化的法律體系，歐盟法是一個自成體系的法律，具有聯邦法的屬性，它使得西方兩大法系日益融合，為人類經濟與合作提供了一個較為成功的模式，這也使它成為法律全球化的實驗室。

朱琳　李姍姍

目 錄

1 **古埃及法** ……………………………………………………… (1)
 1.1 古埃及法的形成和演變 …………………………………… (1)
 1.2 古埃及法的基本內容 ……………………………………… (3)
 1.3 古埃及法的特點和歷史地位 ……………………………… (6)

2 **楔形文字法** …………………………………………………… (10)
 2.1 楔形文字法的產生和發展 ………………………………… (10)
 2.2 楔形文字法的基本制度 …………………………………… (13)
 2.3 楔形文字法的基本特徵和歷史地位 ……………………… (17)

3 **印度法** ………………………………………………………… (19)
 3.1 古代印度法的萌芽和發展 ………………………………… (19)
 3.2 古代印度法的基本內容 …………………………………… (22)
 3.3 古代印度法的基本特點和歷史地位 ……………………… (26)

4 **古希臘法** ……………………………………………………… (29)
 4.1 古希臘法的產生和演變 …………………………………… (29)
 4.2 古希臘法的基本特徵 ……………………………………… (30)
 4.3 雅典法律制度 ……………………………………………… (31)
 4.4 古希臘法的歷史地位與影響 ……………………………… (37)

5 **羅馬法** ………………………………………………………… (38)
 5.1 羅馬法的產生和發展 ……………………………………… (38)
 5.2 羅馬法的淵源和分類 ……………………………………… (40)
 5.3 羅馬私法的基本內容 ……………………………………… (42)

  5.4 羅馬法的特徵 …………………………………………………… (46)
  5.5 羅馬法的歷史地位和影響 ………………………………………… (47)

6 日耳曼法 ……………………………………………………………… (50)
  6.1 日耳曼法的形成和演變 …………………………………………… (50)
  6.2 日耳曼法的基本內容 ……………………………………………… (53)
  6.3 日耳曼法的特點及其歷史地位 …………………………………… (57)

7 教會法 ………………………………………………………………… (60)
  7.1 教會法的形成和發展 ……………………………………………… (60)
  7.2 教會法的主要內容 ………………………………………………… (62)
  7.3 教會法的基本特徵及其影響 ……………………………………… (67)

8 城市法和商法 ………………………………………………………… (70)
  8.1 城市法 ……………………………………………………………… (70)
  8.2 商法 ………………………………………………………………… (74)

9 伊斯蘭法 ……………………………………………………………… (78)
  9.1 伊斯蘭法的起源和發展 …………………………………………… (78)
  9.2 伊斯蘭法的基本內容 ……………………………………………… (79)
  9.3 伊斯蘭法的特點和歷史地位 ……………………………………… (84)

10 英國法 ……………………………………………………………… (87)
  10.1 英國法的形成與發展 …………………………………………… (87)
  10.2 英國法的淵源 …………………………………………………… (90)
  10.3 憲法 ……………………………………………………………… (93)
  10.4 財產法 …………………………………………………………… (94)
  10.5 契約法 …………………………………………………………… (96)

10.6　侵權行為法 ……………………………………… (97)
　　10.7　家庭法和繼承法 ………………………………… (99)
　　10.8　刑法 …………………………………………… (101)
　　10.9　訴訟法 ………………………………………… (103)
　　10.10　英國法的歷史地位 …………………………… (105)

11　**美國法** ……………………………………………… (107)
　　11.1　美國法的沿革和發展 ………………………… (107)
　　11.2　憲法 …………………………………………… (109)
　　11.3　侵權行為法 …………………………………… (112)
　　11.4　反托拉斯法 …………………………………… (113)
　　11.5　刑法 …………………………………………… (114)
　　11.6　司法制度——法院與訴訟制度 ……………… (115)
　　11.7　美國法的特點和歷史地位 …………………… (116)

12　**法國法** ……………………………………………… (119)
　　12.1　法國法的形成和發展 ………………………… (119)
　　12.2　憲法 …………………………………………… (123)
　　12.3　行政法 ………………………………………… (125)
　　12.4　民商法 ………………………………………… (127)
　　12.5　刑法 …………………………………………… (129)
　　12.6　司法制度 ……………………………………… (131)
　　12.7　法國法的基本特徵 …………………………… (133)
　　12.8　大陸法系的形成和特點 ……………………… (134)

13　**德國法** ……………………………………………… (136)
　　13.1　德國法的形成與發展 ………………………… (136)
　　13.2　憲法 …………………………………………… (138)

3

13.3 民商法 …………………………………………………………（140）
   13.4 經濟立法與社會立法 …………………………………………（143）
   13.5 刑法 ……………………………………………………………（145）
   13.6 司法制度 ………………………………………………………（147）
   13.7 德國法的特點和歷史地位 ……………………………………（149）

14 日本法 ……………………………………………………………（151）
   14.1 日本法的形成與發展 …………………………………………（151）
   14.2 憲法 ……………………………………………………………（154）
   14.3 民商法 …………………………………………………………（156）
   14.4 刑法 ……………………………………………………………（158）
   14.5 司法制度 ………………………………………………………（160）
   14.6 日本法的特點和歷史地位 ……………………………………（162）

15 俄國法 ……………………………………………………………（166）
   15.1 十月革命前俄國法的法律制度 ………………………………（166）
   15.2 蘇聯時期的法律制度 …………………………………………（167）
   15.3 俄羅斯聯邦時期的法律制度 …………………………………（172）

16 歐洲聯盟法 ………………………………………………………（177）
   16.1 歐洲聯盟法的形成和演變 ……………………………………（177）
   16.2 歐洲聯盟法的淵源和效力 ……………………………………（178）
   16.3 歐洲聯盟法的基本制度 ………………………………………（181）
   16.4 歐洲聯盟法的基本特點和歷史影響 …………………………（185）

1 古埃及法

1.1 古埃及法的形成和演變

作為人類歷史上最早的四大文明古國之一的古埃及，其在人類發展歷史上所產生的影響和做出的貢獻是巨大和不可磨滅的，無論是在建築、藝術還是立法思想的傳播上都產生了巨大的影響。本章則以古埃及法作為入手點，進而反應出古埃及所取得的成就。古埃及法是指適用於埃及奴隸制國家的整個歷史時期（約公元前 3000 年至公元前 6 世紀）的法律規範總稱，既包括埃及歷史上 31 個王朝的法律，也包括希臘、羅馬統治時期的法律。

1.1.1 古埃及法的形成和演變與古埃及的歷史密不可分

（1）古埃及的歷史簡述。

在距今 9000 多年前，便有人開始在尼羅河河谷定居，進行農業和畜牧業生產活動。大約公元前 5000 年，埃及文明逐漸形成，並統一成為尼羅河上游河谷地區和尼羅河入海口三角洲地區的上埃及和下埃及兩個國家。公元前 3100 年，上埃及國王美尼斯徵服下埃及，定都提尼斯，後又遷都至孟菲斯，統一的埃及步入奴隸制文明時代，美尼斯也成為古埃及第一個法老。

古埃及統一之後，共經歷了六個王朝（公元前 3100 年至公元前 2270 年），這段時期是古埃及史上國力全面發展的第一個偉大時代。金字塔就是從這個時期開始出現的。第六王朝以後，王權日益衰落，國家各地區基本已不受法老統治，國家開始分裂，史稱「第一中間時期」。直至十一王朝才重新統一。之後埃及進入第二個政治穩定期即中王國時期（公元前 2060 年至公元前 1785 年）。古埃及在十二王朝時期遷都底比斯，開始使用青銅器，此時期埃及與敘利亞、克里特的交往擴大。十三王朝時，政權再次瓦解，「第二中間時期」開始，此時期古埃及第一次遭到外族入侵，侵略者為駕車作戰的喜克索人，他們占領了古埃及北部的大部分地區，建立了長達 100 多年的「太陽神不在的統治」（公元前 1720 年至公元前 1570 年），古埃及人在這期間學習了喜克索人的戰術和武器。十七王朝的阿赫摩斯一世於 1570 年將喜克索人驅逐出國境，重新統一埃及，開始了第十八王朝，這之後被稱為新國王時期（公元前 1570 年至公元前 1070 年）。第十八王朝國力強盛，對外頻繁發動戰爭。十九王朝是古埃及與赫梯帝國發生了卡迭石戰役，經過 16 年之久的戰爭，最後以拉美西斯二世與赫梯王哈圖西利斯簽訂和約告終。此時的埃及成為一個大帝國，統治範圍北起敘利亞，南到尼羅河第四瀑布，橫跨

北非和西亞。自公元前11世紀起，動盪的埃及先後被埃塞俄比亞人、亞述人、波斯人和馬其頓的亞歷山大所徵服。公元前6世紀以後，埃及基本上淪為波斯、希臘和羅馬的行省，從此古埃及徹底失去其獨立地位。但事實上，不論是托勒密王朝，還是羅馬、拜占庭統治下的埃及，仍然是奴隸制的埃及文明，埃及仍然是埃及人的埃及，埃及的傳統仍然被保留了下來。

(2) 研究古埃及法的資料。

埃及法最古老的淵源是奴隸制國家形成初期的不成文的習慣法，它是依據某種社會權威確立的、具有強制性和習慣性的行為規範的總和，它沒有像成文法一樣以規範性文件的形式表現出來，對其進行考究的難度極大。由於古埃及法律多以紙草為載體，而紙草最容易湮滅，因此，沒有一部古埃及法典幸存下來。儘管如此，考古資料、古埃及文獻和古典著作中的有關記述，仍然為我們研究古埃及的立法、司法活動提供了某些根據和可能。通過對這些資料的研究，我們能夠得到大量關於古埃及法的重要史料及信息。研究古埃及法的資料，一方面可以從已發現的銘文和紙草中可以清晰地辨別出一些法律文獻，比如法老的敕令、遺囑、契約、帳目和證明等。其按法所調整的內容種類和按法所調整的範圍都是令現代學者和專家感到驚訝的，比如古埃及法中既涉及實體法和程序法，也涉及公法和私法，這在某種程度上表明古埃及的奴隸制法律文明已達到相當完備的程度。另一方面，從側面也可以探索和研究古埃及法，比如從希臘古典自然法學派的學說以及柏拉圖、亞里士多德的著作中都可以發現古埃及法律對希臘和羅馬的法律制度及立法思想所產生的深遠影響。從波斯統治時期的瓦支赫累塞內石像以及後來徵服埃及的大流士國王也都可以作為研究古埃及法的史料來源。

(3) 古埃及法的演變。

在埃及奴隸制國家形成初期的不成文習慣法是埃及法最古老的淵源，古埃及法是由氏族習慣演變而來。古埃及法系是人類最早的法系之一，在大約公元前4000年，埃及就已經逐漸形成了自己的法律體系。在古埃及國家的形成過程中，古埃及的法律也是經歷了從不成文的習慣法到成文法、法典化的過程。古埃及法不僅具有古代法的共性，也具有其自身的特性，也就是說古埃及法系不僅具有古代法的一般特徵，也具有神權法和法老一人專制主義的色彩。據相關資料記載，古埃及的第一位立法者就是在公元前3100年左右統一全國的美尼斯法老，以後的繼承者們在此基礎上進行進一步的補充和完善。古埃及人篤信人死後，其靈魂不會消亡，仍會依附在屍體或雕像上。據說，薩吉西斯作為法老時曾頒布一道法令：借債時可以將自己亡父的木乃伊或者自身未來的木乃伊作為抵押或償還債務的擔保，在債務償清以前，本人的木乃伊不得埋葬。在公元前13世紀，拉美西斯二世頒布了關於整頓軍隊的成分和以出身、職業及特權作為區別依據的「種姓制法律」，從而以法律形式確認奴隸制統治秩序。公元前8世紀，被認為是古代埃及最重要法律典籍的《博克賀利斯法典》公布，該法典決定廢除債務奴隸制，限制借貸利息，准許農民典賣自己的份地，訂立契約不必通過宗教儀式，司法權也不再為祭司所壟斷。不同於其他古法系，在立法方面，雖然法老作為古埃及最高的統治者，擁有絕對的權威，但是古埃及的宰相和其他高級行政官員發布的政令也起著補充法律之不足的作用，因而也具有法律效力。雖然古埃及法隨著國家的統一由

習慣法逐漸轉變為成文法，但這並不意味著習慣法已經完全消失，無論是在古埃及時代，還是在現代社會，習慣法都在許多領域發揮著重要的作用。

1.1.2 古埃及法的形成和演變與其自然因素有著緊密的聯繫

古埃及擁有得天獨厚的地理位置和自然條件，發源於赤道非洲的尼羅河全長6,600多千米，從南到北貫穿埃及，流入地中海。在古埃及人的日常生活中，尼羅河起著極其重要的作用，儘管尼羅河每年都會定期泛濫，但卻灌溉了古埃及人的農田，而且在洪水退後，留下一層肥沃的淤泥，有利於農作物的生長。在人類的發展歷史上，埃及曾經被當作是尼羅河的贈禮。古埃及利用優越的自然灌溉條件，發展農業，成為世界上最早的農業民族，創造了高度的文明，並由此跨入了文明社會。馬克思主義哲學中強調「經濟基礎決定上層建築」，而法律作為上層建築，只有當建立一定的物質基礎後，法律這座「堡壘」才能穩穩地建立。古埃及人得益於優越的自然條件和通過辛勤的勞作，使農業、手工業、畜牧業和漁業等都有了很大的發展，使整個地區的經濟得到極大的發展，也促進了文明、政治的發展，並推動了古埃及法的形成和發展。

1.2 古埃及法的基本內容

1.2.1 專制政治制度

古埃及是典型的東方專制國家，其政治制度的基本特徵是奴隸制中央集權的君主專制政治。埃及人稱國王為「法老」，意思是孟菲斯的主神，為神人合一的至尊統治者，而且又是權威、智慧和真理的化身，法老集國家的祭司、立法、行政、司法和軍事的最高權力於一身，具有「創造性的言辭」「超人的智力」「堅持真理」「主持正義」的神的屬性。與中國封建君主專制時期相類似的是，在中國傳統觀念中，龍是帝王、王權的象徵，在對古埃及的文物進行考古的過程中發現的石刻或壁畫總把法老描繪成一個巨神，或者表現為神鷹、神蛇的形狀；在中國封建君主專制時期，封建君王為了顯示威嚴，規定人們說話中避免直呼其名或在行文中直寫其名，而以別的字相代替。在古埃及時期，法老的名字不許讀出聲音，在正式朝見時必須用第三人稱稱呼他。在法老的面前，即使是顯貴人士也處於絕對屈從的地位，若觸犯法老，隨時都可能丟掉性命。任何人面見法老，必須腹胸貼地，匍匐前進去親吻法老腳前的塵土，只有少數得到法老特別允許的人才能獲得一種崇高的榮譽去親吻法老的鞋子，如果能夠與法老談話那就更是無上的光榮。在古埃及時期，法老的神化和神的屬性更有助於確立統治者的權威和鞏固其統治秩序，因為埃及王權的基本內涵是「法老是神而不是人」。法老在古埃及人心中就是神，他擁有著至高無上的權力，擁有立法、司法、行政、財政、公共工程、軍事、宗教方面的一切權力。我們現如今看到的埃及金字塔，就是代表著古埃及臣民對專制君主的絕對崇拜和法老的無限權威與力量。

埃及的中央機構設宰相、掌印官或國庫官，地方設州尹，宰相在其中是最高的

行政官員，是整個官僚機構的全權首長。宰相的職責是輔佐法老每天處理全國政務，並且主管王室農莊、司法、國家檔案、稅收，監督公共工程的興建，其也是法老敕令的解釋人。由於宰相的職權廣泛，所以只能是法老近親才能擔任。除了宰相處理著大批政務外，宰相之下還設有一批大臣，分別管理財政、水利建設和各州事務，上至宰相，下至書吏、監工，各有專職，共同維繫著法老的統治。

古埃及人深信神明，對祭祀活動極其重視，所以祭司在國家機構系統中具有極其重要的作用，是法老的宗教事務的代理人，主持祭祀活動猶如政府的其他官員履職一樣。祭祀的目的是為法老的專制統治以及國家的安寧與繁榮提供思想意識上的保證。在古埃及時期，祭司也是由法老任免的，在很多時候祭司與官吏之間的界限並不清晰，特別是在新王國時代，祭司的權威更高，他們與政府的官僚大臣相結合，在國內的政治生活中佔有重要地位。

在古埃及地方上，地方的行政長官為州長，由法老任命，兼有行政和司法大權，各州不僅具有完備的行政機關和官吏，而且擁有自己的軍隊和警察。軍隊是專制王權的重要支柱，埃及常備軍是由王室衛隊和鎮壓國內暴亂的部隊組成，戰時根據需要，從地方徵召軍隊服役。雖然宰相的職權非常廣泛，但是宰相不兼軍權，軍權由法老直接掌管。古埃及時期還有專門負責維持社會治安的警察。

1.2.2 土地制度

法老是全國土地的最高所有者，常常將土地以分封或俸祿的方式分配給寺廟、貴族和官吏。古埃及土地佔有和使用的形式主要有四種。①王室土地，歸王室直接支配，構成王室領地，由王室派官經營，使用奴隸和失去土地的自由民從事勞動，其所得產品供王室使用。②神廟的土地，其主要來源是法老的贈予和大臣的贈給，在《上古埃及年代記》中就曾多次提到這種贈予，其中最多一次贈地達 1,700 斯塔特（1 斯塔特合 2,735 平方米），這種贈予不僅規模較大，而且不附帶任何條件。法老和大臣在生前把土地贈給祭司作為死後守陵祭祀之用，這類土地只能世襲使用，不能轉讓。③貴族和大臣佔有的土地，一般分為兩個部分，一部分為繼承得來的家族財產，這部分家產可以繼承、轉讓和出賣；另外一部分為法老賞賜的祿田（即分給官員以充俸祿的田地），但是祿田在罷官之後必須交給國家。④農民佔有的土地，埃及全國土地的大部分分配給廣大農民使用，以保證國家的基本稅收來源。在農村公社裡，每家領取一小塊份地耕種，國家通過村社向農民攤派租稅，抽調力役。法老每隔幾年要對全國的土地和其他財產進行一次清查，根據清查結果確定稅額，如不能按期交足定額，即從土地上逐走。在公元前14世紀，法老赫拉姆霍斯的法律規定，對不按期納稅者，一律處以仗刑。農民負擔的賦稅非常沉重，許多人因此而破產，淪為債務奴隸，或者流落到王室、大臣、貴族和神廟的農莊裡，成為處於依附地位的農民，受其支配和壓榨。

1.2.3 契約制度

隨著古埃及奴隸制經濟的繁榮，出現了多種形式的契約，廣泛適用於土地買賣、借貸、租賃和合夥等經濟活動。契約的成立必須以當事人的合意為基礎，並輔以必要

的形式。在古代埃及一個很長的歷史時期內，債務契約的簽訂必須採取一種莊嚴宣誓的形式，在祭司和官吏的面前簽訂契約，這一形式要求直到博克賀利斯王時代才被免除。訂立土地買賣的契約則必須遵循嚴格的程序，應依次經過三道手續：錢款付清協議，賣方保證不得有第三者對該土地主張任何權利，買主開始佔有土地。這三道手續須在法院辦理，並在土地登記簿上完成過戶手續，土地所有權的轉移自買方實行佔有土地時開始。借貸契約作為古埃及最為流行的契約形式，其標的物主要是金錢和穀物。租賃與租金制度發達，租賃契約包括土地、牲畜、車、船等；承租人要定期付租金；在租賃期除自然因素外所造成的對租賃標的的破壞實行賠償制。在 1.1 節中也提到借債人可以將自己亡父的木乃伊作為抵押，或以自身未來的木乃伊作為償還債務的擔保，直到博克賀利斯王才廢除了債務奴役制，同時禁止債權人擅自奪取債務人財產，特別是耕畜和農具等農業生產用具，但法老和寺廟不在此例。博克賀利斯還限定了利率，金錢借貸每年的最高利率為 30%，穀物借貸每年的最高利率為 33%，但主要的高利貸者即法老、官吏和寺廟仍不受此限制，此外還有租賃契約以及合夥契約等。

1.2.4　司法組織和訴訟程序

埃及的司法尚未從行政部門分離出來獨立行使審判權，如高級官員，也就是法官，掌管司法權的「十人委員會」或後來的「六人院」，都是由宰相擔任主席。新王國時代，中央最高法庭共有法官20名，由各州、市的貴族和富人擔任；地方州法院，由州長與法官主持；在基層鄉、鎮，尚存有一種稱為「甲甲特」「肯培特」的公社會議，主持審判、經濟和各種行政事務，其審判權僅限於審理有關家庭權利糾紛案件，特別是遺產糾紛案件，而且原告和被告的親屬都能夠以陪審員的身分來處置此案件。埃及法院一般採用對抗式的訴訟程序，原告有責任向法院提出起訴的理由。如果法庭認為原告的論點是可以接受的，就傳訊被告到庭受審。證據主要有證人、證物或證詞，其次有勘驗、刑訊所取得的供狀。判決是按照慣例以文書資料為依據。如果法官無法取得可信的文書資料，那麼他就根據所得的證言、供狀做出裁決。判決書一般都載明理由、判決的法律依據、處理案件的庭辯經過及判決結果。最後，判決書連同執行過程的書面材料，一併存入法院檔案庫。

1.2.5　婚姻家庭與繼承制度

古埃及時期個人具有較大的獨立性，婦女具有較高的地位。古埃及法保留了母系氏族的遺風，子女一般從母姓，在親屬中以外祖父和舅父的地位最為尊重，婦女在家庭中居於相當高的地位，是「家庭的統治者」，同男子一樣在法律上享有完全的權利，可以擁有和繼承財產、簽訂契約、訂立遺囑、充當證人、提起訴訟，甚至可以繼承王位，但自第五王朝起，夫權得到了加強和擴張。古埃及的婚姻與現代社會一夫一妻制有一定的類似之處，這也證明古埃及時期在婚姻觀念的一定進步。如婚姻主要實行一夫一妻制，但隨著夫權制的確立，納妾也並不違法；契約是婚姻成立的基本要件，婦女作為契約當事人一方，以自己的名義與對方簽訂契約，按照婚姻契約，妻子可以保留自己的財產，而丈夫則有義務提供妻子的生活所需，為保證妻子的財產得到承認，

則需要開具詳細的財產清單，並且以丈夫的全部財產作為抵押；離婚是完全自由的，妻子通常都會得到一筆高額補償金。

在後嗣方面，法定夫妻所生子女為正宗，妾所生之子女受到天然歧視，甚至不承認其為家庭成員。如果夫妻結婚多年無生養，允許男人與女奴同居，所生子女為「收養子女」，自動獲得自由人身分，並為當然後嗣。在財產繼承制度上，一般不遵循長子繼承制，全體子女平均繼承遺產，但可以賦予長子某些特權；無子嗣者，由死者的兄弟或姐妹繼承；撥一定數量的財產歸所信奉的神廟所有；古埃及法中規定在保障法定繼承的前提下，可以一部分財產提供作為遺囑繼承，但也有銘文記載，某婦女完全剝奪其子女的繼承權的事實，某男子偏愛其幼女而明確表示她有權繼承其全部財產；子女依法繼承父親的財產，也能繼承母親的財產。無論哪一種繼承方式，繼承人及其繼承事實均得依法進行，並通過官署登記、備案。

1.2.6 犯罪及刑法制度

古埃及刑事法律制度具有犯罪與侵權不分、刑罰種類繁多、廣泛適用死刑和殘害肢體等奴隸制刑法的典型特徵。最嚴重的犯罪行為是國事罪，即暴動或叛變，對這種犯罪，不但對其本人處以死刑，並將其屍體擲入河中，意思是不得在國土內安葬，而且實行株連制；洩露國家機密、違反宗教祭祀規則、捕殺祭天禽獸、違反聖書中所定的醫療規則等都是重大犯罪，犯者均處以死刑；甚至違反誓言、誣告等行為也難免一死，可見死刑的適用範圍相當廣泛。使用的刑罰手段也十分殘忍，如對殺父的罪犯處凌遲刑，使犯人受盡剮肉和滾釘板之苦，最後再將其燒死；殘害肢體刑主要包括割手、割耳、割鼻、割舌、割生殖器等，如對盜竊、偽造印章和貨幣、使用偽度量衡者就處以殘害肢體刑；此外還有勞役、監禁以及凌辱刑，如把罪犯綁在刑架上示眾；血親復仇已被禁止，尚無贖罪金的形式。

在古埃及不同的歷史時期，其法律制度也發生了相應的變化，但從整體上來說，它是從習慣法向成文法蛻變的過程，表現出不斷完善的趨勢，並以其固有形態保留下來。古埃及法傳播到西方，對希臘和羅馬的法律制度及其立法思想不可避免地產生重大影響。

1.3 古埃及法的特點和歷史地位

1.3.1 古埃及法的特點

根據對古埃及法歷史演變流程的瞭解，再結合其基本法律制度，古埃及法的特點是非常顯著的，主要表現為是典型的神權法。古埃及法具有濃厚的專制色彩，其財產與契約法律較為發達，並且調和了本土法律和外來法律之間的關係。雖然古埃及法在很多方面和領域具有一定的歷史局限性，如專制的政治制度、不合理的婚姻制度、殘忍的刑罰措施等，但不可否認它為埃及的經濟發展、政治穩定、文化繁榮所起的促進

作用，甚至對世界法律制度及其立法思想也產生了一定影響。

（1）古埃及法是典型的神權法。

法老是神而不是人，這是埃及王權的基本概念，埃及王權從它一出現在歷史舞臺上就與君權神授密不可分。法老不僅是埃及的國王，也是所有神的高級祭司。為了加強中央集權的專制統治，法老大肆宣揚君權神授思想，到了第五王朝的時候，法老被尊稱為「太陽神之子」。古埃及的君主從一開始就是神或神的化身，是一個有形的實體的神。埃及法老的神化及其神的屬性，成為古埃及專制主義政權統治的思想基礎和國王權威的重要來源。

（2）古埃及法具有濃厚的專制色彩。

從總體上來看，古埃及是典型的東方專制國家，其政治制度的基本特徵是奴隸制中央集權的君主專制政治，其相應的法律也體現出濃厚的專制色彩。按照正統的王權理論來看，整個國家都歸法老所有，君主是專制主義政權的主宰，是神的化身和繼承者，全國的行政、司法、經濟、軍事和宗教大權集於國王一人之身。法老對全國的土地擁有最高支配權，並能夠將土地隨意地賞賜給他的臣民、親屬和神廟。法老會定期對全國的土地和財產進行清查，這已經成為專制統治的一項重要措施。法老也掌握對別人的生殺大權，在古埃及中最嚴重的犯罪行為就是國事罪，即背叛、暴動和陰謀反對國家，古埃及法中明文規定對於這種罪犯，不僅本人將被處死，而且株連其家屬，屍體也將拋入河中，不得埋葬。

（3）發達的財產與契約法律。

隨著古埃及奴隸制經濟的繁榮，出現了多種形式的契約，廣泛適用於土地買賣、借貸、租賃和合夥等經濟活動。從已被發現的銘文和紙草中可以清晰地辨認出諸如法老的敕令、判決記錄、契約、遺囑、繼承、帳目和證明等法律文獻，內容涉及公法和私法，實體法和程序法，表明古埃及的奴隸制法律文明已經達到相當完備的程度。契約法律的發展在一定程度上促進了埃及文字的演進。古埃及的文字經歷了象形文字、僧侶體文字、世俗體文字等三個發展階段。古埃及的象形文字產生於公元前 4000 年左右，獨立地從原始社會最簡單的圖畫和花紋產生出來，但這種文字最初僅僅是一種圖畫文字，後來才發展成象形文字。在古埃及歷史的不同階段，埃及的象形文字隨著社會生活的需要出現過多次變化，中王國時期出現過祭司體，古埃及後期時出現過民書體，在羅馬統治期間又出現了科普特文字。僧侶體文字在中王國、特別是新王國時期，廣泛運用於商業文書的書寫；世俗體文字形成於第二十五王朝時期，最初是政府官員用來書寫契約、公文和法律文書等，而到了托勒密時代和羅馬時代，不僅在商業上，甚至平民的日常生活中，以及最後宗教文獻、文學作品也都用它來做記錄。

（4）古埃及法調和了本土法與外來法的關係。

在埃及法的形成與發展過程中，埃及本土法律與波斯、希臘以及羅馬法等外來法律在一定程度上實現了有機的調和。一方面，在希臘和羅馬統治時期，古埃及法的某些方面慢慢地與希臘和羅馬帝國法相結合。另一方面，從希臘古典自然法學派的學說以及古典作家的著作中，也可以明顯地透析出古埃及的法律對希臘和羅馬的法律制度及其立法思想所產生的深遠影響。據希羅多德記載，法老拉美西斯的統治時代是埃及

歷史上空前繁榮的時代，拉美西斯制定出一條法律，即每一個埃及人每年要到他的諾姆的首長那裡去報告他的生活情況，如果他不這樣做或是不來證明他在過著忠誠老實的生活時，他便要被處以死刑。曾流行過這樣一句話，「雅典人梭倫從埃及那裡學到了這條法律而將之施用於他的國人中間，他們直到今天還遵守著這條法律，因為這的確是一條很好的法律」，這足以說明古埃及法對雅典的影響。此外，古埃及家庭法中婦女地位較高，這一點也影響了希臘法的相關方面。

1.3.2 古埃及法的歷史地位

(1) 古埃及法對婦女的保護有極大的意義。

從已發現的紙草、銘文、碑記中可以得出這樣一個結論，即在法老時代婦女擁有許多同時代其他國家婦女所無法享有的權利，比如可以同男子一樣可以擁有土地、房屋等不動產，而且還可以隨意處理這些財產。有這樣一個案例，薩卡拉發現的一篇第三王朝末期撰寫的自傳體銘文中提到貴族梅騰的母親擁有50斯塔特的土地，並以「家庭協議」的方式轉讓給她的子女們，而且這份不動產轉讓協議還被呈送到某個公共權力機關。這表明在埃及文明之初，婦女就擁有獲得不動產的權利，更重要的是，婦女的這種權利並未隨著古王國時代專制統治的加強而消失。從財產繼承關係上看，子女在繼承母親財產方面與繼承父親財產方面的權利、義務皆相同，繼承的決定權是掌握在母親的手中，也就是說母親既可以賦予子女的繼承權利，也可以在一定情況下剝奪他們的繼承權。有一點不同於中國傳統觀念「嫁出去的女兒，潑出去的水」，在古埃及時期，出嫁的女兒在繼承父母財產方面與其兄弟擁有同樣的權利和義務。在諾克亥克特的遺囑中記錄了一位婦女生育了8個孩子，而當她老了以後，其中的4個孩子卻沒有很好地照顧她，該老婦人在拉美西斯四世的第三年向法庭提出了上訴，要求剝奪未盡孝心的4個子女的繼承權。在一年以後，孩子們同意按照她的決定，即由另外的4個孩子繼承屬於母親的那部分財產，而8個孩子共同繼承屬於父親的那部分財產。此外，古埃及人的婚姻法也特別關注婦女的權利，如在結婚前通常會立下契約，以說明男女雙方分別為新的家庭帶來多少財產，而在離異時，視其造成離異的責任歸屬來採取不同的處分財產方法。這其中男女雙方完全是平等的，男女雙方都有權提出離婚，如果妻方有理，不但可以帶走結婚時帶來的財產，還可以分得雙方在婚後新獲得財產的三分之一到一半。

(2) 古埃及法是古代東方法中民事經濟立法的典型代表。

從已經發現的紙草、銘文和歷史史料中可以清晰地辨認出諸如法老的敕令、判決記錄、契約、遺囑、繼承、帳目和證明等法律文獻，都涉及土地制度、契約制度、婚姻家庭與繼承制度等經濟與民事領域。雖然，古埃及成文法缺乏，使我們難以看到像古代兩河流域楔形文字法典中那樣集中的成文契約法律規範，但是，古埃及的財產與契約法律卻是活生生地存在，其具有形式生動優美，內容豐富多彩等特徵，在古代東方法類型中獨具特色。

(3) 古埃及法對其他法系的影響。

古埃及法律制度與其發達的宗教、建築、文學一起共同構成了古代東方文明中的

尼羅河文明，是世界文化中的重要組成部分。自公元前6世紀起，一系列外族入侵打斷了古埃及法獨立發展的歷史進程，古埃及法系也逐漸消亡。儘管如此，它仍然對古希伯來、古埃及和古羅馬的法律制度及立法思想產生了深遠的影響。例如，對整個西方世界有著根本性影響的摩西十誡，就吸收了古埃及法的精華，體現了相應的承繼關係。又如，古埃及家庭法中婦女地位較高，這一點影響了古希臘法的相關方面。而且從古埃及法律制度的描述中，我們可以看到古代埃及法的一些重要特徵，這些特徵既是我們瞭解關於古代法律制度的一個基點，也是我們理解古埃及人生產、生活的指南。

參考文獻

[1] 尚緒芝. 外國法制史教程 [M]. 北京：知識產權出版社，2014：190-192.

[2] 夏新華. 非洲法律文化史論 [M]. 北京：中國政法大學出版社，2013：42-44.

[3] 林榕年. 外國法制史 [M]. 北京：中國人民大學出版社，1999：10-14.

2 楔形文字法

2.1 楔形文字法的產生和發展

楔形文字法是指古代西亞兩河流域地區各奴隸制國家以楔形文字鐫刻而成的法律的總稱，它產生於公元前 3000 年左右，至公元前 6 世紀隨新巴比倫的滅亡而消亡（消亡時間存在爭議）。這些奴隸制國家包括亞述人、依蘭人、赫梯人等建立的國家，他們除了有共同的文字外，由於在經濟、文化、政治等方面有一定的相似之處，因而決定了他們在法律上具有某些共通之處。本節大致從：①公元前 3000 年至公元前 2500 年，兩河流域地區建立了一批城市國家；②約公元前 3000 年代後期，這些城市國家的法律開始走向成文化；③約公元前 22 世紀末，烏爾第三王朝頒布《烏爾納姆法典》；④烏爾第三王朝滅亡後楔形文字法的發展；⑤公元前 18 世紀《漢穆拉比法典》的制定等幾個方面探究楔形文字法的產生和發展。

2.1.1 《漢穆拉比法典》產生以前楔形文字的產生和發展

兩河流域是人類歷史上最早形成國家與法的地區之一，也是楔形文字法的發源地。在公元前 3000 年至公元前 2500 年，兩河流域的蘇美爾人、阿卡德人相繼建立了一些城市國家（以城市為中心與周圍若干農村結合而成的國家），如烏爾、拉格什和烏魯克等，並創造了字形上粗下細，形如木楔的古代楔形文字。這些城市國家最初都採用的是傳統的習慣法，在約公元前 3000 年代中期，才開始出現一些零星的以記載婚姻家庭方面為主的成文法。在此之後，成文法逐漸盛行，涉及的內容和種類也更加廣泛，包括契約、債務、侵權行為、損害與賠償等方面法律的規範，並逐漸向自成一體的「法典」化方向發展。約公元前 22 世紀末，兩河流域南部地區的烏爾第三王朝（公元前 2113 年至公元前 2006 年）的國王烏爾納姆（公元前 2113 年至公元前 2096 年在位）為了統治需要，頒布了《烏爾納姆法典》。該法典是由楔形文字寫成，內容涉及損害與賠償、婚姻、家庭和繼承以及刑罰等方面，這是迄今為止所知人類歷史上最早的一部成文法典。這部法典除序言外，共有 29 個條文，可以辨認的有 23 條。序言中聲稱烏爾納姆的統治權力來自神授，讚頌他按照神意在人世間確立了「正義」和社會秩序等。《烏爾納姆法典》正文基本內容包括：禁止非法侵入他人田產，凡以武力強行耕種或故意用水淹沒他人田地的，均需支付一定的實物進行賠償；對侵犯人身權利的犯罪規定，不僅包括傷害他人肢體器官，也包括誣告等行為；將居民劃分為自由民和奴隸兩個階層，自由民內部的等級劃分尚不明顯，法律嚴格保護奴隸主的私有權，奴隸可作為財

產任意買賣，也可作為實物賠償給受害者，對奴隸的反抗規定了嚴厲的刑罰；訴訟須由私人提起，要經法庭審理，神明裁判盛行；注重對婚姻家庭關係的調整，奉行男尊女卑原則。《烏爾納姆法典》是世界上第一部成文法典，它標誌著古代東方法已進入成文化階段，為兩河流域楔形文字法的發展開創了法典化的新時代。在這以後，兩河流域地區的其他城市國家也相繼制定成文法典，其中比較著名的有：伊新王國的《李必特·伊絲達法典》（約公元前20世紀中期）、埃什嫩那王國的《俾拉拉馬法典》（約公元前20世紀中期）、拉爾薩王國的《蘇美爾法典》和《蘇美爾親屬法》（約公元前20世紀）等。這些法典在一定程度上繼承了《烏爾納姆法典》的風格，但在結構體系、立法技術等方面已有所優化和提高，其涉及的內容和領域也更為廣泛，如債權、財產所有權、婚姻家庭、繼承、各種刑事規範和訴訟規範，這反應了楔形文字法在兩河流域獲得進一步發展。

2.1.2 《漢穆拉比法典》

烏爾第三王朝滅亡後，兩河流域南部又處於分裂狀態，直到公元前19世紀，阿摩利人建立的古巴比倫王國興起，統一了兩河流域。公元前18世紀，其第六代國王漢穆拉比統治時期（公元前1792年至公元前1750年）是兩河流域經濟最繁榮、國勢最強盛的時期。在這個時期，漢穆拉比王為適應本國經濟的發展與政治統治的需要，在吸取兩河流域原有楔形文字法的精華的基礎上，制定了聞名於世的《漢穆拉比法典》。該法典的制定雖與當時統治階級的立法思想有關，但從根本上來說，該法典是符合古巴比倫社會政治經濟發展的客觀要求的。本小節從法典制定的背景、結構體系、基本內容和特點這四個方面對《漢穆拉比法典》進行簡略的描述。

（1）法典制定的背景。

漢穆拉比王是一位以重視立法著稱的君主，在面對國家統一後出現的種種矛盾，主張以法立國，並將他即位後的第二年確定為「他在國中確立公道」之年，並著手準備制定統一全國的法典。漢穆拉比王不僅在政治上積極推行「君權神授」論，而且在立法上也大力宣揚神權法觀念，他在其制定的《漢穆拉比法典》裡明確指出：是「安努」與蘇美爾最高之神「恩利爾」命令他為「發揚正義於世，滅除不法邪惡之人」而制定國法的。在制定《漢穆拉比法典》時具有如下的政治經濟背景：一是巴比倫統一兩河流域以前，各個城邦國的習慣法和成文法存在很大的差異，這對巴比倫國王的穩定統治帶來很大障礙，巴比倫統一兩河流域後，為鞏固國家統一，強化中央集權的君主專制統治，消除地方上各自為政和法律不統一造成的混亂局面，這就要求制定一部通行於全國的統一法典；二是在漢穆拉比統治時期，巴比倫社會的農業、牧業、手工業和商業以及奴隸制私有關係都得到迅速發展，社會經濟生活以及人們之間的財產關係日益複雜化，客觀上要求有相應的法律予以調整，以鞏固和發展奴隸制經濟；三是由於私有制商品貨幣關係的發展，社會上高利貸活動猖獗，大批農民和手工業者在奴隸主和高利貸者的壓迫下，因為無力償還負債而被迫淪為奴隸，從而嚴重影響了生產的發展和軍隊的兵源，削弱了國防力量，使社會矛盾、階級矛盾日趨尖銳化，這就要求從法律上限制高利貸者的專橫，限制債務奴隸制，以緩和自由民內部的矛盾，穩定

社會秩序，維護奴隸主階級的統治。

(2) 法典的結構體系。

《漢穆拉比法典》的結構體系清晰明確，分為序言、正文和結語三部分。序言部分主要是以神的名義闡明了法典的立法思想和立法目的是「發揚正義於世，滅除不法邪惡之人，使強不凌弱」，使「公道與正義流傳國境，並為人民造福」等，並用大量文字稱頌漢穆拉比王的功績，宣揚他是根據神的旨意來管理國家、統治人民，集中表達了「君權神授」思想。法典正文共282條，第1條至第5條，是關於保證法院公正審判的規定，包括對誣告、偽證及法官擅改判決的處罰等；第6條至第126條，是保護各種財產所有權及維護田主和高利貸者利益的規定，包括對盜竊各類財產、逃奴的懲罰，保護國家常備軍士兵的財產、土地、果園的租佃、債權、債務和各種契約；第127條至193條，是有關婚姻、家庭和繼承方面的規定；第194條至214條，是關於人身傷害及處罰的規定；第215條至241條，是關於醫生、理髮師、建築師和造船工勞動報酬及責任事故處罰的規定；第242條至第277條，是關於各種動產租賃和雇工報酬的規定；第278條至282條，是關於奴隸買賣的規定。

(3) 法典的基本內容。

《漢穆拉比法典》的內容比較詳盡，廣泛涉及社會生活的各個方面，概括起來大致有四個方面。一是肯定和維護巴比倫王國的君主專制制度。法典宣布國王是最高統治者，集行政、立法、司法、軍事和祭祀大權於一身，為了證明國王權力的至高無上，法典貫徹君權神授思想，將君權和神權結合起來，以神權維護君權，法典序言把這一思想充分加以表現，宣布漢穆拉比是授命於神的巴比倫太陽。二是充分保護私有財產權和奴隸主對奴隸的所有權。法典的許多條文針對各種盜竊行為予以相應的嚴厲懲罰，如盜竊神廟或宮廷財產處死刑，犯強盜罪而被捕者亦處死刑。法典肯定了奴隸制，視奴隸為主人的財產，可以任意買賣和出租，甚至可以殺死奴隸，傷害他人奴隸的後果和傷害他人牲畜的後果相同。法典對盜竊他人奴隸，特別是盜竊宮廷和穆什凱努的奴隸將進行嚴厲制裁。三是反應和維護自由民內部的等級不平等。古巴比倫自由民內部劃分為兩個等級，即阿維魯和穆什凱努，他們的地位是公開不平等的，法典反應了這一事實，並維護著這種不平等關係。阿維魯是享有完全權利的臣民，包括僧侶貴族、高級官吏和獨立的勞動者，法典有許多條款保護他們的人身和財產權利；穆什凱努是不完全權利的臣民，雖然自身權利也受到保護，但與阿維魯處於不平等地位，如兩者的身體受到同樣的傷害，後果是不同的，傷害阿維魯實行同態復仇，傷害穆什凱努只交罰金。四是包含著大量調整手工業和商業的規範。法典頒布時古巴比倫的商業、手工業已相當發達，所以法典調整商業、手工業的規範占很大比重，在商業方面規定了各種契約形式，如買賣、借貸、租賃、保管、合夥、人身雇傭等，訂立契約的手續已經簡化。在手工業方面，規定了工匠每天應得的工資等，保留了若干原始公社時期習慣的殘餘。古巴比倫社會是從原始社會脫胎出來的，不可避免會具有這一特點，如保留土地的公社佔有制，血親復仇和同態復仇盛行，宣誓和神明裁判是最重要的證據等。

2.1.3 《漢穆拉比法典》產生後楔形文字法的發展

公元前 1595 年，巴比倫第一王朝被北方後起的奴隸制國家赫梯所消滅，這成為楔形文字法發展的一個轉折點，楔形文字法從此走向衰落。不久，赫梯人退出，巴比倫又先後建立了第二、第三、第四王朝，直至公元前 729 年被居於底格里斯河上游的亞述國家所吞並。赫梯和亞述仍然保持著楔形文字法的傳統，並制定有自己的法典——《赫梯法典》和《中亞述法典》，但不論其作用還是影響都無法與《漢穆拉比法典》相比較。公元前 7 世紀至公元前 6 世紀初的新巴比倫王國曾力圖振興古巴比倫王國的法律制度，但最終也未能扭轉楔形文字法的衰落之勢。楔形文字法一直適用到波斯帝國統治時期（公元前 550 年至公元前 330 年），到了公元前 1 世紀，整個西亞地區成為羅馬帝國的版圖，楔形文字法的影響已基本消失。

2.2 楔形文字法的基本制度

鑒於楔形文字法存續的時間長、實施的地域廣，很難以統一的標準進行歸納，我們以《漢穆拉比法典》為主要依據，以古巴比倫王國的法律制度為樣本做一簡單介紹。

2.2.1 君主專制制度

古巴比倫王國實行的是君權與神權相結合的君主專制制度，國王是國家最高統治者，集行政、立法、司法、軍事和祭祀大權於一身，並且國王握有神權，被視為天神在人世間的代表。古巴比倫王國形成了一套以國王為核心的官僚機構，自上而下實行集中統治的制度體系。但官僚機構尚不複雜，官吏的分工也不明確。主要官吏是奴班達（宮廷總管），負責管理和監督國家的一切重要事務，又是國王私人事務的管理人。地方管理也反應了中央集權的特點，大城市和地區由國王任命沙根那庫（總管）管轄，基層行政單位由拉比阿奴姆（村社首腦）管轄。軍隊也是官僚機構中的重要組成部分，也是專制政權的主要支柱。法典有許多條款專門規定了軍人的權利與義務。其中規定「里都」和「巴衣魯」（重裝兵和輕裝兵）在服役條件下可以領得份地（包括田園、房屋、牲畜），但不準出賣、抵債或遺贈給妻、女（第 36 條至第 38 條）；軍人死後，其子在擔負軍役的情況下可以繼續使用份地（第 28 條）；國家對忠於職守的軍人給予種種保護；「德苦」或「盧布圖」（指揮官）不得對士兵濫用權力和侵占他們的財產，否則處以重刑（第 34 條）；一般人收買士兵份地財產，不僅要歸還原物，還要沒收買時所付價金；軍人出徵時，國家提供人工代為耕種；被俘時設法將其贖回（第 27 條、第 32 條）。法典通過上述保障軍人及其家屬生活等措施，使軍人完全依賴於國家，從而形成了一支效忠於專制政權的軍事力量。

2.2.2 社會各階層的法律地位

《漢穆拉比法典》作為古代東方較早的一部成文法典，與其尚不發達的奴隸制經濟

形態相適應，不僅反應了巴比倫社會奴隸主之間的階級對立，同時也公開確認了自由民內部權利地位的不平等。法典將巴比倫居民分為自由民和奴隸兩大類，奴隸主要來源於戰爭俘虜、破產的自由民及從外地買來的奴隸，其在法律地位上沒有任何權利可言，僅僅被當成是奴隸主的財產。奴隸主有權任意將奴隸出賣、轉讓、抵押、甚至殺死。自由民按其社會法律地位的不同，可以分為享有充分權利的自由民與不享有充分權利的自由民。前者是指具有公社社員資格的人，其中既有僧侶貴族、高級官吏，也包括自耕農和獨立手工業者；後者是指失掉公社社員資格或外來的、依附於王室經濟的人，其中有租種王室土地的佃耕者，有接受田宅、效力於王室的常備軍人，也有直接依附於宮廷的服役者等。有許多專門針對保護自由民的法律條款。

2.2.3　財產法

巴比倫長期實行土地公有制，在法律上國王對全部土地享有最高所有權，在實際經濟生活中，則存在王室土地和公社佔有土地兩種形式。王室土地主要集中在蘇美爾地區，土地數量約占耕地總數的15%，其中一部分由佃耕者和奴隸耕種，到期繳納地租和剩餘生產物，另一部分賜予寺院、貴族、官吏和軍人作為任職或服役的報酬。寺院、貴族和官吏們使用土地往往享有不納稅、不服役的特權，而軍人卻必須以服兵役為條件。法典規定，軍人拒絕出徵或雇傭他人代替，將被處死，其房屋給予被雇者（第26條）。屬於公社佔有的土地數量很大，約占耕地總數的85%。其中森林、牧場、池塘、曬場等由公社成員集體佔有，其餘大部分土地則作為份地給公社成員各家庭使用。使用者必須向國家繳納賦稅，並負擔勞役，超過三年不服勞役、不納稅者，要被剝奪土地使用權。份地允許各家庭世襲，也可以在本公社內部出賣給他人，但買主必須承擔賣主對公社和國家所應盡的一切義務。

法典對其他動產，如牲畜、穀物、農具以及奴隸等，都規定為私有，並予以嚴格保護，尤其是神廟和王室財產、奴隸主階級的財產以及國家常備軍士兵的財產受到法律的特別保護。法典規定：自由民竊取神或宮廷之財產者應處死，而收受其贓物者亦處死刑（第6條）；自由民竊取神廟或宮廷家畜或船舶的應「科以30倍之罰金」，無力償還者應處死（第8條）。法典還規定「犯強盜罪而被捕者」應處死；財產所有者無論在任何人那裡發現他的物品都有權自行取回，法院在此方面要給予大力協助。

奴隸被視為奴隸主的私有財產，法典有一系列關於買賣、租賃和盜竊奴隸的規定，如租借的奴隸逃跑，租借者須承擔物質上的責任。締結買賣奴隸契約要履行一定手續，即在規定時間內調查被出賣的奴隸是否為逃奴或患有癲癇病，出現此類問題，要將奴隸退還原主，並取回身價費。此外，法典對盜竊、藏匿他人奴隸以及幫助奴隸逃跑等都規定了極嚴厲的刑罰。如果藏匿他人逃奴，則此人應處死刑（第19條）；如果擅自改變他人奴隸身上、臉上的烙印或髮式，便認為是霸占人家的奴隸，應以盜竊罪論處。

法典對手工業、商業等方面的法律關係作了詳細規定，這表明漢穆拉比統治時期巴比倫社會商品經濟已經相當發達。法典提到的手工業工匠有十幾種，如製磚工、紡麻工、建築工、造船師、木工、皮革匠、刻石工、珠寶工、冶金工等，法典對各類工匠應得酬金與應負的責任均有規定。有關商業方面的條款占法典條文的10%左右，從

中可見巴比倫社會既有為王室服務的官商，也有民間的商人。

2.2.4　債權法

漢穆拉比統治時期，債權法已有一定發展，債的主要形式是契約，重要契約的簽訂必須遵循一定的規則和採用書面形式，一般契約的締結只用口頭和做出某些象徵性動作即可成立。契約種類有買賣、財產租賃、借貸、保管、合夥、人身雇傭等，其中尤以買賣、借貸和財產租賃最為流行。接下來以買賣契約、借貸契約、租賃契約這三種主要契約為例做詳細的分析。買賣契約的標的是土地、房屋、牲畜及其他非禁止流轉的財產，其中也包括奴隸。從流傳至今的買賣文件來看，買賣契約具有注重形式的特點，如轉移某項物品所有權時，須以交付一根小棒為標誌，有時還要求說出特定的套語或做出象徵性的動作，一些重要買賣契約的簽訂還需按照一定規則採取書面形式方可成立。借貸契約的標的主要是錢款和穀物。簽約後，貸與人把錢款或穀物交給借用人，至一定期限後，借用人將錢款或穀物連同利息一併還給貸與人。為保證契約的履行，借用人須以自己或家屬的人身作為清償債務的擔保。在《漢穆拉比法典》以前，允許高利貸者對無力償清的債務人實行終身奴役，因而導致大量農民和手工業者因無力償債而淪為債奴。漢穆拉比王為緩和社會矛盾，在法典中廢除了終身債務奴役制度，將債務奴役的期限限定為三年，「至第四年應恢復自由」（第117條）。債務人的家屬作為人質在債權人家中做工，也不能隨意被毆打、虐待或殺死（第116條）。法典對高利貸的借貸利率也進行了一定限制，規定了法定最高利率：穀物為33.3%，銀子為20%（第89條），債權人如違反這一規定，便喪失所貸出的一切。這些規定在一定程度上限制了有產者的權利，具有一定進步意義。租賃契約的標的包括房屋、土地、車輛、船只、園圃、牛、驢等。土地租賃大多是短期的，租賃一般為一年，園圃的期限可延長至五年。法典對出租者，尤其是土地出租者的利益嚴加保護。法典規定，「自由民佃田以耕，而田不生谷，則彼應以未盡力耕耘論，應依鄰人之例，以穀物交付田主」（第42條），「自由民以其田租與農人佃耕，並將收取其田的租金，而後阿達德（古巴比倫和亞述的風暴之神）淹其田或洪水毀去其收穫物，則損失僅應歸之農人」（第45章）。租金是相當高的，谷地租金為收穫物的1/3到1/2，而果園的租金則高達收成的2/3（第46條、第64條）。

2.2.5　婚姻家庭與繼承法

在《漢穆拉比法典》中，家庭法具有重要地位，法典以大量條文規定了家長制的家庭關係，確認了奴隸制條件下男女地位的不平等和家長在家庭中的特權地位。婚姻關係實行的是具有買賣性質的契約婚姻，法典規定了「無契約，即無婚姻」的原則，沒有締約的婚姻被認為是無效的（第128條）。婚姻的簽訂是在未婚夫與女方家長之間以買賣的形式進行的，未婚夫須向女方家長繳納一筆購買妻子的買身費和一定數目的聘禮，作為婚姻的預約金，女方家長則給新娘一份嫁妝。嗣後，如果男方違約，拒絕娶新娘，就要喪失其所交給女方家長的一切財物（第160條）。這說明，未婚女子實際上只是婚姻契約中的一個買賣標的物，完全處於父權控制之下。夫妻關係是不平等的，

丈夫享有特權，妻子處於從屬地位。子女在家庭中沒有獨立地位，父親有權決定子女的婚姻，有權剝奪兒子的財產繼承權，並可以將子女送去抵債或出賣，而子女必須絕對服從，不得違抗。財產只在家庭範圍內繼承，並且只有男子才享有充分繼承權。法典規定，父親去世，遺產由諸子平均分配，女兒只能取得一份嫁妝；而妻只可取得自己原來的嫁妝和一份孀居贍養費；如果妻改嫁，贍養費便不得享有（第171條、第172條）。法典對遺囑繼承未作明確規定，但第171條提到夫死後，其配偶可取得自己嫁妝及其夫所贈予且立有遺囑的贍養費；第165條有「倘自由民以田園房屋贈予其所喜愛之繼承人，且給他以蓋章之文書，則父死之後，兄弟分產之時，此子應取父之贈物，此外，諸兄弟仍應均分父家之財產」的規定，顯然，遺囑繼承，不能超出「家內繼承」的範圍。

2.2.6　刑法

《漢穆拉比法典》中關於犯罪與刑罰的條文沒有作為單獨部分集中加以規定，大多分散地附在其他各類條文之後，用以加強各種法律規範的作用，保證其被嚴格遵守。法典規定的犯罪種類主要有：危害法院公正裁判罪、侵犯人身罪、侵犯財產罪和侵犯家庭罪。危害法院公正裁判罪主要包括誣告、偽證和法官擅改判決的行為。法典第1條規定「倘自由民宣誓揭發自由民之罪，控其殺人，而不能證實，揭人之罪者應處死」。第3條、第4條規定「自由民在訴訟案件中提供罪證，而所述無從證實，倘案關生命問題，則應處死」；「倘所提之證據屬於谷或銀的案件，則應處以本案應處罰之刑」。此外，法典第11條、第13條有關說謊者的處罰，也體現了誣告反坐的原則。法典第5條是對法官擅改判決的處罰，規定「倘法官審理訟案，做出判決，提出正式判決書，而後來又變更其判決，則應揭發其擅改判決之罪行，科之以相當於原案中之起訴金額的12倍罰金，該法官之席位應從審判會中撤銷，不得再置身於法官之列，出席審判」。上述這些規定，在當時私訴為提起訴訟主要形式和舉證責任在告訴一方，以及法官握有司法審判實權的情況下，無疑對保證法院公正裁判，防止法官貪贓枉法具有重要意義。同時，法典將此類條文置於法典文本之首，也就說明立法者對訴訟法的重視。

法典對侵犯財產罪所制定的條例數量最多，處罰也是最為嚴厲，其中第6條至第25條集中規定了對各種侵犯財產的犯罪行為的處罰。侵犯人身罪主要指毆打或因其他原因造成他人傷亡，法典對這類犯罪行為的處罰實行血親復仇和同態復仇原則。

2.2.7　法院組織與訴訟

巴比倫國家的司法權與行政權之間並無嚴格劃分，國王擁有國家最高司法審判權，一切不服法院判決的當事人均可上訴至國王，國王有權特赦或親自審理法院久拖不決和兄弟遺產糾紛案件，也可委託「王室法官」審理其他案件。地方司法權分別由國王下屬的大小官吏來行使。沙根那庫既是大城市和地區的行政官員，又是負責審理有關破壞社會秩序、債務糾紛和婚姻、財產、繼承案件的審判官，審理案件時，通常由六至十人共同參與。基層行政單位的拉比阿奴姆也經常以法官身分帶領部分成員共同審

理有關案件。此外，還有「王室法官」，經常被國王派往各大城市，按照國王的旨意進行司法監督和審判活動，他們的判決是終審判決，不得上訴。

訴訟是完全由私人提起，訴訟制度中帶有某些原始習慣殘餘，案件的判決，往往由雙方當事人自己來執行。其證據制度，除證人的證言、證物外，發誓和神明裁判占重要地位。神明裁判主要適用「水審」，即被控有罪者，投入河中，沉入水底，則說明有罪，否則無罪。巴比倫人認為「水」是神聖的，可檢驗真偽和辨別善惡。

2.3　楔形文字法的基本特徵和歷史地位

2.3.1　楔形文字法的基本特徵

兩河流域地區適用楔形文字法的國家雖然因各國的歷史條件、政治、經濟狀況不同，在各自的立法中對一些具體問題的規定有所不同，但由於都是建立在東方奴隸制經濟基礎之上，各國的法律文化傳統相同，彼此之間有著直接或間接的聯繫和繼承關係，因此存在著一些共同特徵。

第一，法律的結構體系比較完整。楔形文字法一般採用序言、正文和結語三段論式的表述方法。正文是法典條文本身，無法律部門的劃分，而是諸法合體、民刑不分，但法規條文並非毫無次序的羅列，而是每一部分都有其所注重解決的問題，具有自己獨特的體系。序言和結語多以神的名義強調立法的目的，標榜立法者的功績，貫徹「君權神授」思想，強調法典的「公平」「正義」和神聖不可侵犯，要求人們必須遵守，目的在於加強法典正文的神聖性和權威性。

第二，法典的內容涉及面較廣。一方面，其內容幾乎涵蓋了法的基本領域，包括民法、刑法、訴訟法、婚姻家庭法等各方面，反應了君權與神權相結合的君主專制制度；肯定土地國有和公社所有制形式；肯定奴隸制度和自由民內部各等級間的不平等；肯定買賣婚姻和家長制家庭關係；保留了某些原始公社氏族制度的殘餘等。但另一方面，即使是《漢穆拉比法典》這樣最完整的楔形文字法典也缺少對許多重大問題的規定，顯然在這些問題上仍然依照習慣法調整。

第三，法典缺乏抽象原則。楔形文字法大多是司法判例匯編，法律條文一般都是對具體法律問題的個別規定，缺乏理論抽象和一般原則，反應出傳統習慣法和判例法的強大影響。從《漢穆拉比法典》的內容不難看出，法典對調整民事法律關係的規範比較重視，占了條款總數的一半以上，這與其他古代法律相比是極其罕見的。

第四，世俗法，宗教色彩較淡。法律被描繪為遵從神意制定的，違反法律就會受到神的懲罰。在楔形文字法典的條文中，並沒有宗教、道德規範，完全是實在的有關世俗法律關係的規定，而且法律調整方法也基本上是世俗化的。因此，與古印度及希伯來法律相比較，楔形文字法不是「神定法」，而是「人定法」。

2.3.2　楔形文字法的歷史地位

楔形文字法在世界法律史上具有非常重要的地位。楔形文字法系是人類歷史上最

早形成的法律體系之一,也是最早將習慣法成文化的先驅,對推動人類法制文明的進步與發展具有特殊的貢獻,它的形成和發展在世界法律發展史上具有劃時代意義,它不僅標誌著古東方法從習慣法階段進入成文法階段,而且代表著人類成文法律的開端。儘管楔形文字法在走過自己近三千年的歷程後退出了歷史的舞臺,但它留下的法律典籍為後人研究古代兩河流域地區的經濟和政治,以及研究人類早期法律的發展提供了豐富史料。楔形文字法最集中、最典型的代表——《漢穆拉比法典》,無論從內容到形式均發展到奴隸制早期成文法典的高峰。對楔形文字法進行研究,可以瞭解奴隸制早期法律產生、發展的基本過程。

楔形文字法系作為奴隸制早期具有代表性的法系之一,有它獨特的結構、體系和共同特徵,它鮮明的法律特徵、縝密的條文規定、準確的文字表述不僅是人類其他早期法所不能比擬的,而且它所表現出來的較為發達的立法技術,也是許多古代早期國家所無法比擬的。楔形文字法以獨立於宗教之外的法律規範,公開確認奴隸主階級的統治地位,將奴隸視為奴隸主的財產,嚴格保護奴隸主階級的利益,並對各種法律關係作了比較全面的規定,特別是有關債權、契約、侵權行為、家庭法等方面的規定相當詳細。楔形文字法中所創立的一些法律原則,如《漢穆拉比法典》中對維護私有財產權所規定的關於盜竊他人財產須受懲罰,損毀他人財產要進行賠償的法律原則,關於財產所有權取得和轉移的方法和原則,以及關於法律關係中當事人的權利和義務等,這些都為後世有關立法開了先河。在刑法方面,法典創立的一些罪名(如搶劫、強盜、盜竊、奸淫、通奸等)和刑種(如死刑、肢體、罰金等),以及誣告和偽證反坐的刑罰原則,法官枉法重處的原則等,儘管缺乏明確區分和嚴謹的解釋,但均對後世的立法具有重大影響。

楔形文字法是人類最古老的文明——美索不達米亞文明的結晶。楔形文字法系在各國法典中所反應出的對「今生」現實的關注,而淡化「死後」和「來生」的哲學觀以及它的倫理觀和樸素的社會正義觀念,都深刻反應了美索不達米亞文明區別於其他文明的特質,因為它提供了人類早期文明的有價值的資料。

楔形文字法不僅是古代東方文明的燦爛明珠,代表了古代東方文明的偉大成就,而且通過米諾斯文明,通過波斯帝國的法律,通過希伯來法對西方文明產生了深刻影響。楔形文字法也是古代西南亞地區法律的先驅,《烏爾納姆法典》是其第一部成文法典,反應了楔形文字法早期的法律成就,《漢穆拉比法典》則繼承了兩河流域原有法律的精華,使其發展到完善地步。《漢穆拉比法典》不僅被後起的古代西南亞國家諸如赫梯、亞述、新巴比倫等國家繼續適用,而且還通過希伯來法對西方法律文化產生一定的影響,中世紀天主教教會法中的某些立法思想和原則便源於該法典。楔形文字法在世界文明史和法律發展史上的地位和作用是應該予以充分重視和肯定的。

參考文獻

[1] 夏新華. 古埃及法研究新探 [J]. 法學家, 2004 (3): 74-80.

[2] 林榕年. 外國法制史新編 [M]. 北京: 群眾出版社, 1994.

[3] 王雲霞. 東方三大文化圈的法律改革初探 [J]. 法學家, 1996 (3): 42-47.

[4] 楊斌. 再談《漢穆拉比法典》[J]. 世界歷史, 1990 (2): 117-127.

3 印度法

3.1 古代印度法的萌芽和發展

印度是四大文明古國之一，印度的傳統文化曾在古代時期以其獨特的法律制度影響過諸多國家，其也發展成為世界著名五大法系之一的印度法系。在古代印度人的心中，敬拜天神、內修德行、與梵合一是基本的宗教價值觀。所以古代印度人必須堅持正確的言行舉止，維持著自然中所包含的各個要素之間的平衡和有序進行。古代印度法指的是從公元前 1500 年至公元前 600 年的吠陀時代到公元前 320 年至公元前 6 世紀末的笈多帝國時代的奴隸制法，與此同時它也是維護種姓制法和宗教法的法律。古代印度法就是印度奴隸制時期法律規範的稱謂。

3.1.1 古代印度法的萌芽

古代印度的土著居民原本是達羅毗荼人，最初是他們創造了哈拉帕文化。大約公元前 1500 年，崇尚自然的遊牧民族雅利安人入侵了印度河流域，也就是大約在那個時期哈拉帕文化銷聲匿跡了。雖然不能確定哈拉帕文化被毀是否與雅利安人的入侵有直接關係，但是確實在雅利安人入侵印度河流域後，印度傳世的文獻資料就存在了。最古老的文獻資料還當屬「吠陀」，這是個詩歌體裁的文獻，一共有四部集，分別是《梨俱吠陀》《娑摩吠陀》《夜柔吠陀》和《阿闥婆吠陀》。《梨俱吠陀》是頌詩，《娑摩吠陀》是歌曲，《夜柔吠陀》是祭祀的儀式，《阿闥婆吠陀》則是巫術咒語。我們把《梨俱吠陀》形成的時期稱為早期吠陀時期，大約是在公元前 1500 年至公元前 1000 年的這段時間，它是雅利安人最早的一部關於宗教的經典之作。另外的三個稱為後期吠陀時期，「吠陀」一詞包含著智慧與宗教的含義，這四部吠陀在雅利安人心中被看作是神的賜予，擁有著極高的地位。文獻當中涉及許多關於人的行為舉止規範的問題，這也就逐漸成了古代印度法的淵源。

古代印度是一個奴隸制社會，奴隸制社會特有的種姓制特點尤其顯現在姓氏的等級上。在雅利安人徵服了土著居民達羅毗荼人後，種姓制更為突出，人種在古印度社會被稱為「瓦爾那」，雅利安人和達羅毗荼人這兩個對立「瓦爾那」在隨著社會的發展和戰爭的分化作用下，逐步分為了四個階層：婆羅門作為第一種姓，它擁有著至高無上的地位，掌控著整個社會的意識形態和政治大權、祭祀特權等；第二種姓是剎帝利，代表著武士，擁有著強大軍權的貴族階級；第三種姓是吠舍，象徵著農業、工商業和手工業等勞動階層的平民；第四種姓是首陀羅，是屬於社會最底層的奴隸階級，

高等種姓的人如果犯了不可逆轉的重大的錯誤也會被去除種姓，貶到首陀羅種姓階層裡。前面三個種姓都是屬於統治階層的雅利安人，第四種姓屬於被統治階層，是被徵服的達羅毗荼人，他們受雅利安人的打壓，社會地位極其低下。

3.1.2 古代印度法的演變過程

古代印度法的起源最重要的是它的三個主要淵源：吠陀、法經以及法論。隨著古印度的社會發展以及相應的宗教、文化、經濟等方面的進步，吠陀、法經、法論這三個淵源形成了三個相適應的發展階段：吠陀階段、法經階段和法論階段。

（1）吠陀階段。

在奴隸制度下的人們，不僅身分、職業等存在著世襲制的束縛，雅利安人為了維持其高貴的社會地位，規定四個階層之間不能相互交往，更不能通婚，只有每個階層內的人才能相互有交集。為了更好地鞏固自己的統治權，貴族們除了利用政治、經濟方面的手段來統治奴隸以外，還把宗教作為重要的工具來輔助他們的統治。利用人們崇拜宗教的心理，大肆宣揚吠陀的經典，把種姓之間的不平等地位宣稱為是「神的安排」，只有接受並且不求回報地多做善事才有可能在來生獲得轉世到高一階層的種姓上。這實際上就是利用宗教來迷惑眾人，使得低層次種姓的人對高等種姓階層的人俯首稱臣，甘願接受他們的統治，終生為高等種姓階層的統治階級服務，以祈求在不可知的來世能轉生到高等種姓人裡面。帶著這樣強烈政治色彩的宗教早已不是原始的吠陀宗教了，婆羅門對原始的吠陀宗教經典已經達到了絕對的掌控程度，宗教變成了他們維護統治的特權。而此時，原始的吠陀宗教也正在慢慢發生著某種程度的變化，古老的四部吠陀已不再是單純具有宗教教義的宗教經典，其已演變成了婆羅門教法。古代印度社會的法律就此有了萌芽的開始。

在當時的社會裡，宗教是尤為重要的一個角色，占著絕對的支配地位。大約在公元前7世紀，吠陀宗教開始逐漸演化成了婆羅門教（吠陀宗教原是雅利安人的宗教，崇尚自然所賦予的一切）。婆羅門教屬於多神教，有三大核心綱領：「吠陀天啓」「祭祀萬能」「婆羅門至上」。婆羅門教在當時的印度是處於統治地位的宗教。它的基本教義——「梵我一如」「業力輪迴」是對人的心靈的一種洗淨，脫開塵世的雜質，追求潔淨的世界。它宣揚著人生輪迴、因果善惡的最高人生境界。因果報應是會隨著人的生死輪迴繼續跟隨，做了善事的人會在來生重生為高貴之人，做了壞事的人則會受到因果報應的懲罰，重生為低賤之人或是做牛做馬，為人的牲畜。而後古代印度法的突出特徵就定格了在婆羅門教法上。婆羅門教成了國家的統治工具，成了政治生活所不可缺的內容，其經典更是成為古代印度法的重要淵源，婆羅門成為整個國家的法律執行者和制定者。四大種姓也是這時在法律上固定了每個階層的地位。

（2）法經階段。

吠陀宗教在後期逐漸演變成了婆羅門教，在公元前3世紀前後，出現了大量的典籍，這個時期也被稱為典籍階段。這些典籍大多出自婆羅門之手，婆羅門教法除了吠陀以外，其主要淵源還有「法經」和「法論（也可以翻譯為法典）」兩種形式。「法經」是對吠陀的經典所起到解釋和補充等作用的，例如：《所聞經》（也叫《儀軌

經》）是對祭祀禮儀進行論述的典籍；而《家範經》是對家庭禮儀和日常祭祀禮儀進行規範的典籍。在每個時期各個派別所流行的法經都會有所不同。

（3）法論階段。

「法論」是由婆羅門根據吠陀經典和流傳下來的傳統而編成的典籍，是包括了世俗倫理以及宗教法律的一部典籍，相比法經更具權威。最為著名的法論（或稱法典）就是《摩奴法論》，它大約出現在公元前2世紀至公元2世紀。《摩奴法論》是古代印度法制史上第一部正式的關於法律的法論（法典），全書有12章節，一共2,684頌。我們大致將其分為兩個部分：前半部分為法典的第1~6章，主要講述婆羅門與宗教的密切關係以及婆羅門教徒應有的行為規範；後半部分為法典的第7~12章，闡述了國王的職責和義務，以及「因果報應、轉世輪迴」的宗教學說。這部法典在印度史上有著極高的地位，作為古印度婆羅門教法最為規範化的典籍，它更為全面地闡述了吠陀的精髓。《摩奴法論》的重要核心就是為了維護種姓制度，但是在婆羅門頒布這項法典時，奴隸制度已然進入了衰落時期，封建王權正是風貌正盛之時，這部法典也為古代印度法的歷史留下了重要的一筆。

在6世紀時，隨著北印度奴隸制逐漸衰退，封建王權開始興起，社會上開始掀起反對種姓制的不平等的浪潮。這時候倡導眾生平等的佛教就應運而生了，佛教作為一個新興的宗教，代表著一直受打壓和遭遇不平等待遇的社會底層人民。佛教的創始人釋迦牟尼將佛教的基本理論、教義以及教徒們的言行規範作為佛教經典的重要淵源。佛教有四個基本理論（簡稱為四諦）：苦諦、集諦、滅諦、道諦。佛教的核心內容為「五戒」，即戒殺生、戒偷盜、戒妄語、戒飲酒、戒淫邪。這五項戒律也是信奉佛教的信徒終生必須信守的戒律。佛教中很重視「戒律」，「戒」和「律」的含義有所不同，「律」的範圍較為狹窄，主要指對僧侶實施的戒律，而「戒」則是廣義上對一切信奉佛教的人所定的戒律。佛教的教義除了「四諦」以外還有「十二因緣」，主要闡述了世界萬物之間都存在著因果聯繫的觀點，每一種現象是依賴於某種條件而生，人的起源亦是如此。佛教所倡導的這些思想讓社會中下層的人們有了掙脫苦難的思想，不再信仰婆羅門教，開始改信奉佛教。而後因為孔雀王朝帝國時期的第三代國王阿育王信奉佛教並且其是極為虔誠的信徒，他把佛教定為國教，支持佛教的傳播，並且在國內外建造了大量的佛塔和寺院以發揚佛教，因而使得佛教迅速發展、廣為流傳，繁榮了千餘年。佛教能發展成為世界三大宗教之一，阿育王功不可沒。再到後來貴霜王朝統治後期，由於當時的國情已經不能單獨依靠佛教來統治國家，再加上婆羅門教一直以來根深蒂固，從而產生了尖銳的矛盾，兩個宗教相互鬥爭。直到8世紀，統治者努力將兩種宗教兼容起來才由結合產生了印度教，佛教便開始逐漸淡出。印度教本身並沒有屬於自己的教義，只是將婆羅門教和佛教融合在一起，把兩個教法通過兼容的方式結合起來。大約在10世紀，伊斯蘭教和伊斯蘭法傳入印度後，印度的封建社會時期才正式落幕，印度社會走向另一個嶄新的階段。

3.2 古代印度法的基本內容

3.2.1 種姓制

種姓制度代表著古代印度的社會等級制度，是古代印度法最重要的部分，種姓制的各個等級之間是嚴格實行各等級內的人通婚，且職業也是世襲的。早期的種姓制被稱為「瓦爾那」，從最初的兩種「瓦爾那」（由雅利安人和被徵服的達羅毗荼人組成）演變成了四種瓦爾那，雅利安人佔有著地位較高的三個種姓，依次是婆羅門、剎帝利和吠舍，而達羅毗荼人則是地位最低的首陀羅。

根據婆羅門教的規定，各種姓之間的地位、義務和權利都有所差別。作為第一種姓的婆羅門，是掌管祭祀和宗教大權的最高種姓；剎帝利為第二種姓，代表著武士，是擁有著軍政大權的貴族階層；而第三種姓吠舍，是從事農業、畜牧業以及工商業的平民階層；首陀羅作為地位最低的種姓，則代表著奴隸階層。四個種姓之間有著極其嚴格的劃分，婆羅門作為最高種姓，屬於統治階層，掌管著整個社會的意識形態和思想，他們利用宗教作為其穩固統治而服務的工具，使得低等種姓的人對他們俯首稱臣，唯命是從。因而有許多規定去限制處於被統治階級的奴隸，比如，種姓之間不得相互交往，更不能通婚，高種姓的男子可以娶低種姓的女子，這種婚姻被稱為「順婚」，但他們的子女地位不再是跟父親同樣的種姓，會低一些；低種姓的男子娶高種姓女子被稱為「逆婚」，他們所生子女的地位相比前一種更低，且按規定是不被允許的。

3.2.2 所有權

一方面古印度的土地形式是以國有制為基礎，國王是統治國家的最高領導人，所以土地的所有權也應當是屬於國王的，佔有土地的人都必須要向國王繳納稅金。國王的地位及權威神聖而不可侵犯，宣布的命令和做出的裁決都不可違抗。在司法方面國王擁有直接的司法審判權，也可以委託婆羅門代為審判，根據各地區和各種姓的法律依據來審判，當然必須要具有公平公正的審判，如果出現不公正的審判，國王要負有四分之一的責任，還有一項最重要的是對婆羅門不能判死刑，而其他可根據法律適用，這也充分顯現了婆羅門具有特殊的權利。國王在管理國家的同時本身也是要徵稅的，稅額是其財產的六分之一，另外國王不得胡亂徵收苛捐雜稅，對婆羅門實行免稅的政策。另一方面，國家對私人財產的所有權是有進行保護的，無論是偷盜不起眼的小物品還是貴重寶物都是會依據法律進行制裁和懲罰。但有一點例外的是作為最低階層的首陀羅，他們只對自己的基本生活資料擁有佔有權，即便能夠積蓄財富，婆羅門階層也可以隨意掠奪，並且婆羅門不用承擔任何法律責任。這也足以證明婆羅門的特殊地位。

3.2.3 債法

古印度在債法方面的契約關係相對簡單，契約類型只有買賣、借貸、寄存和勞務

等少數的幾種。相對來說更注重形式，比如買賣必須要在眾人面前進行，表現了當時不發達的商品經濟狀況。人們還是很重視契約的法律效益的，契約所包含的一切內容都必須合法，並且不能違反傳統習俗。簽訂契約後必須嚴格按契約上的約定履行義務，如不能履行合約，則違約者給另一方做奴隸或者父債子還，由債務人的繼承人代替還債。合法的契約應該符合一些條件：

（1）簽訂契約的雙方必須是出於自願原則，如果是在非自願的情況下，強迫簽訂的契約視為無效。

（2）簽訂契約雙方必須是有能力對自己的行為負責的人，並且能夠承擔後果。法典中有明確規定：「醉漢、瘋子、憂傷者、完全依靠他人生活的人、兒童、老人和未被授權經辦的事情一律無效。」①

在借貸中種姓的階層能決定其借貸利息的高低，對高等種姓所收取的利息是最少的，如果對方是婆羅門種姓，那麼月息為2%，往下每低一個種姓階層依次遞增1%，剎帝利是3%，到首陀羅則是5%。

3.2.4 婚姻家庭和繼承法

古代印度對婚姻是尤其重視的，婚姻在古代印度被認為是神的旨意的結合。男性是整個家庭的核心，女子的一切都得聽從家裡的男人的話，服從男人的一切指令。

（1）婚姻家庭法。

女子的地位極其低微，有著這樣的規定：「女子必須幼年從父，成年從夫，夫死從子，終身不得享有自主地位。」② 在種姓上也是依附於父親和丈夫的，即使女方擁有高貴的種姓，一旦下嫁低賤種姓就將淪為地位低下的人。在古代印度，女子被看作是生性懶散、內心狠毒之人，需要嚴加管束和限制起來，所以女子在出嫁前必須要服從家中男子（父親或兄長）的安排，出嫁後要服從丈夫的安排。不得單獨祭祀、修行，等等。即便丈夫行為不端或是有什麼惡習，女子也只能順從丈夫，不可忤逆。更是規定了高種姓的人不能與低種姓的人通婚（通常對女子的限定更多些），允許「順婚」的存在，反對「逆婚」。不管是「順婚」還是「逆婚」，結合以後所生子女的地位都會比原來更低。在《摩奴法論》中還列舉了八種婚姻形式，分別是：

①梵式，指的是父親為新娘找個德才兼備的男子，並親自去請。為雙方換好裝後，就正式把女兒嫁給這位男子。

②天神式，把自己的女兒精心打扮之後，嫁給正在主持祭祀的祭司。

③仙人式，指的是在接受男方贈送的一對或者兩對牛之後，把女兒嫁給對方。

④生主式，是指在獻禮時新娘的父親說「願你們共同奉盡法則」後，男子和女子（指新郎和新娘）共同起誓「願共同守法」之後，婚姻就算有效。

⑤阿修羅式，是指娶新娘時，新郎按自己的實際能力給予新娘家聘禮。

⑥乾達婆式，是指新郎和新娘自主結婚。這是八個形式中較為不受限制的形式，

---

① 《摩奴法論》第八卷163頌。
② 摩奴法論［M］.蔣忠新，譯．北京：中國社會科學出版社，1986.

也是較為自由的婚姻方式。

⑦羅刹式，是指通過逵、砍、劈等武力的方式把新娘從家裡搶走的。這種形式是遠古搶婚制度遺留下來的痕跡。

⑧畢舍遮式，是神所禁止的一種婚姻方式，指男子在女子昏迷、喝醉或者睡著時將其佔有（這是不被允許的一項形式）。

婆羅門可以採取前六種形式的婚姻，通常情況下提倡前四種。而後四種婚姻形式適用於刹帝利，這是由於刹帝利本身屬於武士階層，有通過武力搶婚的特權。一方面，雖然古代印度法原則上是規定的一夫一妻制，並且只能娶相同種姓的女子。但社會實際情況卻默許的是一夫多妻。實質上，婆羅門可以允許有四位妻子（除了可以娶相同種姓的一位妻子以外還可以娶三位比自己種姓低的女子），刹帝利可以有三位妻子，吠舍可以允許有兩位妻子，而地位最低的首陀羅只能有一位妻子，所以這項規定似乎也只是在限制首陀羅這一階層。另一方面，法律中鼓勵女方的父親或兄長不接受聘禮等財物的贈送，對這種買賣性質的婚姻是不提倡的。但現實中卻避免不了這種買賣性質婚姻的存在，因為種姓之間只能「順婚」（高種姓男子可以娶低種姓女子），而不允許「逆婚」（低種姓男子娶高種姓女子）的存在。這種婚姻的盛行極大地影響了正常的婚姻秩序。男女之間本就不能自由戀愛，兩個人的結合還得取決於女方的嫁妝多少，誰家女兒的嫁妝多，誰就可以嫁高等種姓的男子。而對於低等種姓而言，嫁女兒則成了一項巨大的負擔，因此導致眾多家庭發生殺溺女嬰的不幸事件，其實也是迫於無奈。高等種姓呈現男少女多的趨勢，而低等種姓就正好相反，是男多女少的境況，這種情況下就產生了低等種姓出現一妻多夫和童婚（女孩在來月經之前最小八歲就可以結婚）的現象。童婚的目的一方面是為了防止在戰亂中女孩容易受到不必要的傷害，另一方面就是讓女孩兒早點嫁出去，娘家人可以卸掉包袱，保證女子在出嫁前的貞潔。

（2）繼承法。

在遺產繼承方面實行長子優先繼承的方式，種姓也是決定繼承份額的重要因素。印度重視男性尤其是長子，所以規定，「長子有權繼承父親的一切遺產」[1]，其他兒子就依靠兄長生活。在父親死後，需要先償還所有的債務，剩餘的才可繼承。無論有無遺產，如果有債務需要償還，父親死了就父債子還。在其他兒子不願與兄長一同生活的情況下，可以各自分得該有的份額，然後獨自生活。長子分得最多，然後是次子，相同種姓的姐妹（未出嫁的）也可以分得除長子以外的四分之一。

不同的種姓也會決定其分得的財產份額。假設一個婆羅門男子娶了四個種姓的妻子，並且都有一子，那麼婆羅門妻子所分得的財產最多為四份，其他種姓按等級依次遞減，作為首陀羅的那個妻子的兒子就只能分得一份。即使這個婆羅門沒有其他兒子，首陀羅妻子所生之子也不能得到超過十分之一的財產[2]。

---

[1] 出自《摩奴法論》第九卷106頌。
[2] 《摩奴法論》第九卷153、154頌。

3.2.5 刑法

古代印度在刑法方面還沒有制定較為具體的刑法，主要將其分為兩個方面。

一方面是帶有典型的宗教色彩。從刑罰上就可以看出受到婆羅門教的影響，大多的懲罰制度也是跟宗教的思想密切相關，法律中更多的還是來自婆羅門的教義，所以判定刑罰的標準也因人而異。比如婆羅門、剎帝利以及吠舍三個屬於再生人①的階層可以通過贖罪的方式來充當懲罰。贖罪的方式有很多種，殺害婆羅門會比殺害其他種姓的人受到的懲罰更為嚴重，犯罪者「必須在森林中居住12年，蓋一間草棚、用骷髏作為旗幟、以乞食為生」②。贖罪苦行，也可以將全部財產捐獻給精通吠陀經典的人或者為婆羅門的利益或救助母牛而獻身等方式來贖清罪過。這些帶有宗教色彩的刑罰方式也是表現出了受宗教的影響巨大。

另一方面是種姓決定刑罰的程度。也就是說即使犯了相同的罪，婆羅門可以因為其至高無上的地位而從輕發落甚至免於刑罰，往下走的每個階層也會隨地位的下降而加重刑罰。婆羅門種姓和首陀羅種姓所受到的懲罰相差極大，即便婆羅門種姓犯了重罪，也可以免去死刑，以剃髮的方式代替懲罰或是讓其全身而退（財產和安全都有保障的前提），而首陀羅的刑罰就會極其嚴重。高等種姓尤其像婆羅門傷害首陀羅，懲罰幾乎可以忽略不計，甚至不會懲罰。而相反情況，低種姓的人傷害高等種姓的人就會被判斷肢。

3.2.6 司法訴訟制度

這裡的司法制度主要是說關於訴訟方面的一些規定。一方面古印度的司法機構發展並不完善，許多規定的法則都還是處於較為原始、簡單的階段，沒有獨立的司法組織，所有的案件審理都只能歸國王管，也就是說國王直接掌握著司法權。諸如一些生活中的小型案件，都由「村社」的長老們共同進行解決。遇到重大要案國王就會親自審訊案件，或者由國王委託給一個博學的婆羅門來審理此案。由此也可見婆羅門極高的地位，除了宗教大權以外他們還可以掌控一定的司法大權。並且婆羅門種姓的人在很多方面還可以免罪免刑。另一方面以神明的審判作為判決的原則，也就是說在案件審理中證人的證詞極為關鍵，判案的官員主要依據證人的證詞來審理案件並判出結果。而有兩種方法可以辨別證人的證詞是否真實，一種方法是讓證人宣誓，如果證詞所非真實，今生或來生將受到神的懲罰；一種是以神明的判決來判斷證詞的真偽，「如有人拒絕承認犯罪事實，恥於認罪，巧言飾非，如果想追究事實真相，論定罪狀，就用這四種方法：『水、火、稱、毒』」。

「水」就是把罪人與石頭各盛入囊中，把兩囊連接到一起，沉入深水之中來判定真偽。人沉石浮，則證明他犯了罪；人浮石沉，則證明其沒有隱匿。

「火」就是燒一塊鐵，讓罪人蹲在上面，用腳踩，用手掌摸，用舌頭舔，無罪則毫

---

① 再生人：指的是四大種姓的前三種，就是除了首陀羅以外的種姓的人，他們死後會再投生於世。
② 《摩奴法論》第十一卷第72頌。

無所損，有罪則受傷。柔弱的人，受不了火焰熾燒，就讓他手捧沒有開的花，撒在火焰上，無罪則花開，有罪則花焦。

「稱」就是人與石頭並稱，以輕重來取驗。無罪則人低石高，有罪則石重人輕。

「毒」就是用一只黑羊，把右腿割下，按照分給被告人所吃的那一份，把毒藥摻入割下的羊腿中，有罪則毒發而死，無罪則毒滅而蘇醒。用這四條方法來防止萬一的誤判。

3.3 古代印度法的基本特點和歷史地位

3.3.1 古代印度法的基本特點

（1）古代印度法與宗教有著緊密相連的關係。

古代印度法最大的特點就是和宗教有著緊密的聯繫，並且印度法律就是由多種宗教作為其淵源而共同構成的。信仰的不同和種族文化等種種的不同造成了各自的傳統文化與習俗也有巨大差異。古代印度法從起源、產生到發展，一路走來經歷了各種宗教的盛行與衰落，因此其法律的形成與發展也受到宗教的影響。從最原始的吠陀到婆羅門教的「四大吠陀」以及各種法經（《儀軌經》《家範經》等）到《摩奴法論》這些婆羅門教經典都是古代印度法的重要淵源。《摩奴法論》是印度法律中一個重要的經典，它的種姓制伴隨著整個古代印度法的發展，直至今天都有深刻的印記。這些法經、法論都是來自於婆羅門教義的理論基礎，對婆羅門教徒的行為規範起到了嚴格的約束作用，甚至對他們的意識形態都有著至關重要的影響。婆羅門教的發展此起彼伏，在封建王國的發展中一度衰落，又有了應運而生的佛教來普度眾生，拯救了苦難的低層人民。佛教的產生也改變了古印度法的淵源，其思想與婆羅門教有所不同，其倡導的眾生平等的思想就是大多社會底層人士改信佛教的最重要原因。佛教中對教徒行為準則的規範則是通過「三藏」的「五戒（戒殺生、戒偷盜、戒妄語、戒飲酒、戒淫邪）」來實現的。按佛教規定，「持戒」是每個教徒終生都要信守的條件，信奉佛教的人不一定都必須到寺廟祭拜，在家也仍然要做到遵守「五戒」的內容，這也為社會風氣起到了良好的作用，營造一個和諧規範的氛圍，減少不良風氣的存在。不管是形式還是內容上，佛教都和婆羅門教有著巨大的差別，也正是這些不同讓佛教能興盛千餘年。再往後就是由婆羅門教和佛教的融合而產生的印度教，其自身並不具備教義，主要是以兩個教派的經典所兼容在一起。古代印度的宗教隨著其不斷發展和變遷，古印度的法律也在逐漸形成和完善，不得不說是宗教以及宗教裡的那些經典典籍構成了古代印度法律，並且成為古印度法中充滿宗教色彩的重要的一筆。

（2）古代印度法對種姓制度的維護。

種姓制度在古代印度社會是極為重要的，除了佛教以外，婆羅門教的種姓制幾乎貫穿了印度法的主要內容。印度法的主要內容包括：種姓制、婚姻家庭制度、債法以及刑法等，這些內容都是來源於婆羅門教的教義。尤其是《摩奴法論》等典型的具有

婆羅門教特點的典籍，更是被認為是印度法不可缺少的部分，種姓制度被看作是古代印度法的關鍵內容也是最核心的部分。根據婆羅門教義的規定：最高種姓的婆羅門、代表武士的第二種姓剎帝利和代表平民的第三種姓吠舍，都屬於再生人，入教修行以獲得來生的再生。而第四種地位最為卑微的首陀羅種姓卻無法再生，只能為處於統治階層的前三個種姓所俯首帖耳、唯命是從。婆羅門擁有著至高無上的地位，再加上婆羅門教的教義和經典都是組成印度法的重要淵源，所以它也幾乎可以看作是古代印度法的實際制定者，自然也有眾多的特權為其保護。古代印度法實質上就是為宗教服務的一種法律，為婆羅門教提供保護的一個政治手段，最大程度上保障婆羅門的利益。所以實際上形成了一種以宗教為主，法律作為宗教的一種鞏固統治的手段或者說是婆羅門保護自我利益的一個工具。這也是為什麼說古印度法中對維護種姓制度是尤其重視的，因為種姓制是婆羅門教義的核心內容，更是古代印度法的重要淵源，對種姓制度的維護其實也是在維護印度法。

（3）古代印度法是宗教、倫理、法律三者相結合的產物。

古代印度法主要是宗教僧侶們根據自古流傳下來的習俗和聖人的言行來撰寫的。更多的是從偏向維護統治階級的利益的方向出發，裡面所包含的法律的部分少之甚少，談及編製法律的過程也不像現在國家法律是依靠國家權力機關按立法的程序去創制法律，所以其中涉及的法律部分也不是那麼完善。就以古代印度史上最具權威的法典《摩奴法論》來說，裡面所包含的關於法律的條文也就占總體的大概四分之一的比例。在孔雀王朝的第三代君主阿育王統治時期，佛教盛行，甚至阿育王用石柱法的方式宣揚佛教教義，倡導佛教的精神，也只是對眾人言行從倫理道德方面起到一種約束和勸誡作用，並不具有法律真正的強制性。阿育王的一條敕令中出現過這樣一段話：「少行不義，多做善事，慈悲，布施，真誠，清淨。」從本質上來看也並不能算得上是法律條文，只能是對世人的一種勸誡和引導而已。所以說古代印度法是將宗教教義以及道德倫理和法律相結合的混合產物。

（4）古代印度法具有長久性和穩定性的特點。

古代印度法在經過社會的變遷、宗教的更替以及王朝的覆滅等紛繁複雜的演變之後，仍然沒有發生本質意義上的改變，並且憑藉宗教的強大影響力還在印度法制史上留下了深遠的影響。婆羅門教的經典法典《摩奴法論》更是凸現了其教義的關鍵思想——種姓制度。不管社會如何變遷，王朝的興衰覆滅，種姓制都作為古印度文化的重要部分存在著，即使中間經歷了佛教，再到後來的印度教的演變，其根深蒂固的位置從未動搖。自《摩奴法論》頒布以來，該法典就為各個朝代的君王所借鑑，成為管理國家、制定法律的重要依據。直至後來被英國殖民者占領，以及伊斯蘭教的傳入，都沒有影響到《摩奴法論》思想的存在，種姓制度以及其他內容都較為完整地留存了下來，並沒有被磨滅掉，這也充分展現出古代印度法在歷史上的長久性和穩定性。然而，婆羅門教的教義經典、法經、法論都不能算是真正意義上的法律條例，即使是最具權威的一部法典《摩奴法論》仍不能算是純粹意義上的法律條文，法典中所涉及的關於各個領域的學問雖然有一定的科學性，但其更多的只是編撰的婆羅門的一種理想社會，缺乏一定的實際可行性。

3.3.2 古代印度法的歷史地位

古代印度法在經歷了數個世紀的變化發展後，在印度史上留下的深遠影響是任何事物都不能磨滅的。它是吸收了宗教、社會、政治等各個方面的因素才能夠得以繼續流傳，即使是後面的伊斯蘭教傳入和英國殖民者的統治也沒能阻礙印度法在法制史上被繼續使用，《摩奴法論》仍舊是社會生活中所使用的重要的法律依據。在經歷了殖民統治之後，獨立的印度依靠以《摩奴法論》為代表的古代印度經典教義和法論中的內容為基本原則，創制了《印度教法典》，這部法典也是對《摩奴法論》和古代印度法更為完善的調整和補充。

古代印度法除了在印度史上留下了深遠而不可磨滅的影響以外，還對周邊國家產生了一定影響，尤其是在東南亞國家（老撾、緬甸等國家）的立法上，一方面是印度僑胞的遷移將印度法（包括婆羅門教文化、佛教文化以及印度教文化）帶入其他國家，在傳播宗教文化的過程中，印度法的影響在不斷擴散。另一方面是有統治者希望能把印度的宗教、政治引入本國，用劃分等級的種姓制以及其他經典教義來加強自己王權的統治，鞏固其地位，於是便出現了眾多以古代印度法為模板再結合自己國家的實際情況立法的印度化國家，他們大多都是以《摩奴法論》為立法的原型，然後創制出自己國家的法律或者是直接將其放入本國使用。隨著古代印度化國家的增多，古代印度法覆蓋的領域也更大，從而逐漸發展成為龐大的法系，也就是世界五大法系之一的印度法系，其深遠影響也保留至今。

參考文獻

[1] 摩奴法典 [M]. 蔣忠新，譯. 北京：中國社會科學出版社，1986.
[2] 高鴻鈞. 古代印度法的主要內容與特徵：以《摩奴法論》為視角 [J]. 法律科學（西北政法大學學報），2013，31（5）：29-42.
[3] 林太. 摩奴法論解析 [J]. 歷史教學問題，2010（2）：57-64.
[4] 王雲霞，等. 外國法制史 [M]. 北京：商務印書館，2014.
[5] 曾爾恕. 外國法制史 [M]. 2版. 北京：中國政法大學出版社，2013.
[6] 迭朗善. 摩奴法論 [M]. 馬香雪，譯. 北京：商務印書館，1982.
[7] 何勤華. 外國法制史 [M]. 4版. 北京：法律出版社，2006.
[8] 玄奘. 大唐西域記今譯 [M]. 季羨林，張廣達，譯. 西安：陝西人民出版社，2008.

4 古希臘法

古希臘是人類最早誕生文明的地區之一，也是歐洲最早產生國家與法的地區。大約在公元前 6000 年，愛琴海區域就已經進入了新石器時代。公元前 20 世紀出現了「米諾斯文明」，從克諾索斯城邦的國王米諾斯最早立法開始，希臘便走進了法律文明時代。

古希臘法作為西方社會最早產生的法律文明，由各城邦不同類型的法律制度組合而成，其中雅典城邦的法律制度最具有代表性，尤其是雅典奴隸制民主憲政制度，創制了「主權在民」「輪番為治」[①] 以及選舉和監督等制度及原則，成為近現代西方民主憲政的淵源和基礎。

4.1 古希臘法的產生和演變

古希臘位於巴爾干半島的南部，以愛琴海為中心，包括希臘半島、愛琴海諸島、克里特島和小亞細亞半島西部海岸的廣大地區，是歐洲最先進入文明社會和最早產生國家和法的地區。「古希臘法」不是一個國家法的概念，而是就其地域範圍而言，泛指存在於古代希臘世界所有法律規範的總稱。

約公元前 20 世紀，在作為希臘文明發祥地的克里特島，出現了由農村公社結合而成的早期奴隸制城邦。「克里特」文明之後，大約從公元前 15 世紀開始，古希臘的文明中心由克里特島移向南希臘的邁錫尼，「邁錫尼」文明由此興起。通過考古發現，「邁錫尼法」刻在泥板上的遺跡具有遠古法的一般特徵。

公元前 12 世紀至公元前 8 世紀的希臘歷史，因「荷馬史詩」的重要影響又稱為「荷馬時代」或者「英雄時代」。這一時期古希臘處於從氏族制度向城邦國家的轉變中，出現了眾多的獨立城邦國家，城邦是指以一個城市為中心，連同其周圍不大的一片鄉村區域構成的一個獨立的、疆域相對狹小的主權國家。著名的城邦有雅典、斯巴達、米利都、敘拉古、科林斯等，各城邦普遍進行了立法活動，擁有各自的法律，這也反應出各個城邦在政治、經濟、社會等方面的差異。

公元前 7 世紀至公元前 4 世紀，希臘各城邦國家進入了成文法時期。如公元前 621 年《德拉古立法》、公元前 594 年《梭倫立法》、公元前 509 年《克里斯提尼立法》、公元前 44 年《伯里克利立法》以及《阿提卡法典》《羅德島海商法》等。其中公元前 5 世

[①] 顧準. 希臘城邦制度 [M]. 北京：中國社會科學出版社，1986：132.

紀於克里特島頒布的《哥爾琴法典》是保存得比較完整的法律文獻，涉及家庭、婚姻、養子、奴隸、擔保、財產、贈予、抵押和訴訟程序等，其對研究古希臘社會及其立法狀況有著重要價值。

從公元前323年馬其頓國王亞歷山大去世到公元前30年羅馬徵服托勒密王朝為止，這一時期地中海東部地區原有文明區域的語言、文字、風俗、政治制度等逐漸受希臘文明的影響，形成具有新的文明特點的時期，該時期在19世紀30年代以後逐漸被西方史學界稱為「希臘化時代」，古希臘法也包括希臘化時代的法律。希臘化法律是指適用於希臘人及定居於被徵服地區的希臘化居民的法律的總稱，希臘化國家適用的法律基本上有兩種，一是原地區的成文法和習慣法，二是希臘的徵服者所帶來的殖民地法，因此它實際上是希臘法與當地原有法律相互滲透、相互融合的產物。希臘化法律只幸存於一些羊皮書和碑文之中，既無法典，也無法律專著。

公元前2世紀，希臘化國家被羅馬帝國所吞並，希臘法也停止了發展，其部分制度、原則和法律精神為羅馬法所吸收。

4.2　古希臘法的基本特徵

（1）古希臘法不是統一的法律體系，而是由各個城邦國家多種法律組合。

這一特徵與古希臘的地理環境密不可分，從內部環境看，多山嶺地帶的自然地理環境將各地區分離隔絕，對外而言，希臘東部海岸參差不齊，多優良港灣，為海外貿易提供了優越的條件，但統一的國內市場難以形成，沒有形成全境統一的經濟政治前提，因而希臘也難以形成一統的國家。各個城邦都各自制定和實施自己的法律，且由於各個城邦長期處於分立狀態，各邦法律的內容和形式都存在一定程度上的差異，因此在希臘也沒能出現全境普遍使用的法律體系。以希臘歷史上兩個最為重要的城邦國家——斯巴達與雅典為例，斯巴達以軍事立國，以徵服為榮耀，國家建立在徵服外族的基礎上，政治制度中有許多氏族制的殘餘，其政治權力主要集中在少數貴族奴隸主手中，國王權力不大，其實行的是貴族寡頭政治。與軍政合一的斯巴達相比，雅典遵循平民政體、權力制約、法律至上及公民意識等原則，它更突出的是主權在民的民主政治。

（2）法規中未形成系統完備的成文法典。

古希臘是一個重智慧、輕經驗的民族，同時是西方哲學、政治學的發源地，產生了許多著名的思想家和哲學家，他們偏重於用哲學、政治學的觀點和方法研究法律問題，對法律內容本身的適用和法理方面的分析缺乏興趣，很少有人對那些分散、具體的法律加以抽象概括和編纂，因此，也導致希臘社會缺乏具有務實精神、在社會上佔有重要地位的法學家集團，加之立法者對於法規的法典化與系統化建設沒有充分的重視，因此，希臘始終沒有出現較為系統的成文法典。

（3）法律適用方面較為靈活，以「正義」的抽象標準來審判案件。

古希臘沒有形成帶有職業化性質的法官群體，審判員和陪審團一般都是身兼數職，

很多人根本不懂法律，審判過程中往往依照的是極具彈性的「公道」「正義」，而不是依據法律裁斷事實並做出判決，因此法律常常被擱置，在具體運用中顯得非常靈活。

(4) 公法比私法發達。

受希臘社會崇尚哲學、政治學，注重對國家社會結構及政體研究的文化傳統影響，各城邦在政權組織、權力分配以及行政管理等方面的立法相當完備，特別是雅典的民主政治制度對後世產生了極為深遠的影響。但是由於古希臘社會奴隸制的商品經濟尚未得到充分發展，所以在私法方面有關所有權、債權以及婚姻家庭制度的規定都不發達，未能形成像古羅馬一樣發達的私法體系。

(5) 衝突法比較發達。

在古希臘，由於各個城邦國家的法律多元、發散，存在著較大的差異，但由於在若干時期希臘曾是一個稱霸地中海地區的帝國，為了適應解決各城邦國家之間的法律衝突的需要，衝突法也較為發達。

4.3 雅典法律制度

4.3.1 雅典「憲法」

雅典城邦位於希臘半島東南的阿提卡半島，其面積大約為 2,000 多平方千米，是古希臘境內較大的城邦國家之一，也是古希臘世界實行城邦民主制的典型代表。

雅典是古希臘各城邦國家中實行奴隸制民主政治的典型。雅典民主政治制度的內容是經過多次激烈的政治鬥爭，通過一系列立法改革逐步形成的，這些旨在推進民主政治的立法相當於以後的根本法，即近代以來的憲法，因此贏得了雅典「憲法」的稱號。

(1) 提修斯改革。

雅典地處阿提卡半島，由於氏族內部的分化，一些貧窮的成員逐漸被排斥於氏族之外，另外，外來移民的遷入和同本地居民的混雜，使阿提卡原有氏族的血緣關係網開始被衝破。在這樣的歷史背景下，傳說出現了一位頗有作為的王，即提修斯。相傳公元前 8 世紀，提修斯進行了改革，他把阿提卡半島各分裂部分統一起來，並將雅典的四個部落聯合起來，以雅典的中央議事會和政府代替各地方議事會和政府，並制定了雅典第一部憲法。他把雅典全國居民分為貴族、農民和手工業者三個等級，形成了城邦國家的雛形。規定只有貴族才能擔任公職官員，這也標誌著貴族政治的確立。

以提修斯為名的改革，使雅典城邦具有了奴隸制國家的性質，跨出了摧毀氏族制度的第一步，產生了高於各個部落的法權習慣的統一雅典法，不過城邦的法律尚處於習慣法階段，並為貴族所壟斷，引起平民階層的極大不滿。提修斯改革是雅典國家形成過程中一系列變革的縮影，反應了雅典在階級分化的基礎上從部落走向國家的歷史性轉變過程。通常認為，這也標誌著雅典國家形態的萌芽起始，提修斯也被視為希臘國家的奠基者。

(2) 德拉古立法。

隨著雅典經濟的發展，特別是手工業和商業的繁榮，以新興的工商業奴隸主為核心的平民階層在社會經濟生活中顯示了越來越重要的作用。廣大平民與貴族不斷發生衝突，他們強烈要求制定成文法，公開法律，反對貴族對法律的壟斷。公元前621年，當選為執政官的德拉古，迫於平民的壓力，進行了改革，將雅典的習慣法加以匯編，制成雅典第一部成文法「德拉古法」。其改革的主要內容是：①修改《負債法》；②規定只有能夠自備武裝的人才享有公民權；③將貴族會議選拔官吏改為公民抽籤選舉；④組成一個由公民選舉產生的四百零一人議事會。

德拉古法雖然肯定了債務奴役制，並以廣泛採用重刑聞名於世，但故意與非故意殺人罪已有了分別，反對血親復仇制度，並規定了不同的刑法和責任，從而在一定程度上限制了貴族解釋和適用法律的特權，具有一定的進步意義。

(3) 梭倫改革——雅典「憲法」的創建。

公元前594年，梭倫以其威望和功績當選為雅典城邦的「執政兼仲裁」，開始進行了一系列立法改革。

經濟上：①實施解負令，廢除雅典公民以人身作抵押的一切債務。根據這一法令，凡以前以土地或人身抵債的契約一律無效，土地歸還原主，人身恢復自由，由國家負責贖回因欠債而被賣到外邦為奴的人，永遠禁止以自由民人身作為債務抵押。②實行一些有利於工商業發展的政策措施。包括限制糧食出口，擴大橄欖油輸出；獎勵外地工匠移民雅典，提倡公民學習手工業技術；改革度量衡，實行貨幣改革，鑄造雅典新幣；制定了一些有關財產繼承、禁止厚葬、撫恤為國犧牲公民的親屬等法令。③承認私有財產集成自由，消除了所有制度上的氏族殘餘。這些經濟政策都使得人們有了更多的經濟自由，推動了工商業的發展。

政治上：①廢除世襲貴族，不再以出身而是以財產的數量來劃分公民等級。按照財產的多少將雅典公民劃分為富農、騎士、中農、貧農四個等級，按等級納稅、服兵役和享有權利。第一等級可以擔任高級公職，第二、第三等級可以擔任一般公職，第四等級沒有被選舉權，只享有參加公民大會的權利。②設立四百人會議作為公民大會的常設機構，作為最高行政機關。四百人議事會由四個部落各選一百人參加，前三個等級的公民均可當選，主要負責為民眾大會準備議程。③設立陪審法庭，任何公民都有權上訴。陪審法庭是從貴族會議中分享司法權的最高司法機關，每個公民均可當選為陪審員，參與案件的調查和審理，推進司法民主化。④制定新法典取代德拉古的嚴酷法律，只保留關於殺人罪方面的規定。

梭倫改革，使雅典貧困公民擺脫了遭受債務奴役的威脅，打擊了貴族統治，使城邦體制更加鞏固；保護和促進工商業的措施又使工商業奴隸主的地位迅速上升，奴隸制經濟開始走向繁榮；財產等級制度的確立，使財產資格取代血緣資格，從根本上瓦解了貴族世襲政治特權的基礎，調整了公民集團內部不同階層之間的利益關係；改組國家權力機構的措施，打破了貴族對國家權力的壟斷，在一定程度上確保了公民參與國家事務的政治權利。

梭倫改革是雅典歷史發展的重要里程碑，奠定了雅典民主政治的基礎，促進了雅

典民主政治和商品經濟的發展。但是梭倫由於受歷史條件和自身階級立場的局限，使得其改革不可避免地具有歷史局限性。具體表現在：梭倫沒有滿足下層平民對土地的要求，沒有使他們享受平等的政治權利；梭倫期望一方面改善平民的經濟狀況，一方面保護貴族的政治特權，但其結果是下層人民的要求沒有得到很好的滿足，貴族也因為自己的利益受損而心生怨恨，改革最終沒有從根本上解決貴族與平民之間的矛盾。

（4）克里斯提尼改革——雅典「憲法」的發展。

公元前510年，氏族貴族之間以及氏族貴族與平民之間的鬥爭尖銳化，保有血緣關係的氏族、胞族和部落組織已經不能適應奴隸佔有制國家進一步發展的需要。

公元前509年，克里斯提尼作為平民領袖當選為雅典首席執政官。他聯合平民，通過公民大會推行了一系列重大改革，推動了雅典政治制度和法律制度的民主化進程，主要內容有：

①根據地域原則重新劃分居民。取消了原有的四個氏族部落，把雅典國家劃分為十個選區。其目的是以地域關係取代血緣關係，打亂戶籍，分裂氏族，徹底摧毀封建氏族制度的殘餘，分化瓦解貴族勢力的基礎。

②建立「五百人會議」，代替原來的「四百人會議」。五百人會議是由從十個部落的任何等級公民中，經抽籤各選出五十人組成。民眾大會依然存在，作為雅典的最高立法機關，決定國家重大事項。而五百人議事會就是負責執行民眾大會決議，在公民大會閉幕期間，負責處理大部分城邦政務，成為雅典最重要的行政機關。

③成立「十將軍委員會」。每個選區選出一個將軍，組成一個「十將軍委員會」，統率全軍。指揮權則由這十人輪流掌握，不得擅權。

④頒布貝殼（或陶片）放逐法，以防僭主再起。每年雅典城邦公民大會第六次常務委員會（亦稱為主席團，為公民大會五百人議事會的常設機構）會議期間，常務委員會會詢問公民大會是否需要進行陶片放逐投票，如果大會表決通過該提案，則於翌年的2月或3月實施放逐投票。投票當日，投票者在選票——陶罐碎片較為平坦處，刻上他認為應該被放逐者的名字，投入本部落的投票箱。如果選票總數未達到6,000，此次投票即宣告無效；如果超過6,000，再按票上的名字將票分類，得票最多的人即為當年被放逐的人選，放逐期限為10年（一說為5年，但都可以為城邦的需要而隨時被召回）。

克里斯提尼改革標誌著百餘年來平民反抗貴族鬥爭的勝利和雅典奴隸制民主政治的初建。首先，改革徹底肅清了氏族制度的殘餘，標誌著雅典由氏族過渡到國家的整個歷史過程的最後完成。其次，改革結束了一個多世紀的雅典平民反對貴族的鬥爭，標誌著雅典民主政治的最後確立。此後，雅典的社會矛盾不再是貴族與平民的矛盾了，而是奴隸與奴隸主的矛盾。古希臘從此進入以雅典為中心的古典時代。

一般認為，克里斯提尼的改革在雅典建立起奴隸制民主共和國。因為雅典政體已經兼具「主權在民」「抽籤選舉」「輪番為治」的特點，但這時的民主尚不充分，特別是「主權在民」這點還不充分，主要是財產法定資格仍然有效，三、四等級公民的政治權利仍受限制，只能出席公民大會，不能擔任高級官職。所以這時民主政治尚未完全建立。

(5) 伯里克利改革——雅典「憲法」的繁榮。

公元前 5 世紀中葉的希波戰爭，波斯戰敗，雅典成為希臘世界的盟主，締結了「提洛同盟」，取得海上霸權。公元前 443 年到公元前 429 年，伯里克利成為雅典最高執政官，進一步推進了民主的立法改革。主要有：

①擴大民眾大會的權力。民眾大會是國家最高權力機關，每 10 天召開一次會議。凡年滿 18 歲的男性公民均有權參加、討論和決定國家一切重大事項。

②保留五百人議事會，作為民眾大會的常設機構。議事會為民眾大會準備議案，審查議案的合憲性，執行民眾大會的決議，監督國家行政部門的日常事務。

③各級官職向廣大公民開放，取消了任職資格的財產限制，均由抽籤產生。公元前 457 年後，第三等級公民取得擔任執政官的資格，第四等級公民後來事實上也被允許擔任此職。

④實行官職津貼制。最初，由國家給予陪審法官每日生活津貼，後來薪給制擴大到大多數公職，包括下層公民擔任執政官、五百人議事會的成員和陪審法庭的陪審員，等等。這就為貧苦公民參加政權管理提供了一定的物質保證，同時把少數公民的民主制轉變成多數公民的民主制。

⑤設立共有六百人的陪審法院作為最高司法機構。陪審法院分為十個法庭，由三十歲以上的公民抽籤產生陪審員，主要任務是審理國事罪、瀆職罪等重大案件，對公職人員進行監督和考核，參與立法並核准民眾大會的決議。

⑥「十將軍委員會」為最高軍事權力機關，由具有一定財產資格的人，經民眾大會以公開投票的方式選出，該委員會首席將軍最重要，對民眾大會負責。

經過伯里克利的苦心經營，雅典的奴隸主民主政體日益完備。雅典社會的四次重大改革，將雅典的民主法治發展到了頂峰。

(6) 雅典民主制的特點。

首先，雅典民主制度體現著雅典奴隸主自由民多數人的主權。其次，同公民主權密切相聯繫的是公民個人的自由和平等。再次，雅典的官吏制度是具民主原則的重要體現。最後，在雅典的政治生活中，與民主相得益彰的是雅典國家的法制。

(7) 雅典「憲法」的民主性和局限性。

①民主性。

第一，形式上允許一切雅典公民參與國家的日常活動。如規定年滿 18 週歲的男性公民有均等機會參與國家政治生活，有選舉權、被選舉權，都能參加民眾大會，參加國家重要活動，等等。第二，大多數國家的公職人員都是由選舉產生，而且集體職務多於個人職務；凡是重大公務，均由集體決定、集體負責。第三，由公民通過的各種制度和措施直接維護民主制度。如克里斯提尼改革時期實行的「貝殼放逐法」、阿菲埃爾執政時期實行的「不法申訴制度」等。

②局限性。

雅典民主制「憲法」的實施和民主制度的貫徹，實際上局限於一個狹小的範圍內，除了占雅典人口絕大多數的奴隸，婦女和異邦人由於沒有公民權，沒有參政的權利；在民眾大會或其他重要機關裡起重要作用的往往是奴隸主階級的上層分子或其代表人

物；公職人員儘管是由選舉產生，但擔任所有公職均需具備一定條件，如年齡、財產資格，等等；統治集團利用各種手段，採取多種措施來限制民眾大會作用的充分發揮。因此，雅典民主制的實質是奴隸主階級、有產者的民主。

4.3.2 財產法

隨著工商業的發展，雅典的私有制在公元前5世紀至4世紀進入繁盛時期，所有權包括實際持有或者支配權以及財務的出售和其他處理權。所有權包括動產和不動產，所有的不動產和動產都可以按照相應的程序自由買賣。所有權的取得包括原始取得和傳來取得兩種形式。儘管還保留著部分公社所有制的痕跡，但是當時的私人財產轉移已經十分流行了。

雅典法嚴格保護私有財產權不受侵犯，當私有財產權受到侵犯的時候，可以向司法機關提起訴訟以獲得司法保障。不動產所有人對其不動產的佔有人提起的受益之訴，可向法院第一審級提出；而其他財產之訴，則向法院第二審級提出。

4.3.3 債法

債法在雅典的商業活動中已經相對發達。債的來源主要分為兩種：第一種是因契約而產生的債。法律還為此設立了擔保制度，包括人格擔保和實物擔保兩種形式，以保障債權人的相關利益。雅典的契約種類繁多，有買賣、借貸、租賃、合夥物品保管及人身雇傭等。二是因損害賠償而產生的債，是指對公民的人身或者財產非法損害而發生的債，受害人有請求賠償的權利，加害人有負擔賠償的義務。大多數情況下，只要加害人向受害人支付相應賠償（賠償數額往往超過因侵權行為而導致的實際損失）即可了結爭端，如果加害人無力賠償，則可能成為受到刑事處罰的依據。

4.3.4 婚姻家庭法

在古希臘，婚姻被視為宗教上的事物，婚姻的成立不只是配偶當事人的事情，還必須徵得家庭成員，尤其是父母的同意。雅典的婚姻關係保留著買賣婚姻的痕跡，即需要通過男女雙方父親締結契約而成立。雅典允許近親成婚，甚至同父異母或者同母異父的兄弟姐妹之間也可以通婚，但是禁止公民與不具有公民身分的人通婚。法律規定實行一夫一妻制，但是在現實生活中，這一規定僅僅是針對妻子而言，一夫多妻是被允許的。夫妻雙方有離婚的自由，但是在程序上，法律為妻子設立的離婚程序更加複雜，丈夫如果要離婚，只要將妻子逐出家門即可，而妻子要離婚還必須向執政官提出申請書，由執政官審查批准。

家庭方面，雅典實行的家庭制度為家長制，家長在家庭中對妻子和子女擁有絕對的支配權力，必要時，可將妻子和子女逐出家門或出賣為奴。梭倫改革以後，家長權力受到一定限制。

在雅典，繼承權歸男子所有。遺產由兒子（婚生或合法收養都包括在內）共同分配，但是長子會獲得比其他人更多一點的財產份額，女兒只能在出嫁時從兄長那兒獲得一份嫁妝。法定繼承的順序是兒子、兄弟、侄、伯叔、堂兄弟，等等，如死者無兄

弟、侄輩，則姐妹及甥女輩也可以繼承。梭倫改革以後出現遺囑繼承，但是只有無合法子嗣者才能立遺囑，而且立遺囑人必須神志清楚且不受脅迫，婦女、養子和未成年人所立遺囑沒有法律效力。如果一個雅典人在他父親活著時就死亡，既沒有留下遺囑也沒有兒子，則其父可以將已故兒子的財產據為己有；如果父親也死了的話，這份產權便按照法定的程序轉移給父親的親屬。

4.3.5 刑法

在各種犯罪中，國事罪被視為最重的犯罪。凡背叛國家、欺騙民眾、褻瀆神祇、向民眾大會發表詆毀現行政策的演說或提出非法議案的一律處以死刑。此外，褻瀆神祇、危害宗教的行為、擾亂家庭和平的行為，甚至品行不滿，諸如虐待父母、婦女、孤兒等都被列為刑事犯罪。

刑法的種類主要有死刑、流放、出賣為奴、剝奪自由、鞭笞、凌辱、烙印、放逐以及罰金等，而刑罰施行原則是：對奴隸懲罰肉體，對自由民主要是處罰財產或者剝奪權利。而對雅典公民中的知名人士，處刑時更加人道一些。執行死刑通常是讓其服下毒藥，慢慢死去。而對於奴隸，則是用棍棒活活打死或者將其從懸崖上推至深谷摔死。

在雅典刑法中，還保留了某些原始公社血親復仇的習慣殘餘。對許多重大犯罪，如殺人、投毒、縱火，允許被害者及其親屬同犯罪者訂立賠償契約，犯罪者繳納賠償金以後就可以了結；但在某種情況下，還允許直接復仇。比如當男子發現其妻、姐、妹、女兒與人通奸，有權將對方男子立即處死；因謀殺罪而被判處死刑時，劊子手要在受害者親屬面前執行，這也正是氏族公社血親復仇的殘餘表現。

4.3.6 司法制度

雅典的司法機關比較複雜，設有許多專門性質的法院，雖無明確的審級關係，但已經有了一定的職權劃分。最早出現的法院是阿留帕克，開始作為氏族貴族的權力機關，擁有審判權。到公元前5世紀至公元前4世紀，逐漸演變成單純從事審判的司法機關，主要審判故意殺人、毒害及縱火等案件。隨後成立了埃非特法院，由於它是由51人組成，因而也稱51人委員會，主要審理誤殺、教唆殺人、致人殘廢以及殺死異邦人的案件等。除上述審理刑事案件的法院外，審理有關財產糾紛案件的法院是迪埃德特和40人法院，前者審理價值10德拉以上的財產案件，後者審理不足10德拉的財產案件，財產糾紛案件的上訴法院為陪審法院。

在雅典，只有成年男性公民才有起訴權，奴隸、女性和未成年人都沒有起訴權，異邦人只有通過雅典的「保護人」才能起訴。

雅典的訴訟分為「私訴」和「公訴」，而民事訴訟和刑事訴訟沒有明確的劃分。享有完全權利的任何公民，不論涉及本人利益與否，為了懲罰被告而提出的訴訟稱為公訴，訴訟必須行至結案，不得中途停止，否則將被科以罰金；為了保護自己民事權利而提出的訴訟稱為私訴，只能由受害者及其親屬提出，該類訴訟可以因受害人與犯罪者之間達成協議而中途停止。訴訟分為審查與裁判兩個階段。最終裁決通過審判人

員用秘密表決方式做出，若票數相等，則原告敗訴。如不服，可向陪審法院上訴，陪審法院對一般案件的判決為終審判決。

4.4　古希臘法的歷史地位與影響

古希臘法作為西方社會最早產生的法律文明，其產生及發展都具有標誌性意義和深遠的影響，因而在世界法制史上佔有一定的歷史地位。

(1) 對羅馬法的影響。

古希臘法中的某些法律原則、具體制度和法律思想，都曾對羅馬法產生一定影響，其中一些法律原則、具體制度和法律思想都曾被羅馬借鑑。比如希臘羅德島的海商法、雅典的債權制度和訴訟制度都為羅馬法所借鑑。此外，一些關於法的正義理論、法的理性原則及自然法學說都為羅馬法理論奠定了堅實的基礎。

(2) 對後世民主政治的影響。

古希臘時代最為重要的城邦——雅典通過一系列的立法改革所確立的奴隸制民主憲政制度，創制了「主權在民」「輪番為治」以及選舉和監督等制度及原則，成為近現代西方民主憲政的歷史淵源及制度基礎，開創了西方歷史上的法治傳統，為西方近代立憲主義的誕生和發展提供了典範，因此古希臘被人們看作是「民主制度的搖籃」或「故鄉」，對後世民主政治的影響深遠。

(3) 促進了東西方法律文化的交流和融合。

古希臘的法律上承古埃及、迦太基等東方國家古代法，下啓羅馬法，在東西方法律文化的傳承與交流方面發揮了重要作用，促進了東西方法律文化的交流和融合。

參考文獻

[1] 顧準. 希臘城邦制度 [M]. 北京：中國社會科學出版社，1982.
[2] 何勤華，李婧. 外國法制史 [M]. 北京：中國政法大學出版社，2009.
[3] 王雲霞，等. 外國法制史 [M]. 北京：清華大學出版社，2008.
[4] 何勤華. 外國法制史 [M]. 北京：法律出版社，2001.
[5] 林榕年，葉秋華. 外國法制史 [M]. 北京：中國人民大學出版社，2003.
[6] 曾爾恕. 外國法制史 [M]. 北京：北京大學出版社，2009.
[7] 曲嶸. 外國法制史 [M]. 北京：北京大學出版社，2007.

5 羅馬法

古代羅馬國家,地處歐洲的地中海中部的亞平寧半島。它承襲並發展了古代東方和希臘各國的經濟、政治和文化成果,從一個以羅馬城為中心的城邦國家,發展成地跨歐亞非的大帝國,其法律經過長期演變成為奴隸制社會最發達、最完備的法律體系。羅馬法就是古代羅馬奴隸制國家從形成到衰亡的整個歷史時期的法律制度的總稱。羅馬法是古代社會最發達、最完備的法律體系,對後世尤其是近現代西方法律和法學產生了深遠的影響。

5.1 羅馬法的產生和發展

羅馬法是指羅馬奴隸制國家的全部法律,存在於羅馬奴隸制國家的整個歷史時期。公元前6世紀,隨著階級矛盾的不斷尖銳,羅馬的第六代國王塞爾維烏斯·圖利烏斯進行了改革,他廢除了原來以血緣關係為基礎的3個氏族部落,把羅馬劃分為4個地域部落並按照居民享有的財產多少把居民劃分為5個等級,確定相應的權利與義務。這標誌著羅馬國家的形成,羅馬法應運而生。

羅馬法的發展經歷了以下幾個階段:

(1) 王政時期(公元前8世紀至公元前6世紀)。

這一時期主要是古老氏族的習慣和社會通行的各種慣例,到王政後期國家最早形成時,逐漸演變成習慣法。

公元前8世紀以前,羅馬尚處於氏族時期。隨著生產力的發展,私有制的出現,以及戰爭掠奪和債務奴役,羅馬社會的氏族制度趨於解體。公元前6世紀,王政時代的第六代國王塞爾維烏斯·圖利烏斯實行改革,廢除了原來以血緣為基礎的3個氏族部落,按地域原則將羅馬劃分為4個區域,並按照財產的多寡將居民劃分為5個等級,同時明確了相應的權利與義務。這次改革是羅馬國家的形成和羅馬法產生的重要標誌。

(2) 共和國時期(公元前6世紀至公元前1世紀)。

公元前510年,羅馬王政時代結束,進入共和國前期。這是一個由習慣法向成文法過渡的時期。在這一時期,隨著奴隸制經濟的發展,伴隨著階級矛盾的加劇以及平民與貴族鬥爭的展開,由貴族壟斷立法與司法權,隨意解釋習慣法的局面再也無法維持。公元前450年頒布的《十二表法》,成為這一時期重要的里程碑。

《十二表法》是羅馬第一部成文法,共有105條,該法嚴格維護奴隸主階級的利益及其統治秩序,保護奴隸主貴族的私有財產權和人身安全不受侵犯。各表的內容為傳

喚、審理、執行、家長權、繼承與監護、所有權和佔有、土地和房屋（相鄰關係）、私犯、公法、宗教法、前五表的補充、後五表的補充，其具有內容廣泛、諸法合體、公法與私法、實體法與程序法、宗教法與世俗法兼收並蓄的特點。《十二表法》反應了當時羅馬社會的現實和平民鬥爭的勝利成果，羅馬歷代統治者從來沒有以明文禁止過它，它總結了之前的習慣，為羅馬法的發展奠定了基礎，是古代奴隸制法中具有世界性意義的法律文獻之一。

此後，羅馬又制定了一系列的成文法，至公元前3世紀左右，平民要求與貴族平等化的進程基本完成，平民開始享有完全的公民權。

從公元前3世紀到公元前1世紀，羅馬進入共和國後期，這一時期是羅馬市民法發展、萬民法形成的時期。市民法也稱公民法，是羅馬國家固有的法律，包括民眾大會和元老院所通過的帶有規範性的決議以及習慣法規範，其適用對象是城邦中的民眾共同體，即羅馬市民，內容涉及羅馬共和國的行政管理、國家結構和機關，以及一部分訴訟程序的問題。但是其中涉及所有權、債權方面等財產關係的規範不完善，具有保守性和形式主義色彩。

公元前3世紀以後，隨著商業的繁榮和羅馬徵服地區的擴大，只賦予羅馬公民權利的羅馬市民法已經無法適應社會發展的需要了。為瞭解決羅馬居民與異邦人及被徵服地區居民內部之間的權利與義務關係，公元前242年羅馬國家設置了外事最高裁判官，專職處理此類案件，逐漸形成一套「萬民法」。「萬民法」的意思是「各民族共有的法律」，其當中的絕大多數內容屬於財產關係，尤其注重所有權和債的關係，因此萬民法更加適應羅馬奴隸制經濟的發展和統治階級利益的要求。

（3）帝國時期（公元前1世紀至公元6世紀中葉）。

帝國前期，羅馬商品經濟空前活躍，政治穩定，市民法與萬民法不斷融合，羅馬法進入了「古典時期」。這一時期，法學家的解答成為羅馬法的重要淵源，同時皇帝敕令的地位不斷上升。

隨著社會經濟的普遍發展，加之當時羅馬在財產關係方面沒有完備的立法，因此，法學家的活動開始具有實際應用性質。他們經常的業務有：對法律的疑難問題進行解答；為訂立契約的人編寫合法證書；指導訴訟當事人起訴以及通過著述解釋法律。法學家們的這些活動，使得羅馬法律能夠適應社會的需要而不斷發展。

此後，隨著皇權的逐步加強，其他形式的立法逐漸消失，皇權敕令成為法律的主要淵源。皇帝敕令主要有以下幾種：敕諭，即對全國發布的有關公法和私法方面的各種命令；敕裁，即為裁決案件而發布的指令；敕示，即對官吏訓示的命令；敕答，即就官吏和民間所詢問的法律事項做出批示。其中，敕諭最為重要，成為帝國中後期主要的法律淵源。

從3世紀開始，羅馬帝國日趨衰落。330年，羅馬帝國分裂為東、西兩個部分。476年，西羅馬帝國被推翻，西歐社會開始向封建社會過渡。

為了維護統治階級搖搖欲墜的統治，帝國開始進行法典匯編工作，起初，由個別法學家編纂皇帝的敕令，到迪奧西多二世，頒布了第一部官方的羅馬皇帝敕令匯編，稱為《迪奧西多法典》。直到東羅馬皇帝查士丁尼統治期間（527—565年）和他死後

的一段時間，大規模系統的法典編纂工作仍在進行。

於529年頒布施行的《查士丁尼法典》就是歷代皇帝的敕令全集，為編纂工作的第一個成果；533年，《法學階梯》作為編纂工作的第二個成果開始頒布施行，主要講述了法律要點，幫助初學者入門；從530年開始，立法者將歷代羅馬著名法學家的學說、著作和法律解答分門別類地匯編、整理和摘錄，形成《法學匯編》。

三部法律匯編完成以後，查士丁尼頒布敕令，宣布今後法律適用均以它們為準，未被收錄的法律一律作廢；有關三部匯編的疑問，均由皇帝自行解釋。

為適應東羅馬帝國的政治經濟與社會生活的需要，之後查士丁尼又頒布了168條敕令，以補充法典的不足。查士丁尼去世後，法學家將這些敕令匯編成冊，形成《查士丁尼新律》。

以上四部法律匯編，到16世紀，被稱為《國法大全》或《民法大全》，與當時的《教會法大全》相適應。《國法大全》反應了羅馬法的全貌，是羅馬法精華的匯總，標誌著羅馬法已經發展到最發達、最完備的階段，為後世研究羅馬法提供了重要資料。

5.2 羅馬法的淵源和分類

5.2.1 羅馬法的淵源

在羅馬國家發展的不同歷史階段中，羅馬法的淵源是不同的，主要包括以下六種。

（1）習慣法。

公元前450年以前，羅馬國家法律的基本淵源為習慣法，習慣法主要是由古老的氏族習慣傳統、社會通行的各種習慣以及法院判決這三個部分組成，沒有任何的文字形式。習慣法通常是口耳相傳，含混不清的，司法官使用習慣法時任意屈伸，平民深受其苦，直到《十二銅表法》的頒布，才開始由習慣法向成文法過渡。《十二銅表法》頒布以後，羅馬法的法律淵源基本上是成文法，直到羅馬進入帝國時期以後，隨著皇帝立法的加強，習慣法作為一種法律形式逐漸失去了意義。

（2）議會制定的法律。

議會是羅馬共和國時期的主要立法機關，一些重要的法律都是由議會制定和通過。羅馬曾經出現過三種形式的議會：一是民眾大會，它是羅馬最古老的議會形式，由胞族召開，但實際上能參加的是氏族貴族，平民無權參加；二是百人團大會，是一種軍事性集會，凡是服兵役的人都能參加；三是平民議會，隨著平民議會的不斷發展，它成為不分等級、平民和貴族都能夠參加的議會，且其決議對全體羅馬人都有拘束力，因而成為羅馬法的主要淵源。

但到了帝國時期，由於皇帝集立法、行政和司法大權於一身，這些議會形同虛設，並逐漸消失。

（3）元老院決議。

在古代羅馬，元老院是兼有立法和管理權的國家機關，最初是由氏族長者會議演

變而來，共和時期前任國家長官等其他大奴隸主也進入元老院。元老院有權批准、認可法律，並通過執政官掌管財政外交，統轄行省和實施重大宗教措施等。帝國初期，由於皇帝和元老院共同管理國家，元老院的決議開始正式成為法的淵源，帝國後期，政權日益集中於皇帝，元老院實權日削，已失去其原來的地位，元老院的決議也就失去了意義。

（4）長官告示。

羅馬高級行政長官和最高裁判官發布的告示具有法律效力。帝國時期，因訴訟活動增多，最高裁判官增至十餘名，前任裁判官發布的告示，經常為後任裁判官所沿襲和借鑑，從而形成最高裁判官法，成為羅馬法的重要淵源之一。129年，哈德良皇帝命令將所有裁判官的告示加以匯編，定名《永久敕令》，在全國範圍統一適用，任何人不得更改，最高裁判官法的發展也就停止了。

（5）皇帝敕令。

帝國時期，尤其是帝國後期，皇帝敕令成為最重要的法律淵源，主要有以下幾種：敕諭，即對全國發布的有關公法和私法方面的各種命令；敕裁，即為裁決案件而發布的指令；敕示，即對官吏訓示的命令，多屬行政形式；敕答，即就官吏和民間所詢問的法律事項做出批示。其中，敕諭最為重要，其成為帝國中後期主要的法律淵源。

（6）法學家的解答與著述。

奧古斯都執政時期賦予若干法學家解答法律的特權，使其具有法律效力。從而使得法學家的解答和著述成為羅馬法的正式淵源。法學家的解答和論述豐富並發展了羅馬法和羅馬法學，大大促進了羅馬法學的繁榮與羅馬法內容和體系的不斷完善。

5.2.2 羅馬法的分類

（1）公法與私法。

根據法律所調整的不同對象可劃分為公法與私法。公法包括宗教祭祀活動和國家機關組織與活動的規範；私法包括所有權、債權、婚姻家庭與繼承等方面的規範。公法是保護公共利益的法律，私法是保護個人利益的法律。羅馬法學家有關公法和私法的劃分方式不僅被當時的羅馬立法所採用，也為後世大陸法系學者所接受。

（2）成文法和不成文法。

依照法律的表現形式可劃分為成文法與不成文法。成文法是指所有以書面形式發布並具有法律效力的規範，包括議會通過的法律、元老院的決議、皇帝的敕令、裁判官的告示等；不成文法是指統治階級所認可的習慣法。

（3）自然法、市民法和萬民法。

根據羅馬法的適用範圍可劃分為自然法、市民法和萬民法。自然法思想起源於古希臘，羅馬法學家西塞羅繼承了這一思想，認為在自然中有真正的法律，它代表著理性、正義和神的意志。羅馬私法上的權利主體一律平等、奴隸解放等規定，都與自然法理念有關。市民法又稱為「公民法」，是指僅適用於羅馬市民的法律。萬民法也稱為「各民族共有的法律」，是調整外來人之間以及外來人與羅馬市民之間關係的法律。

(4) 市民法與長官法。

根據立法方式不同可劃分為市民法與長官法。市民法來源於羅馬固有的習慣、議會制定的法律、元老院的決議、法學家的解答等，而長官法專指由羅馬高級官吏發布的告示、命令等所構成的法律，內容多為私法，主要是靠裁判官的司法實踐活動形成。

(5) 人法、物法和訴訟法。

按照權利主體、客體和私權保護為內容可劃分為人法、物法、訴訟法。這種分類是蓋尤斯在《法學階梯》中提出的。人法是規定人格與身分的法律；物法是規定財產所有和流轉關係的法律；訴訟法是規定私權保護的方法。

5.3 羅馬私法的基本內容

羅馬私法體系，一般是根據《法學階梯》一書中所確定的法律結構，即按照法律上的權利主體、客體和保護方法，分為人法、物法和訴訟法三個部分。

5.3.1 人法

人法，又稱為身分法，是對在法律上作為權利與義務主體的人的規定，大致包括自然人、法人以及婚姻與家庭關係等。

(1) 自然人。

羅馬法上的自然人有兩種含義：一是生物學上的人，包括奴隸在內；二是法律上的人，是指享有權利並承擔義務的主體。

① 人格。

羅馬法規定，作為權利義務主體的自然人必須有人格，人格的意思是享有權利和承擔義務的資格，由三種身分權構成，即自由身分權（自由權）、市民身分權（市民權）、家庭身分權（家庭權）。

自由權是自由實現自己意志的權利，是享有市民權和家族權的前提條件和基礎，羅馬法依據自由權的有無，將居民區分為自由民和奴隸。自由權的取得來自於兩個方面：一是父母為自由人，那麼其生下來便是生來自由人；二是奴隸由於獲得解放而取得自由人身分，成為解放自由人，解放自由人雖然能夠成為權利主體，但是仍受到一定限制。市民權是羅馬市民依市民法所享有的特權，包括公權和私權兩個部分，比如：選舉權和被選舉權、榮譽權、結婚權、財產權（包括訂立契約和立遺囑）、訴訟權。市民身分的取得，有出生、法律宣布和皇帝賜予等方式。根據市民權的有無，將自由民區分為市民、拉丁人和外來人。家族權是指家族團體內的成員在家庭關係中所享有的權利，包括家長權、夫權、家主權。根據家庭權享有的程度大小，將家庭成員區分為自權人和他權人，如家父可代表全家獨立行使各種權利，被稱為「自權人」，其他處於家父權利之下的人（子、妻、奴）被稱為「他權人」。

羅馬法規定，只有同時具備上述三種身分權的人，才屬於具備完整人格的人，才能在法律上享有完全的權利能力。上述三種身分權發生部分或者全部變更的時候，人

格將會發生變化，比如喪失自由權，則為人格大減等，喪失市民權和家庭權，則為人格中減等，喪失家庭權則為人格小減等。

②行為能力。

行為能力是指能否以自己的行為獨立實現其權利的能力。羅馬法對自然人的行為能力作了詳細的規定：不滿7歲的兒童和精神病患者屬於完全無行為能力；7歲以上14歲以下的男子和7歲以上12歲以下的女子屬於未適婚人，行為能力受到一定限制；雖已到適婚年齡，但未滿25歲的成年人及「浪費人」（揮霍財產不能理財者），行為能力也受到一定程度限制；婦女的行為能力也受到限制；只有年滿25歲的成年男子才享有完全的行為能力。

(2) 法人。

羅馬法上並沒有明確的法人概念和術語。雖然當時已有宗教、軍人等團體的存在，但是卻沒有法人的名稱。羅馬法承認「團體」具有法人資格經歷了漫長的時期。直到共和國時期商品經濟的發展，各種社會團體的大量湧現，才開始承認國家、地方政府等有獨立的人格。到了帝國時期，羅馬法開始承認某些特殊團體，如商業團體、宗教團體、慈善團體等在法律上享有獨立的人格，享有權利，承擔義務。

羅馬法的法人分為以自然人的集合為成立基礎的社團法人和以財產為成立基礎的財團法人兩種。前者包括地方行政機關、宗教團體、手工業行會、士兵會等；後者包含慈善基金會、寺院以及「未繼承的財產」等。法人的成立必須包含三個條件：一是必須以幫助國家或社會公共利益為目的；二是必須具備一定數額的財產，達到最低法定人數（三人）；三是必須經過政府的承認。如果社團成員減少到不足三人，財團的財產缺乏到不能維持或者政府撤銷承認以及法人章程所規定的解散事由發生時，法人即行消滅。

(3) 婚姻與家庭法。

羅馬人對婚姻十分重視，婚姻與家庭法在羅馬私法中佔有重要的地位。羅馬實行一夫一妻的家長制家庭制度，認為婚姻應該是男女雙方以共同生活為目的的永久結合。婚姻制度經歷了由「有夫權婚姻」向「無夫權婚姻」的轉變。

早期的「有夫權婚姻」以家族利益為基礎，是市民法上的婚姻，丈夫享有特權，妻子無任何權利，該婚姻的締結在形式上非常講究，有共食婚、買賣婚和實效婚三種形式，而在離婚方面相當於丈夫的片面休妻，妻子離婚則受到極大地限制。在此制度下，母親與子女的地位幾乎一樣，相互之間是法親和血親的關係，有相互繼承遺產的權利。

而「無夫權婚姻」則產生於共和國時期，直到帝國時期廣為流行，它以夫妻本身利益為依據，該婚姻的締結則不需要履行法定的儀式，只要男女雙方同意，共同生活即可。夫對妻沒有所謂的「夫權」，妻子也沒有絕對服從丈夫的義務，而且夫妻雙方的財產各自獨立，妻的財產婚前婚後均歸自己所有，只有無法定繼承人的時候，配偶才有繼承權。這種婚姻在離婚方面也相對容易，可以基於雙方的意願或者單方的意願離婚即可。而在此制度下，母親與子女之間只有血親關係而無法親關係，相互間的繼承權直到2世紀才被承認。

5.3.2 物法

物法是羅馬私法的主體和核心，在羅馬私法體系中佔有極其重要的地位。

(1) 物權。

①物的概念和分類。

物本來是泛指除了自由人以外存在於自然界的一切東西，後來這一範圍逐漸縮小，法律上的物是指能夠為人力所支配，並能構成人們財產組成部分的事物。

羅馬法將物分為四類。第一，可有物（財產）與不可有物（非財產物）。可有物是指能為私人所有並能構成私人財產組成部分的物；不可有物是指不能為私人所有、不能構成私人財產組成部分的物，包括「神法物」和「人法物」兩類。第二，有體物和無體物。有體物是指有實體存在的並能感覺、認識的物體；無體物是指法律上人們擬制的關係，即權利，但不能用金錢估價法律關係，如家長權、夫權、婚姻權等不是無體物。第三，要式轉移物和略式轉移物。要式轉移物是指其所有權的轉移必須履行法律規定的儀式，講固定套語，完成一定的動作且需證人到場等繁瑣程序的物，如土地、房屋、大型牲畜等；而略式轉移物則是指所有權的轉移不需履行上述繁瑣法定程序手續的物。第四，動產與不動產。動產是指能夠自行移動或外力移動而不影響其價值的物；不動產是指不能夠自行移動或外力移動的物。

②物權的概念和種類。

物權是指權利人可以直接行使於物上的權利。包括自物權和他物權，自物權是指權利人對自己所擁有的物體的權利，也就是所有權，他物權是指權利人對他人擁有的物體的權利，由自物權派生而來，是依附於自物權的。

③所有權。

所有權是物權的核心，是權利人直接行使於物上的最完全的權利，包括權利人對其所有物進行使用、收益和處分的積極權利以及禁止他人對其所有物為任何行為的消極權利，具有絕對性、排他性和永續性三個特徵。羅馬所有權的形式在不同的歷史階段有所不同，主要有以下幾種：市民法所有權；最高裁判官所有權；外來人所有權；外省土地所有權。到了帝國後期，上述所有權的差別逐漸消失。

④他物權。

他物權是對他人的物體的權利，不能單獨存在，必須以他人的所有權為基礎，分為益物權（包括役權、地上權、永佃權）和擔保物權（包括質權和抵押權）兩種形式。

(2) 債權。

在羅馬法中，債權是一個重要的內容。

按照債發生的原因，羅馬法將其分為兩類。一是合法原因，即是指由雙方當事人因訂立契約而引起的債，契約是發生債的主要原因。羅馬早期，僅有要式契約，隨著商品經濟的發展，契約的種類也日漸豐富，到了共和國時期，出現要物契約、口頭契約、文書契約以及合意契約等形式。二是違法原因，即是指由侵權行為引起的債，也稱之為私犯。《法學階梯》將私犯列為四種：即盜竊、強盜、對物私犯以及對人私犯。

後來，又增加了規定準契約和準私犯為債的發生原因。準契約是指雙方當事人事

前未訂立契約，但因其行為產生與契約相同的法律關係，並具有與契約相同的法律效力，包括無因管理、不當得利、監護、海損、共有等。而準私犯是指類似私犯而未列入私犯的侵權行為，如法官瀆職誤判使得訴訟人權利受到損害、向公共道路投棄物品致人傷害的行為等。

在羅馬，債可以通過債的變更、訴訟代理和債權繼承等方式發生轉移，也可以通過清償、給付不能、提存、免除、抵銷、混同、更改、當事人的死亡、消滅實效、當事人的同意以及權利的剝奪等而消滅。

（3）繼承權。

羅馬的繼承制度有一個演變過程：由身分繼承向財產繼承及與之相適應的由概括繼承到限定繼承。早期羅馬法上的繼承以身分繼承為主，而財產繼承是附屬的。繼承人必須繼承被繼承人的所有財產和全部債務，當遺產不足還債的時候，也須由繼承人負責償還，即所謂的「概括繼承」，到了共和國末期，概括繼承制度逐漸被廢除，開始實行限定繼承，即允許繼承人對死者的債務權就其遺產範圍內負責清償。531年，限定繼承原則正式確立。

遺產繼承的方式主要有兩種：法定繼承與遺囑繼承，兩種繼承不能同時使用，遺囑繼承要優於法定繼承。遺囑繼承是按照被繼承人生前立下的遺囑進行遺產繼承。市民法上的遺囑繼承主要以宗親為主，形式主義明顯，較為繁瑣，到查士丁尼時期，確立了完全以血親為基礎的法定繼承原則，且遺囑繼承方式得以簡化，除了書面遺囑外，也允許訂立口述遺囑，但要求在7個證人面前口授訂立。

法定繼承是指在沒有遺囑繼承或因遺囑繼承無效的時候，按照法定程序繼承。法定繼承人的順序在不同時期有著不同的規定。總的原則是變宗親繼承為血親繼承。查士丁尼時期，法定繼承人的順序是：①直系卑親屬；②直系尊親屬及同胞兄弟姐妹；③同父異母或同母異父的兄弟姐妹；④其他旁系血親；⑤配偶，這是指無夫權婚姻中的配偶，有夫權婚姻中的配偶地位與子女相同。前三個順序允許代位繼承。

5.3.3 訴訟法

與公法和私法的劃分相適應，羅馬法中的訴訟也分為公訴和私訴兩種形式。公訴是對直接損害國家利益案件的審理，私訴是根據個人的申訴對有關私人利益案件的審理。在羅馬私法中，私訴方面涉及的法律內容廣泛，規定比較詳細，私訴的程序在不同時期有不同的形式。

（1）法定訴訟。

法定訴訟盛行於共和國初期，是羅馬國家最古老的訴訟程序，只適用於羅馬市民。由於原告必須按照法定的訴權起訴，當事人在訴訟中必須使用法定的語言和動作，稍有出入，即致敗訴，故而稱之為法定訴訟。整個訴訟程序分為法律審查和事實審查兩個階段，實行「公開審理」原則。前一階段主要是決定是否準予起訴，而後一階段則主要是根據相關事實和證據做出判決。訴訟時，雙方當事人必須親自到場，不得委託他人代理。

(2) 程式訴訟。

共和國後期，隨著經濟生活日益多樣化和複雜化，舊式訴訟已經不能適應客觀需要，於是最高裁判官採取了新的訴訟——程式訴訟來彌補其缺陷。

程式訴訟是由裁判官做出一定程式的書狀，內容主要包括訴訟人請求的原因和目的、抗辯的記載以及判決的提示等，主要是適應羅馬對外商業發展的需要。程式訴訟不僅適用於羅馬公民，也適用於審理外國人的違法案件，整個程序仍然分為法律審查和事實審查兩個階段。與法定訴訟相比，它廢除了繁瑣而嚴格的形式，且允許被告委託他人出庭辯護，也可以缺席裁判。程式訴訟在帝國初期比較流行，基本上能滿足大多數新的法律關係的需要，也符合皇帝權力日益加強的要求。

(3) 特別訴訟。

3世紀末4世紀初，隨著帝國君主權力的加強，為克服程式訴訟保留的法定訴訟的缺陷，程式訴訟由特別訴訟所替代。特別訴訟也叫非常訴訟，始於羅馬帝國初期並成為羅馬帝國後期唯一通行的訴訟制度。它是最高裁判官憑藉其權力，發布強制性命令，採取特殊保護的方法，它不按一般程序進行，以保護不能用一般司法方式來保護的特殊利益的訴訟程序。

它廢除了法律審查和事實審查兩個階段的劃分，結案快，效力高。整個訴訟過程只能由一個官吏擔任，且不拘泥於形式，更加側重於查明當事人的真實意思。偵查時允許告密，法官在此時可以強制當事人出庭和執行判決，訴訟程序由以當事人為主轉變為完全以法官為主。特別訴訟在訴訟時訴訟當事人需繳納訴訟費，允許代理和辯護，為防止濫訴，若對判決不服，法人可提起上訴，規定上訴敗訴人會科以罰金。此外，特別訴訟大都秘密進行，一般只許少數相關人員參加。

5.4 羅馬法的特徵

(1) 羅馬法是人定法而非神意法。

在人類社會發展的早期階段，統治者為了加強王權，往往將法律說成是神授的，而羅馬法比其他古代法發達的一個重要原因，就是羅馬法從一開始就獲得了脫離於宗教的獨立地位，與神意劃清了界限。比如羅馬的第一部成文法典《十二表法》就是十人委員會制定的，根本沒有加托神意，並且用了一定的篇幅來規定與宗教的關係，它肯定了侵犯個人利益和公共利益都是違反國家法律，而不是觸犯上帝、有悖神意。

(2) 羅馬法是一種高度抽象概括的法律。

在世界範圍內，羅馬法最先對私法法律關係作了詳盡、高度的抽象和概括。它採用抽象概括的方法，對各種不同的法律關係進行了實質總結，賦予各種具體的私有權利以抽象的概念、原則，從而使羅馬法所確立的各種私法法律關係的體系、制度、概念、原則富有深刻的理論性、嚴密的邏輯性和高度的系統性，使羅馬法達到古代法發展的最高峰。

（3）羅馬私法特別發達。

羅馬法包括公法和私法兩個部分，羅馬國家的公法雖然在其法制建設中也受到重視，卻始終不如私法發達，羅馬私法對簡單商品經濟的重要關係均作了詳盡而明確的規定，不僅內容豐富，而且體系完備，概念準確，法理精深，這得益於羅馬發達的奴隸制商品經濟，商品經濟的價值體現了一切人類勞動的平等性，相應地，平等也成了羅馬私法的精髓。儘管羅馬第一部成文法《十二表法》還是一部公法與私法不分的諸法合體的法律，但是其中關於私法法律關係的條款規定已經很明晰了；早期其他成文法內容都重刑輕民，並以刑事手段調整民事關係，而羅馬私法則側重於非刑事之法；羅馬法學家的著述和活動都致力於私法方面；而《法學階梯》則是羅馬私法規範和一部私法學教科書；傳世的法律巨著《國法大全》涉及的內容也幾乎全是私法。羅馬私法中無論是私法體系、結構、術語、概念，還是其制度、原則、精神，都對後世產生了重大影響。

（4）羅馬法具有強烈的實際性。

羅馬法能夠歷經千年而不衰，就在於它緊密結合了社會實際，符合當時社會實際發展的需要，羅馬法上的每一項制度和程式都是針對社會上出現的實際法律問題而定；羅馬法學家的活動也注重實務，他們幫助當事人撰約與訴訟，告訴裁判官如何擬定告示，等等，他們的法律著作中充滿了對人們諮詢的法律問題的回復；此外，當理論和實際矛盾衝突時，羅馬法中有很多捨棄貌似完善的純理論而致力於滿足實際需要的例子。但是羅馬法具有強烈的實際性，並不是說羅馬法忽視理論，實際上羅馬法也很注重理論研究，只是不過分追求完美。

（5）規模宏大、卷帙浩繁的法律編纂。

羅馬法是古代社會最發達的法律制度，還表現為它制定和發展了最完備的成文法體系。

帝國時期，在統治者的高度重視下，羅馬眾多的政治家、法學家進行了法律編纂活動。尤其在東羅馬時期，大規模系統的法典編纂工作完成了集羅馬法大成的《國法大全》，成為後世研究羅馬法極為寶貴的立法文獻。

5.5 羅馬法的歷史地位和影響

德國法學家耶林曾有一段名言：「羅馬帝國曾三次徵服世界，第一次以武力，第二次以宗教，第三次以法律。武力因羅馬帝國的滅亡而消失，宗教隨著人民思想覺悟的提高、科學的發展而縮小了影響，唯有法律徵服世界是最為持久的徵服。」[1] 這段話深刻揭示了羅馬法的重要地位及其對世界的重要影響。

羅馬法強調理論與實踐的有機結合，注重各種法律淵源之間的協調和平衡，它不僅將法律規範和法律原則進行了高度的抽象概括，而且還將各種法律淵源最終編纂為

---

[1] 周枬. 羅馬法原論：上冊 [M]. 北京：商務印書館，1994：10-11.

規模浩大、體系完備的法典。它對簡單商品所有者的一切本質的法律關係，如財產所有關係、債務債權關係，均作了明確的規定，因此它是「簡單商品生產即資本主義前的商品生產的完善的法」①。

羅馬法是近代西方法學的淵源，是古代世界各國法律中內容最豐富、體系最完善，而且對後世影響最廣泛的法律。羅馬法的基本精神對後世文明尤其是近代文明產生了深遠的影響。

羅馬法作為世界古代最發達和完備的法律，不僅積極地影響了中世紀許多國家，推進了西歐法制進程，也對後世法律法學產生了重大影響。

（1）對後世立法的影響。

第一，羅馬法的體系對後世立法產生了巨大影響。羅馬法關於公法和私法的劃分方法被大陸法系全面繼承，公法和私法也成了大陸法系國家法律結構的基本分類。《法學階梯》關於人法、物法、訴訟法的私法體系深深影響了19世紀大陸法系各國的民事立法。

第二，羅馬法的許多概念和術語被後世立法所繼承，如民事權利主體、行為能力、民事責任、契約等都成為近現代民事立法的基本術語。

羅馬法之所以能對後世立法影響深遠，其原因在於：①它對簡單商品所有者的一切本質的法律關係，如財產所有關係、債務債權關係，均作了明確的規定，「以致於後來的一切法律都不能對它作任何實質性的修改」②，成為後世立法的基礎。②羅馬法的內容及立法技術已經有了相當的水平，它所採用的概念和原則準確、嚴格、簡明、清晰，成為適合於資產階級採用的現成的準則。③通過法學家的解答和裁判官的告示，羅馬法顯現出適應現實的極大靈活性，羅馬法中的理性原則、衡平觀念等，非常適合近代社會的發展需要，成為資產階級革命、建立統一的資產階級法制的重要武器。④羅馬統治階級運用權力擴大版圖，並在被徵服地區強行適用羅馬法律，因而對西方資產階級立法產生了重大影響。

（2）羅馬法的許多重要原則和制度為後世法律所全面繼承。比如公民在私法範圍內權利平等原則、契約自由原則、財產不受限制原則、遺囑自由原則，等等，以及權利主體中的法人制度、物權中的擔保物權制度、契約制度、陪審制度等。

（3）法學便是在古羅馬時代成為一門獨立的學科，羅馬法學家的思想學說以及羅馬法學的成就對後世法學的發展產生了深刻的影響。集中體現為《學說匯纂》成為大陸法系的重要歷史淵源以及19世紀世界最發達的德國法學的歷史淵源。

參考文獻

[1] 巴里・尼古拉斯. 羅馬法概論 [M]. 黃風，譯. 北京：法律出版社，2000.
[2] 何勤華，李婧. 外國法制史 [M]. 北京：中國政法大學出版社，2009.
[3] 王雲霞，等. 外國法制史 [M]. 北京：清華大學出版社，2008.

---

① 馬克思，恩格斯. 馬克思恩格斯全集：第36卷 [M]. 北京：人民出版社，1975：169.
② 馬克思，恩格斯. 馬克思恩格斯全集：第21卷 [M]. 北京：人民出版社，1965：454.

［4］何勤華. 外國法制史［M］. 北京：法律出版社，2001.
［5］林榕年，葉秋華. 外國法制史［M］. 北京：中國人民大學出版社，2003.
［6］曾爾恕. 外國法制史［M］. 北京：北京大學出版社，2009.
［7］曲嶸. 外國法制史［M］. 北京：北京大學出版社，2007.

6　日耳曼法

　　日耳曼法是西歐早期封建制時期適用於日耳曼人的法律的總稱，是西歐中世紀重要的法律淵源之一，具有團體本位、屬人主義以及注重法律行為的外部表現等主要特徵，以維護封建制度為核心，以「蠻族法典」著稱於世。它起源於日耳曼各部族的原始習慣，並在日耳曼各部族建立國家之後被編纂為成文法。日耳曼法在封建化的歷史潮流中逐步為西歐各封建王國所接納，最終成為中世紀西歐佔據統治地位的世俗法。15世紀後，日耳曼法對社會各領域的影響力逐漸為羅馬法所取代。日耳曼法對近現代歐洲的法律產生了重要影響。

6.1　日耳曼法的形成和演變

6.1.1　日耳曼法的概念和性質

　　所謂日耳曼法就是日耳曼人在建立封建國家的過程中所適用的各部族習慣法的總稱，因而也被稱為「部族法」。

　　從廣義層面理解，日耳曼法是一個與日耳曼人及其族群相關聯的特定文化範疇。日耳曼法起源於日耳曼人以集體利益為核心的正義觀和生活習慣；最初的日耳曼法僅僅在同一部落成員之間口耳相傳，成文化後的日耳曼法呈現出以羅列事實為特徵的編撰邏輯；日耳曼法在適用過程中具有明顯的屬人性和儀式性特徵；日耳曼法的內容與日耳曼人的信仰和道德觀念具有緊密聯繫。

　　從狹義層面理解，日耳曼法是一種曾經切實發揮法律效力的法律制度。恩格斯曾經以生產關係作為界定日耳曼法的科學標準，他稱日耳曼法是「古代的馬爾克法律」[①]。馬爾克是日耳曼人氏族制度解體時期以地域關係為基礎的農村公社組織，是5世紀至9世紀西歐占主導地位的社會組織形式，其基本特徵是公社成員對大地產的共同佔有。9世紀後，日耳曼氏族社會產生分化，封建階級萌芽以及羅馬帝國的奴隸制解體使日耳曼國家有了封建性的因素，故日耳曼法的性質是早期封建制度法。具體表現為：①因為它是西歐封建制度形成時期的法律，因而呈現出封建法的特徵，例如土地私有、貴族特權等；②它是在氏族制度的廢墟上建立起來的，又保留著原始公社習慣的殘餘，

[①] 馬克思，恩格斯．馬克思恩格斯全集：第19卷 [M]．中共中央馬克思恩格斯列寧斯大林編譯局，譯．北京：人民出版社，1963：363．

如土地公社所有制，公社成員共同決定事務等。

6.1.2 日耳曼法的形成和發展

(1) 日耳曼法的起源。

據愷撒的《高盧戰記》和塔西佗的《日耳曼尼亞志》等文獻記載，日耳曼人分佈於羅馬國家東北部的廣大地區即萊茵河和多瑙河之間，以遊牧生活為主。在羅馬帝國後期，日耳曼人尚處於原始社會的末期，其氏族制度正趨於解體過程中。約5世紀中葉，日耳曼人在其經歷近百年民族大遷徙之後，最後將已處於風雨飄搖的羅馬帝國一舉摧毀，在被徵服的土地上建立起多個「蠻族國家」，如法蘭克王國、西哥特王國、勃艮第王國、倫巴德王國和盎格魯-撒克遜各王國等。

日耳曼人在民族大遷徙以前，尚處於原始族公社時期，解決糾紛、調整人們之間的關係主要是依靠氏族部落生活中所形成的風俗習慣。最初各日耳曼王國的法律是不成文的習慣法，它形成於日耳曼人初步接觸羅馬文明的時期。由於這一時期的日耳曼人尚未發展出能夠系統表意的文字，對羅馬人使用的拉丁文也頗感陌生，因此他們無法記載身邊的習慣，也並未明確意識到法律的存在。但史料表明，5世紀之前的日耳曼人已經過著一種服從集體決意和首領權威，而且個體行為普遍受到某種規則約束的制度化生活。在形式上，它和氏族制度時期的風俗習慣一樣，沒有文字記載，靠口耳相傳，並為各國貴族所壟斷。為便於記憶，早期的日耳曼法常以較為簡短的詞句、押韻的方式或特殊的成語來表示，這種習慣法與道德規範之間並無嚴格的區別。

(2) 日耳曼法的成文化。

日耳曼人在各王國建立後，隨著私有制的發展、社會關係及利益的複雜化，從協調與被徵服地區的居民關係、調整各部族原有的習慣與基督教教義教規的關係及維持社會秩序的需要出發，開始模仿歷代羅馬皇帝的做法，從5世紀末起各族普遍進行立法活動，在基督教僧侶和羅馬法學者的幫助下，日耳曼諸王國編纂的法典得到了「智者」階層即基督教僧侶和羅馬法學家的協助，在日耳曼習慣法的基礎上編纂成文法典。這類法典在歷史上被稱為「日耳曼習慣法匯編」，也稱「蠻族法典」。從5世紀末到9世紀初，便是日耳曼習慣法的成文化時期，也稱為「蠻族法典」的編纂時期。

在各日耳曼王國中，最早進行法典編纂的是入侵南高盧和西班牙地區的西哥特人建立的王國，在其國王尤列克統治時期（466—483年），整個王國發展到鼎盛階段，這一時期制定的《尤列克法典》是日耳曼法成文化的最早嘗試。其後，相繼制定的「蠻族法典」主要有法蘭克王國的《薩利克法典》和《里普利安法典》、勃艮第王國的《勃艮第耿多巴德法典》、倫巴德王國的《倫巴德法典》以及不列顛島上的盎格魯-撒克遜諸王國的《埃塞伯特法典》《伊尼法典》和《阿爾弗烈德法典》，等等。北歐地區的習慣法成文化最遲進行，在斯堪的納維亞各國，直到12世紀時才對各部族的習慣法加以匯編，其代表性的法典是1241年制定的《裘特法典》。

作為「蠻族法典」的典型代表，《薩利克法典》在當時具有很大的權威性和廣泛的影響。《薩利克法典》是中世紀歐洲法蘭克王國在習慣法的基礎上編纂的，適用於薩利克日耳曼人的成文法典，一般認為編成於5世紀末，原文用拉丁文寫成，最初全文

分為65章，每章設若干節，6世紀到8世紀後又有補充條文，後經多次修改和補充，共65章，並附有許多註釋。內容上諸法合體，偏重於刑法、侵權法和程序法，規範、具體而無彈性，類似判例的整理匯編。法典反應了法蘭克社會向封建制過渡的狀況，是法蘭克人最早的成文法典。

（3）日耳曼法與羅馬法的並存與融合。

日耳曼氏族組織的原則之一是氏族習慣只對本氏族的人適用。當日耳曼人建立王國、編纂法典之後，此原則仍然得到保留，這就形成日耳曼人適用日耳曼法、羅馬人適用羅馬法，兩種法律並存的局面。當日耳曼人和羅馬人之間發生法律糾紛時，則適用日耳曼法。在適用羅馬法的過程中，一些日耳曼王國參考羅馬帝國時期的法學著作和法律匯纂，進行羅馬法的編纂。如5世紀末6世紀初勃艮第王國頒布的羅馬法典；西哥特王國國王阿拉利克二世（484—507年）時期編纂的《阿拉利克羅馬法輯要》，又稱《西哥特羅馬法典》，是日耳曼王國時期具有代表性的羅馬法典，在12世紀羅馬法復興之前，它是西歐羅馬法的主要淵源，被各國立法廣泛吸收。

隨著日耳曼人與羅馬人混合居住局面的延續以及社會封建化程度的加深，這兩種法律間的相互影響與融合也進一步得到加強。

（4）王室法令的發展。

日耳曼法的發展也得力於王室法令的制定和頒布，當時集立法、行政和司法大權的王權對於社會秩序整頓的作用不可低估。隨著各日耳曼王國政權機關的形成和發展，為了彌補習慣法的不足、滿足有產階級的需要、與教會分庭抗禮及擴大王權的權威，王室法令也開始發展起來，其地位和作用日趨重要。王室法令是屬地法，其效力高於部族習慣法，按其性質可分為教會法令（因教權從屬於王權）和普通法令；按其內容，則可分為補充部族的法令、獨立法令和對官吏下達的訓令，其中補充部族的法令應經民眾大會同意，而國王頒布的獨立法令要由高級僧侶和世俗顯貴組成的御前會議同意。王室法令按其實施時期起的不同作用可以分為三種：第一種是補充「法典」之不足，適用於各個部族；第二種是具有獨立之意義，為創立新的規範而頒布，適用於全國；第三種是國王對派到地方去的巡按使所頒布的訓令，這種訓令是巡按使在地方上處理案件的依據之一，具有規範性的意義。王室法令的效力高於其他法律，如與王室法令的規定相衝突，則自然歸於無效。

法蘭克王國查理大帝時期，為了加強王權，提出了用王室的法律取代所謂「公約」，並廢止了「自由人大會」參與立法的權利，試圖通過王室法令推進全國範圍內的法律統一。他以「國王的公平和正義」為名，頒布適用於全國的法令，限制地方權貴，以擴大王室的統治地位。法蘭克王國查理大帝時期是日耳曼法發展的最後階段。9世紀中期以後，法蘭克王國發生分裂，西歐大陸各地相繼進入封建割據時期，日耳曼法被分散的地方性習慣法所取代。僅在不列顛及北歐地區，日耳曼法還繼續存在，至更晚些時候才發生變化。

應當說明的是，在日耳曼法形成、發展的過程中，各日耳曼王國的法律格局是日耳曼法與羅馬法、教會法並存且相互影響、相互融合。隨著日耳曼人和羅馬人混合居住的延續以及社會封建化程度的加深，幾種法律淵源之間的相互影響與滲透逐步加深，

並且這一過程一直貫穿於西歐中世紀直到近代。

6.2 日耳曼法的基本內容

6.2.1 屬人主義的法律規則

日耳曼各王國建立後，因其文明知識的局限，在適用法律方面仍沿襲氏族制度時期的習慣，採用屬人主義原則，對日耳曼人適用日耳曼法，對被徵服的羅馬臣民則適用羅馬法。日耳曼法較羅馬法具有優先效力；日耳曼人和羅馬人發生法律關係時，適用日耳曼法。屬人主義還表現在各個不同部落的人雖然混同居住在一起，但仍然按照其原有的部落法生活。在日耳曼法中，其成員無論居住在何地，一律適用本部落的法律，而外族人即使身在其地域之內也不受屬地部落法律的約束。

事實上，在司法實踐中適用屬人主義原則，在技術上並不容易。首先需要解決兩個問題：一是如何決定一個人所適用的法律；二是當不同部族的日耳曼人發生法律關係、在選擇法律上發生衝突時，適用哪一種法律。

因此在實踐當中，適用屬人主義的原則是以出生事實為依據。表現在：婚生子女從父法；婦女婚後從夫法；非婚生子女從母法；基督教僧侶從羅馬法或出生地法；被保護人從保護人法。在適用屬人主義發生衝突時，優先適用在法律關係中利益最大的一方的法律。例如，刑事案件中殺人罪的贖罪金、傷害身體罪的賠償金的確定，適用被害人的出生地法；民事訴訟中被告人的權利與義務的確定，適用被告人的出生地法；監護適用被監護人的法律；繼承適用被繼承人的法律；等等。

6.2.2 王國的權力體制

早期日耳曼人依據出身推舉國王、依據勇力選拔將軍，但國王和將軍的權力並非毫無限制，部落小事由酋帥們商議，大事由全部落決議。

王國建立之後，王國的權力歸屬以及行使漸漸自成體系。

王位的傳承採取選舉與世襲相結合的方式。確定國王人選時，主要考慮被選者的軍事才能。後期，教會對於王位更替的影響主要體現在教皇或主教經常介入國王的繼位儀式，國王的權威受教會和領主的限制。

從中央機構上看，王宮作為國王居住地和中央行政管理機構所在地，國王的隨從組成了中央的主要官員。從地方機構上看，日耳曼王國的內部區劃名稱不一，但均設有地方長官和地方集會，行使對於本地區各種事務的管理工作，各種職能混合在一起進行管理。王國後期，傳統機構和區劃的性質與作用發生重要變化。

6.2.3 財產制度

日耳曼人雖然已經有明確的財產觀念，但是他們並未將其歸納為以所有權為核心的財產制度。在日耳曼法當中，不同身分地位的人獲得財產的方式以及受到的保護均

不相同，財產的分類也相當簡陋。依據財產是土地還是其他財產，權利及其保護方式有很大區別。

(1) 土地制度。

土地制度是封建社會賴以存在的基石。土地法便成為日耳曼法最基本的內容。5世紀之後，日耳曼國家的土地制度主要有四種：馬爾克公社土地制度、大土地佔有制、採邑制度和農奴份地制度，其中採邑制度和農奴份地制度只是一種土地使用權。

馬爾克土地制度。馬爾克土地是指由馬爾克公社支配的共有耕地。在一個村落當中，除了房屋周圍小塊土地歸家庭私有以外，大部分耕地都屬於馬爾克公社。這些土地由馬爾克公社集體所有，公社以集體之名將土地平均分配給每一位公社成員，公社成員可以在一定期限之內對分得土地加以利用並取得收益。公社成員使用馬爾克土地必須遵守本公社的特定習慣，一般不得將土地轉讓給他人，也不得將其作為遺產遺留給後裔。馬爾克公社通過在社員內部分配土地的方式劃定氏族範圍，防止社會資源被其他氏族分享。因此，馬爾克既是一種財產制度，又是一種社會組織形式。

大土地佔有制。大土地佔有制是指社會地位較高的少數人壟斷大量土地的制度。日耳曼國家形成初期，國王以國家的名義將從戰爭中獲得的土地封賞給他的親信以換取政治上的擁護。由此，受到分封的教、俗貴族對土地享有完整的所有權，他們不但可以使用土地，獲得土地上的收益，也可以直接對土地加以處分。除通過受封佔有土地之外，教、俗貴族還運用權勢大量兼併自由農民的土地，把兼併的土地連成一片，形成莊園式的大地產，而原來擁有土地的農民被迫淪為依附於土地的農奴。此外，馬爾克土地的私有化也是大土地佔有制形成的原因之一。

採邑制度。為了削弱無償佔有大地產的地方勢力，扭轉王權的頹勢，8世紀，法蘭克王國的官相查理·馬特自上而下推行附加條件的土地分封制，即採邑制度。受封者獲得封地之後必須要對封賞者效忠並承擔一定軍事役務，如果他不能親自承擔該役務則必須繳納一定的軍費作為補償。除軍役外，受封者還應當為封賞者承擔出席法庭並舉證的義務。如果受封者拒絕承擔上述義務，封賞者可以將封地收回，以防止地方勢力尾大不掉。

農奴份地制度。農奴份地是指失去土地的農民以支付地租為代價從封建領主那裡領取的小份土地。農奴對份地不享有完整的所有權，他們不得對份地進行處分，只能有條件地使用該份地。農奴不能得到該土地產生的全部收益，其中大部分收益用於支付高昂的地租，除地租外他們還要承擔繁重的賦稅和勞役。農奴的經濟地位低下，其人身自由也受到限制，他們只能從事耕種特定份地的勞動，如果特定份地被領主以某種形式轉讓，他們也被隨之轉讓。

(2) 其他財產。

除土地之外，其他財產均屬於動產，主要有武器、牲畜、農具、獵具和奴隸等。對於動產的保護，最有特色的莫過於是對其追及權的保護。行使追及權有兩種效力：一是基於自己的意思喪失動產，如寄存、出借等，追及權效力只及於相對人，不能向其他人行使；二是違反自己的意思喪失動產，如失竊、被騙、遺失等，則追及權效力可及於任何該動產的持有人。

6.2.4 債權制度

日耳曼法的債權制度非常簡單。主要表現為：

第一，沒有形成民事違法觀念，侵權行為作為犯罪，債的履行與不履行沒有嚴格界定；

第二，契約關係很簡單，契約種類很少，只有買賣、借貸和使用借貸；

第三，訂立契約注重形式，契約的有效性須依賴一定的公開意思表示程式，如經過標的物的象徵性交付或經過法定的程序，講固定的套語，做固定的動作；

第四，保留債務奴役制，對債權人的利益進行嚴格保護。當債務人無力清償債務時，債權人可以扣押債務人的人身和財產，使其充當奴隸。同時，債權人還經常要求債務人宣誓（通常是指劍發誓），象徵債務人的人身連同財產一起處於債權人權力之下。

6.2.5 婚姻家庭和繼承制度

在婚姻和家庭制度上，日耳曼法實行買賣婚、一夫一妻制和家長制。日耳曼人一般實行一夫一妻制，但貴族和國王盛行一夫多妻。結婚的方式通常是買賣婚，一般由男女雙方家庭達成協議，不必徵求女方本人同意，由新郎向女方的家庭獻上一份財物即為支付新娘的身價，財物如被接受，女方即被交付男方為妻。此外，還有早期盛行的搶奪婚方式，即男方家族成員把選中的女子搶來後，向女方家族支付賠償金以求和解，如女方家庭接受，即可成立婚姻關係。賠償金的數額同買賣婚中支付的身價大致相等，所以搶奪婚實質是買賣婚。在婚姻關係存續期間，妻子處於夫權之下。丈夫對妻子既有保護之責，也有一系列權力，包括貧困時可將妻子抵債或出賣為奴。在家庭關係上，日耳曼法實行家長制。家長在家庭中是其妻與子女的代表，除在夫妻關係上享有夫權外，對子女還享有父權。父親對自己剛出世的子女有棄嬰權；有出賣、驅逐、懲戒甚至處死的權力。同時，家長權也包括須承擔其子女的侵權行為之責。但在傳統上，日耳曼法對夫權和親權也有一定限制，如丈夫未經妻子同意不得處分妻子個人財產範圍內的不動產；父親不得任意處分屬於兒子的不動產。

在繼承制度上，日耳曼法實行法定繼承，對動產和不動產採取不同的繼承原則。日耳曼人一律實行法定繼承。在動產繼承上，遺產先由近親屬繼承，繼承順序是：子女、父母、兄弟姐妹；在同一順序中，男性優於女性，繼承份額女子僅是男子的一半。不動產繼承，早期的自由民份地只能由兒子繼承，無子則由馬爾克公社收回；6世紀後半期以後，份地也可由其他親屬，包括女兒繼承。農奴份地世代相傳。

6.2.6 刑事制度

（1）犯罪。

早期，大部分違法行為屬於侵權行為。犯罪種類極為簡單，主要有叛逆、逃兵、放火、暗殺等。刑罰有兩種，即死刑和宣布處於法律保護之外即放逐。死刑的方法有絞刑、活埋。被宣布處於法律保護之外者，喪失一切權利，任何人都可以將他殺死。

後期，隨著國家權力的增大，由國家機關懲罰的犯罪的範圍擴大了，出現了侵犯國王、侵犯教會、侵犯領主等新的犯罪種類，對這些犯罪都處以死刑。

(2) 侵權行為。

對侵權行為，不論何種類型，一律實行損害賠償或放逐復仇。實行血親復仇，就是由被害人親屬團體對加害人及其團體進行報復。復仇不必經過審判機關批准，但必須公開進行，其他親屬團體嚴守中立。為了避免部族內部親屬團體之間的紛爭和仇殺，在日耳曼法成文化時代已普遍實行損害賠償制，法定的贖罪金制（也稱罰金，上交國王或地方官的小部分叫和平金，類似訴訟費）只是一種特別形式的損害賠償。

6.2.7 司法制度

(1) 審判組織。

民眾大會。在諸日耳曼王國擔任審判職能的組織就是不同層級的民眾大會，具體來說有百戶區民眾大會和郡民眾大會兩種，它們都是由氏族時代的部落民眾大會演變而來的。

所謂百戶區實際上是日耳曼社會的基層自治單位，它由相鄰村落中的日耳曼家庭組成，由百戶區民眾大會進行統一管理。百戶區民眾大會集行政與司法的功能於一身，它由熟悉法律的「智者」主持，所有享有完整權利能力和行為能力的男子都可以參加審判活動，多數人的意見就是最後的判決。郡是由若干個百戶區組成的行政和司法單位，郡民眾大會採用同樣的民主方式做出判決，其效力高於百戶區民眾大會的判決。

普通法庭。8世紀查理曼執政期間，由於民眾大會的審判方式不能隨時滿足執政者的需要，查理曼取消了民眾大會的審判職能，而把百戶區大會和郡民眾大會改造成為百戶區法庭和郡法庭，由國王委派的貴族擔任專職法官。

封建法庭。9世紀之後，隨著以採邑制為基礎的封建關係大規模發展起來，首領封地的教、俗貴族開始通過在封地內設立專門法庭的方式迴避普通法庭的管轄，從而壟斷地方司法權力。他們在自己設立的封建法庭上擔任法官，既不必擔心來自王權的干涉，也不必擔心遭到多數民眾的反對。封建法庭的出現導致由國王設立的普通法庭在各地受理案件的數量銳減。

王室法庭。為了遏制地方勢力，擴大王權，查理曼在百戶區和郡兩級普通法庭之上設置了標誌著國家最高司法權威的王室法庭，並親自主持案件的裁判。但是，由於法蘭克王國地域廣大，國王一個人不可能受理大量地方上報的案件。因此，查理曼把王室法庭的審判權下放給一些通曉法律的王室成員或者重要官員，讓他們擔任專職法官，並允許他們以國王特使的名義在王國領域內不斷巡迴以監督地方司法，進而形成了王室巡迴法庭。

其他法庭。除普通法庭、封建法庭和王室法庭之外，日耳曼封建王國還存在著大量的教會法庭。10世紀後，由於商品經濟在沿海地區蓬勃興起，復甦的城市裡又出現了各種各樣的專門司法機構，例如由市民自發設立的城市法庭，由手工業者和商人行會設立的行會法庭等。

（2）訴訟規則。

日耳曼法只有兩種訴訟，一是要求損害賠償或罰金的授權行為之訴；二是原告訴請將被告放逐法外的刑事訴訟，兩種訴訟都實行自訴原則。傳喚被告由原告負責，一經傳喚，被告即有到庭的義務，否則受罰。訴訟按固定程序進行，傳喚、陳述、答辯等要使用配合一定動作的習慣語言，否則即告敗訴。訴訟證據主要有宣誓、神明裁判和決鬥。隨著王權的加強，王室法院和巡迴法院在審理涉及王室利益的案件時不採用上述程序，而是採用糾問式訴訟方式，即由王室法官或巡按使主動傳訊知情人，在查清事實後做出判決。

6.3 日耳曼法的特點及其歷史地位

6.3.1 日耳曼法的特點

作為早期封建制時期的法律，日耳曼法具有四個基本特點。

第一，團體本位的法律。在日耳曼法上，個人行使權利和承擔義務，以家庭和部族為轉移，要受到團體即家庭、氏族和公社的約束；人們之間的關係在法律上是由他的身分決定的，而不是憑個人意志決定的。日耳曼法以身分拘束為立法主旨，趨向於團體本位。例如，日耳曼人的家庭中，家長權重大，但家長為重要法律行為時，由於涉及全家利益，不能個人決定，而要徵得家庭成員中成年男子的同意。又如，作為氏族成員，當本氏族有人受到外氏族人侵害時，必須與其他氏族成員共同復仇或共享贖罪金。日耳曼法的這種以團體為中心的特點，明顯區別於古代羅馬法強調的以個人為中心的特點，後世法學家稱之為「團體本位」。

第二，屬人主義的法律。各日耳曼部族成員不論居住在何處，一律適用本部族的法律，相反，外部族的人即使居住在本部族內，也不受本部族法的保護。這一原則起源於原始氏族公社時期的氏族習慣，當各日耳曼部族建立國家、制定法律之後，這一原則仍保留了相當長的一段時期，日耳曼法和羅馬法的並存實際上是此原則適用的結果之一。但到9世紀以後，隨著封建割據局面的形成，日耳曼法中的「屬人主義」原則逐漸被「屬地主義」所代替。

第三，法典體系凌亂，但法典內容具體。大多數日耳曼法典儘管有法典的名稱，但事實上並不存在法典的分門別類，也無公、私法之分，而僅是習慣法的記載和匯編，缺乏作為一種法典所應具備的結構上的體系性和內容上的抽象性。法典體系凌亂、內容具體反應出日耳曼人處於經濟、文化均比較低級的發展階段，立法技術原始，尚不能作抽象概括和邏輯推理。同時，這也與日耳曼法純粹以具體的生活關係為根據有關。

第四，注重形式。日耳曼法注重行為的外在形式和事件的客觀結果，缺乏對行為人真實意思以及主觀心理狀態的關注。日耳曼法當中，行為人做出任何法律行為都必須遵循特定的程序，說出特定的套語，做出特定的象徵性動作，否則將不發生特定的法律效果。例如，土地轉讓時，讓與人須把土地上的土塊或者象徵權力的矛、箭、手

套等公開地交給受讓人，否則土地轉讓的契約不能成立。有學者指出，日耳曼法的形式主義特徵與日耳曼人崇尚典禮儀式的社會生活習慣有關，而該特徵的形成也受到了來自基督教教會法的重要影響。

6.3.2 日耳曼法的歷史地位

日耳曼法是在中世紀西歐封建社會中占主導地位的世俗法。儘管日耳曼法的產生時間晚於羅馬法，並且反應出較羅馬法低得多的法律發展水平，但是它非常成功地適應了西歐封建經濟的內在要求，並進一步促成了西歐封建制度的發展成熟。應當注意到，長期通行於中世紀西歐各國的日耳曼法不僅為壟斷知識的教士階層及封建貴族所通曉，也為社會下層民眾所熟知，它已經成為西方法律文化中一種具有普遍意義的知識背景。因此，任何人如果缺乏對日耳曼法的瞭解，就不可能理解中世紀，更不可能真正理解西方法律文化。

(1) 日耳曼法是西歐早期封建制時期占主導地位的法律。

日耳曼法是繼羅馬法之後在西歐形成的一種法律體系，是由日耳曼各部族原有的習慣直接發展而成的，是一種早期歐洲占主導地位的封建法。日耳曼法的風格和理念與羅馬法截然不同，是中世紀歐洲法的重要構成要素，也是近代法的主要歷史淵源之一。儘管它反應比較低的經濟和文化發展水平，但它是羅馬法之後幾百年間在歐洲占主導地位的法律，適用範圍極其廣泛，是當時歐洲社會政治、經濟、文化的集中反應。它促進了西歐封建制度的確立。在日耳曼法與羅馬法並存中，日耳曼法處於優勢地位。但它們彼此之間相互影響、滲透而逐漸融合，對西歐法律的發展產生了巨大影響。

(2) 日耳曼法是西歐封建制法律的基本因素之一。

日耳曼法是繼羅馬法之後在西歐形成的一種法律體系，是西歐早期封建制法的主導性因素。在早期封建制時期，建立於西羅馬帝國廢墟上的各日耳曼王國紛紛採用了本部族的習慣法，並使之成文化。由於日耳曼人在法律適用上採取「屬人主義」的原則，由此導致了日耳曼法和羅馬法二元並存局面的出現。儘管如此，在法律適用上日耳曼法依然處於優勢地位，當兩者發生衝突時，日耳曼法優先適用。

9世紀以後，西歐進入封建割據時期，法律適用上的屬人主義為屬地主義所取代，日耳曼法相應轉變為各地分散的地區性習慣法，繼續發揮其作用與影響。在此後西歐的封建社會中，雖然各地均經歷了諸如羅馬法「復興」、教會法發展為獨立的法律體系、商法和海商法的勃興以及中央司法機關活動的增強等事件，使其法律制度發生了很大的變化，但以日耳曼法為基礎發展起來的習慣法在西歐各國仍佔有重要的地位。以法、德、英三國為例，法國直到革命以前在法律適用上還分為習慣法區和成文法區，習慣法區內通行的是表現為地區性習慣法的日耳曼法。德國在適用羅馬法以前，日耳曼法作為其本民族的法律，是其法律制度的主要淵源。英國中世紀的法律包括普通法、衡平法和少量制定法，而以盎格魯-撒克遜法與諾曼法為基礎的、通過王室法院的審判活動逐漸形成的普通法是其主要的法律形式。

(3) 日耳曼法是西歐近代法律的基本歷史淵源。

近代西歐法律從日耳曼法中繼承和吸收了許多原則和制度。法國資產階級革命過

程中最先建立資本主義的法律體系，實現了廣泛、徹底的法律改革，但仍然吸收了很多淵源於日耳曼法的習慣法原則和制度。例如，《拿破侖法典》中關於已婚婦女無行為能力、夫妻財產共有制和某些繼承規則，主要是根據習慣法；革命前的法律和習慣在民法典中沒有規定的問題上繼續有效。在德國，民法典第一次草案（1887年）被否決的主要原因之一，就是過分依靠羅馬法而忽視民族固有法（即日耳曼習慣法）。和法國民法典一樣，德國民法典在婚姻家庭方面主要繼承習慣法，此外還在不動產制度中保留了較多的習慣法因素。由於英國法形成和發展的特定歷史環境，以及資產階級革命所表現的妥協性和保守性，近代英國法律內含的日耳曼因素比大陸國家要多，這在不動產法和訴訟制度方面更為明顯。在此意義上，恩格斯稱英國法為傳播於世界各大洲的唯一的日耳曼法。

參考文獻

[1] 林榕年. 外國法制史 [M]. 2版. 北京：中國人民大學出版社，2006.
[2] 何勤華. 外國法制史 [M]. 北京：法律出版社，2011.
[3] 蔡曉榮. 外國法制史 [M]. 廈門：廈門大學出版社，2007.
[4] 曾爾恕. 外國法制史 [M]. 北京：中國政法大學出版社，2007.
[5] 李秀清. 日耳曼法研究 [M]. 北京：商務印書館，2005.
[6] 李宜琛. 日耳曼法概說 [M]. 北京：中國政法大學出版社，2003.

7 教會法

教會法是中世紀西歐封建法律的重要組成部分，《聖經》是教會法的核心和最高法律淵源。教會法的目的在於對教會組織和教徒生活加以規制。5世紀後，由於羅馬天主教會演變為凌駕於西歐各國世俗政權之上的國際政治中心，教會法逐漸脫離世俗法的干涉，成為與世俗法相互競爭的獨立法律體系。至此，教會法超出宗教信仰的範圍，其內容廣泛涉及世俗領域。教會法與同時期的日耳曼法和羅馬法在相互競爭的同時相互融合，共同構成了西方近現代法律的三大支柱。

7.1 教會法的形成和發展

7.1.1 教會法的概念

教會法，也稱「宗規法」或「寺院法」，是指以基督教為精神核心，由基督教教會制定、適用並執行，其內容與基督教教會組織及教徒生活有著密切聯繫的一切法律。

從廣義上來說，教會法泛指任何歷史時期的各種基督教會，包括羅馬天主教教會、東正教教會、新教的聖公教教會和加爾文教教會、東方基督教的各個獨立教會等所制定並認可的全部法律。從狹義上來說，教會法特指中世紀西歐地區由羅馬天主教教會制定、適用並執行的法律。

7.1.2 教會法的形成

基督教產生於1世紀的巴勒斯坦，逐漸流行於整個歐洲。基督教信仰上帝（天主）創造並主宰了世界，認為人類從始祖開始就已犯了罪，並在罪中受苦，只有信仰上帝及其兒子耶穌基督才能得救。

由於早期基督教只是深受羅馬統治者迫害的下層人民的宗教，充滿了對羅馬殘酷統治的不滿，充滿了對富人的蔑視和仇恨，又堅決拒絕把羅馬皇帝當作偶像來崇拜，所以羅馬帝國把基督教看作異端邪說，對基督教加以殘酷迫害。但是，這並沒有能夠阻止基督教的發展，隨著羅馬奴隸制經濟的衰落，奴隸起義的不斷爆發，奴隸主的統治地位也發生了動搖，一些感到前途渺茫的統治階層人士也向宗教尋求安慰，成為基督教徒。他們捐獻財產，加上自己又具有文化知識，便逐漸把持了教會的領導權。他們把持了教會以後，積極改變教義，宣揚忍受馴服，甚至有些人還宣揚「君權神授」思想。羅馬統治者認為這種思想非常適合自己的統治，於是一改過去對基督教的迫害，

對其大力扶持起來。380年，狄奧多西宣布基督教為羅馬帝國國教。基督教獲得合法地位後，其教義就成為信徒的生活準則，教規也成為基督教屬人法的一部分，其《聖經》則成為教會法的一個重要淵源。

教會法的形成，以基督教及教會地位的確立為基礎。基督教在其興起之初，主要採取自願原則組成基督徒公社。2世紀，公社組織開始發生新的變化。作為消費性團體，公社自然傾向於財富，歡迎有產者參加，而羅馬社會的許多上層人物由於對國家的發展感到失望，轉而皈依基督教，公社逐步由貧民組織變成貧富共有的組織。公社通過贈予、賜予的方式，擁有越來越多的財富，聖職人員的工作開始由義務變成職業，宗教公社開始融合成強有力的組織——教會。這種變化表現在組織上，使加入教會的大批富人、商人、城市平民從經濟優勢轉為組織優勢，使教會成為有嚴密組織、嚴格等級的教會組織；表現在思想上，使以前「服從」「等待」思想進一步發展，主張把王權交給國王，把天國交給上帝，宣揚君權神授。教會組織開始由宗教社團蛻化為世俗政權統治的支柱。

隨著基督教取得合法地位，教會也日益世俗化、特殊化。325年，尼西亞會議時，教會開始被神化，並被賦予種種特權。教會法正是在基督教和教會地位與特權的確立過程中得以逐步形成發展起來的。

7.1.3 教會法的發展

(1) 早期發展階段（4—9世紀）。

作為一種制度，教會法正式形成於《米蘭敕令》頒布之後，因為在這之前，基督教並未取得合法地位，教會還沒有形成統一的組織，更談不上統一的立法權，各教會的教規也只是些用來約束神職人員的規範。《米蘭敕令》以後，羅馬教會逐漸取得了高於其他教會的地位，並逐漸演變為高於世俗權威的羅馬教廷。於是，教會的統一立法權威確立起來了。第一部正式的教會法規是《尼西亞信經》，325年由羅馬帝國皇帝君士坦丁主持的基督教第一次大公會議制定。該信經統一了基督教基本信條，確認聖父、聖子、聖靈三位一體，宣布不接受此信條的阿里烏派為「異端」，開除其教籍。4—6世紀還出現了一些宗教會議決議和早期神父著作片段的簡單匯編，從總體上看，此時教會立法的內容大致以宗教規範為主，而且立法權的行使也受世俗君主的控制。

主教的司法權也逐漸確立起來。基督教從一開始就是以團體的形式進行活動，教會不僅進行布道、傳教、祈禱等宗教活動，而且在其內部教徒之間給予幫助和救濟，一定程度上報有某種財產共有的色彩，因此教會認為教徒間的爭議應該在教會內部解決，而不應該由世俗法院審理。這樣，逐漸形成了教徒之間的糾紛交由主教裁判的慣例。羅馬帝國承認基督教的合法地位後，於333年確認了主教對於教徒糾紛的裁判權。

(2) 鼎盛時期（10—14世紀）。

這個時期教會處於兩個背景下，發展至於鼎盛。其一，法蘭克帝國解體。隨著西歐進入封建割據時期，基督教教會努力擺脫世俗王權的控制，發展自己的實力，逐步成為歐洲封建社會的國際中心。其二，東西教會分裂。1054年，基督教東西兩派正式分裂，東部教會以君士坦丁堡為中心，稱為東正教；西部教會以羅馬為中心，自稱

「公教」，即天主教。天主教是西歐封建社會中占統治地位的宗教，在社會割據動盪的背景下，它提出了絕對統治世界的要求，並為實現這一目的在數百年間進行了激烈的鬥爭，鬥爭中教會法發展至於鼎盛。鼎盛時期教會法的變化主要表現在兩個方面。

第一，教會法的地位不斷提高。羅馬教皇通過不斷改革，擴大了教會的權力，提高了教會法的地位。1075 年教皇格列高利七世（1073—1085 年在位）對教會進行了重大改革，改革中確立的教會法原則規定：教皇在教會中擁有至高無上的地位，教會法必須由教皇頒布或核准；僧侶不受世俗控制，地方教士應服從教皇特使，每一種教職都由教會當局任命，通過其他方式取得的教職無效；等等。13 世紀英諾森三世任教皇時，教會權力達到頂峰，教會立法權及教會法庭管轄的範圍不斷擴大，教皇幾乎成為各國宗教事務和有關國際問題的最高主宰。

第二，教會法內容不斷完善，教會法體系形成。這一時期羅馬教皇召開了一系列宗教會議，發布了無數教令，並把這些教令、會議決議匯編成集。隨之產生的不少有關教會法的專著、註釋與法律匯編，使分散的教會法規向綜合的方向發展。教會法內容的充實、完備，使教會法成為獨立的法律體系。鼎盛時期的教會法，其效力往往高於世俗法律，成為中世紀歐洲各國通用的法律。

（3）衰落階段（14 世紀以後）。

教會的勢力越來越大，教會法的管轄範圍幾乎無所不包，終於與歐洲日益發展的商品經濟和理性主義思潮發生了矛盾。隨著教會的封建化和世俗化，教會逐漸變得腐敗不堪。14 世紀興起於義大利的文藝復興運動沉重地打擊了天主教神學，教會法的地位開始下降。1517 年，維登堡大學的青年教授馬丁·路德（Martin Luther，1483—1546 年）對羅馬教廷出售贖罪券的權力提出了異議，以此為導火索，開始了震撼全歐洲的宗教改革運動，基督教世界發生了第二次分裂，教廷的法律在北歐的新教國家整體上失去了拘束力。資產階級革命以後，宗教與國家正式分離，教會法的範圍也越來越小，僅僅局限於精神生活領域和個別與精神生活有關的世俗領域。儘管如此，天主教會法仍然在一定範圍內發生影響，比如證人在法庭作證前要手持《聖經》宣誓，結婚儀式通常在教堂由神父主持等。

7.2 教會法的主要內容

教會法的內容中較為重要的是教階制度、財產制度、契約制度、婚姻家庭與繼承制度，犯罪與刑罰制度及法院與訴訟制度等。

7.2.1 教階制度

教階制度是指西歐教會內部由教皇、主教、神甫等組成的權威等級結構。起源於 2—3 世紀，並於羅馬帝國皇帝認可基督教合法地位之後趨於完備，至 13 世紀達到鼎盛。教會以「整個世界就是以上帝為主宰的等級結構」觀念為理論依據，在教會的內部劃分出享有不同權利的等級，形成森嚴的教階制度。教階制度反應出教會的封建

性質。

　　教皇既是眾基督教徒之首，又是教會的最高統治者，因而他對於教徒以及教會的一切問題均享有最高管轄權。教皇享有頒發敕令、召集宗教會議、批准會議決議的立法權，也享有劃定教區、任免主教等行政方面的權力，更享有教會法庭的最高審判權。此外，教皇本人還享有免受任何審判的豁免權。自9世紀始，教皇稱號專用於羅馬主教。11世紀以後，教皇由樞機主教選舉產生，任期終身，除因異端犯罪之外不受罷免。

　　樞機主教的地位僅次於教皇，也叫「紅衣主教」，其管轄範圍是教省。紅衣主教在教省內享有最高管轄權，同時，他們還是教皇的親信與高參，由教皇任命，有選舉和被選舉為教皇的權利，也有擔任羅馬教廷及各國教會重要職務的權利。如無教皇批准，紅衣主教不受任何法院的起訴。

　　主教是低於樞機主教的神職人員，由教皇選任，並宣誓效忠於教皇，在一般教區內行使管理權。主教同時享有訴訟上的特權，若要對主教提起訴訟，則國王必須先派專人進行調查核實，如認為確有充分理由認定為犯罪，則被指控的主教必須先經過教會法院審判定罪，革除教職，開除教籍後方能送到世俗法院審理。如果宗教大會認為該主教無罪，則任何人皆不得再對他提起訴訟。

　　神父低於主教，是一般神職人員，由主教任免，往往是個別教區或教堂的負責人。神父協助主教管理教區教務，主持宗教儀式，對教徒進行日常管理，並負責組織傳教活動。

　　低級神職人員如教堂的司門員、誦經員、襄禮員等，還有修道院的修女和修士。他們的職責是祈禱和傳教，專為高級神職人員服務，生活比較清貧。

　　與世俗眾人相比，神職人員擁有特殊的權利與義務。

　　神職人員的權利。教會法規定，凡從事宗教活動的神職人員均享有許多權利，等級越高，所享有的權利越多。主要有：①享有獲得神品及領取教會恩俸之權，以及按等級規定享有該教區執行宗教事務和徵收「什一稅」的管轄權；②享有與其品位及等級相應禮節的權利，凡侮辱或侵犯這些權利的，便以褻瀆罪論處，給予嚴厲懲罰；③享有獨立的司法審判權；④享有世俗兵役豁免權。

　　神職人員的義務。神職人員要承擔一定的義務：①宣講教義和忠實履行教職的義務；②凡教士都有自省、懺悔的義務；③凡領受高級神品的高級神職人員，皆有堅守獨身、恪守貞操的義務等。

7.2.2　財產制度

　　天主教會是中世紀歐洲最大的土地所有者，佔有其勢力範圍內1/3的土地。這是教會維護其統治的經濟基礎，因此教會法通過各種方法嚴格維護教會的土地和其他財產所有權。

　　教會法規定：教會對其佔有的土地享有不受世俗侵犯的支配權。為了防止教會財產分散，教會將它所佔有的土地和其他財產進行集中管理，唯有教皇才是這些財產的最高管理者和處分者。同時，禁止任何人分割、轉讓教會地產；若有教士強占教會財產，則應罷免一切聖職及教會職務；若有世俗勞動者侵害教會財產，則應以懲戒異端

的名義施以處罰。教會對於受贈地產加以封建莊園式的經營，即把同一教區之內的相鄰教會地產集中起來，組成便於耕種的大地產，通過雇傭農民勞動並收取地租的方式獲取土地的收益。

此外，教會還在其封建地產之上設置「什一稅」等稅目，以加重對農民的盤剝。除了接受贈予、出租土地以及向農民收取地租等獲取土地利益的手段之外，教會還在其地產之上經營森林、牧場，並從事製鹽、釀酒等活動聚斂財富。

1983 年《教會法典》在第五卷對教會財產制度從財產的取得、財產的管理、契約及財產的變更、贈予與慈善基金四個方面進行了詳細的規定。

7.2.3 契約制度

教會法院為尋求並獲得對於世俗人之間契約關係的廣泛的管轄權，確立了契約當事人必須遵守教會契約法的原則。教會法十分重視個人誠信在契約中的作用。一般來說，契約當事人如果宣誓履行某一契約義務，即使該契約可能被視為無效或可撤銷契約，該當事人依舊必須履行該契約義務，因為此時他履約的目的並非是為了契約對方當事人的利益，而是為了他自己「靈魂的救贖」。由此，教會法學家發展並總結出更為嚴格的契約法原則，即無論契約的承諾是否擁有書面形式，是否附加有宣誓的保證，該承諾均具有約束力。不履行承諾的行為等於說謊，屬於嚴重的心靈犯罪，應當受到嚴懲。為了維護道德，不使任何一方當事人受損失，教會法從羅馬法的相關制度中發展出「正當價格」原則，即契約的標的應該公平、合理，雙方收益和損失基本均衡。當然，所謂的「正當價格」並非固定的價格，而是依據時間、地點等因素綜合考慮的基本價格。如果標的明顯不符合「正當價格」，契約就會失去效力。

此外，教會法禁止高利貸。但是，教會法對於什麼是高利貸並沒有明確的界定，這導致 12 世紀以來，禁止高利貸的法令形同虛設。由於自 11 世紀末開始，西歐封建經濟有了較大發展，商品流通變得活躍起來，資金融通也必然出現。這種情勢之下，掌控著大量財富的教會也開始通過貸款並收取利息的方式謀利。為了不與《聖經》相違背，教會法規定了多種籌、貸款並收取利息的合法形式，為自己牟取高額利息披上了合法的外衣。

7.2.4 婚姻家庭與繼承制度

教會法對婚姻、家庭和繼承有著較為嚴格的規定，由於這些規定在中世紀西歐各地長期通行，甚至已經以習慣的形式融入了西方文明，因而中世紀教會法對近代西方國家的婚姻家庭法和繼承法產生了深遠的影響。

（1）婚姻家庭制度。

①婚姻的成立。

教會主張只要男女當事人雙方同意即可構成合法婚姻。教會法也確定了除同意之外的其他決定婚姻有效的必要條件。至於婚姻的無效，教會法從「結婚屬宣誓聖禮之一」的教義出發，確認了「一夫一妻」原則。教會認為一夫一妻制婚姻是上帝的恩賜與安排，違反這個原則的婚姻則為無效婚姻。此外，教會法總體上規定基督教徒與異

教徒的婚姻也屬無效。12—13世紀，教會法規定法定結婚年齡依據羅馬法規定。

②婚姻的解除。

教會的婚姻原則是一夫一妻，永不離棄。婚姻被看作是一種「神聖契約」，一旦有效地訂立，便不能解除。教會法允許以通姦、背教或嚴重的殘酷行為為理由的司法分居，但不允許離婚。

③女方在婚姻中的地位。

教會法主張婚姻雙方當事人在上帝面前平等，主張夫妻婚姻義務、忠誠義務的相互性。不過在教會的婚姻制度中，丈夫仍是家庭首腦，他可以選擇住所，可以「合理」地糾正他的妻子，要求她履行與她的社會地位相符合的家庭義務。教會法一方面規定了對婦女財產以及一般民事權利的苛刻限制；另一方面為了保護寡婦，又堅持在訂立婚姻契約時，確立一項撫養寡婦財產，即保證在婚姻存續期間不得減少其價值的資產，否則婚姻契約不得訂立。

在家庭方面，教會法肯定了夫妻不平等的原則，確認丈夫是一家之主，妻子屬於從屬地位，沒有單獨支配財產和簽訂契約的權利。在親子關係方面，教會法確認父親對子女有完全的支配權。

（2）繼承制度。

教會法採用遺囑繼承與無遺囑繼承兩種制度。出於教會自身的利益，教會更提倡遺囑繼承，鼓勵信徒將財產通過遺囑留給教會。遺囑繼承對於遺囑的形式要求比較簡單，口頭遺囑也被認為是有效遺囑，甚至死者生前臨終懺悔時對教士所說的「遺言」也被視為正式遺囑。教會法將遺囑的製作看作神聖的行為，遺囑本身被當作宗教文件。因此涉及遺囑的案件教會法院具有管轄權，教會法院不僅有權驗證和執行遺囑，而且對無遺囑繼承也可以行使遺產分配權。但是，通常教會法對於繼承的規定僅限於動產，不動產的繼承仍由世俗法院調整。

7.2.5 犯罪與刑罰制度

基督教教義認為，每個人自降生時就有原始的罪孽，人們必須通過虔誠的懺悔洗刷罪孽。因此，教會法對於「罪」的理解與世俗法並不相同。11世紀，教會法釐清了宗教罪孽與世俗犯罪的區別，規定唯有教會法庭才可以對宗教罪孽行使管轄權，世俗法庭則無權干涉此類案件。教會法將宗教罪孽區分為一般罪孽和刑事罪孽，後者即教會法意義上的犯罪。教會法規定，構成犯罪要有三個要件：一是它必須是一項嚴重的罪孽；二是罪孽必須表現為一種外在行為；三是行為必須對教會產生滋擾後果。

教會法主張，懲戒罪犯應當採取囚禁並輔以宗教感化和道德教育的方式，而不應對罪犯濫用死刑。但是，為了鞏固自身的權威地位，中世紀後期的教會把異端、叛教、褻瀆聖物等定性為嚴重犯罪，廣泛適用死刑，而且執行死刑的方式十分殘酷。

教會法中還有許多宗教色彩濃重的刑罰。例如，根據基督教教義，被施以棄絕罰的人在死後不能升入天堂，因而棄絕罰也斷絕了受罰者在世期間的一切社會交往。教會法中的禁止聖事罰只適用於教會內部的神職人員，該種刑罰剝奪了受罰者從事一切聖職行為的權利。此外，教會法還通過設置禁令的方式對犯罪人加以處罰，如禁入教

堂等。對於罪行較輕的犯罪人，教會法採取強制犯罪人誦讀經文、施捨和朝拜聖地等方法對犯罪人加以感化和教育。

教會法主張刑罰適用上人人平等。教會法和教會法學家從「上帝面前人人平等」的觀念出發，擯棄了中世紀世俗封建刑法中普遍存在的等級不平等原則，主張在刑罰的適用上不分貧富貴賤，人人平等。但實際上，由於存在教俗兩種司法體系以及神職人員和世俗人的身分差異，適用刑事制裁的方式存有很大的不同。

7.2.6 法院與訴訟制度

（1）法院制度。

教會以教階制度為基礎，依據世俗國家法院的模式，建立了不同等級的教會法院，形成了獨立而完備的宗教法院體系。

第一審級法院是主教法庭，由主教或主教代理人主持，通稱為「教會裁判官」。下設副主教法庭，管轄一般民事案件。

第二審級法院是大主教法庭，由六大主教主持。同級的還有大修道院和皇宮禮拜堂所設的專門法庭。對以上各種法院的判決不服的，均可上訴至羅馬教皇法庭。

教皇法庭是最高審級法院，教皇對上訴案件既可授權當地教會裁判官按教皇訓令進行審判，也可以由教皇委派全權代表組成特別法庭判決。教會於13世紀專設了特別刑事法庭，又稱異端裁判所或宗教裁判所，它直接隸屬於教皇，是專門審理有關宗教案件的司法機構。

（2）訴訟制度。

教會訴訟制度基本承襲了羅馬法，也借鑑了部分日耳曼法的內容，在二者基礎之上，形成了對後世影響較大的幾個特點。

採用書面程序。根據教會法，一項民事或刑事訴訟只有通過包含著對事實的簡要陳述的書面訴請或控告方能開始。被告人也要以書面的形式回答原告人或控告人所提出的要點。此外，法官的判決、當事人詢問證人以及互相詢問都必須是書面的。這一做法使教會訴訟制度區別於羅馬法和日耳曼法。

宣誓後提出證據。教會法要求當事人或證人在如實回答向他提出的適當問題之前要進行宣誓，無論是書面證據還是口頭證據都要在宣誓之後提出，作偽證要處以重罰。

首倡法律代理人。法律代理人的概念是教會法學家首先倡導的。教會訴訟程序允許當事人由代理人加以代表，代理人在法庭上根據證據所揭示的事實而對法律問題進行辯論，不承擔當事人的權利與義務，區別於羅馬法和日耳曼法中的代表人的地位。

法官依據理性和良心進行司法調查。在刑事程序方面，教會法要求法官依據「理性和良心原則」對當事人和證人進行詢問。法官必須發自內心地確信他所做出的判決；法官必須將自己置於接受法庭審判者的地位，以確保案件審理的公正性和客觀真實性。

兩種訴訟程序並行。教會法學家發明了一種二元程序體系，一個是「莊重的和正式的」程序，另一個是「簡易的和衡平的」程序。後者無須法律代理人以及書面辯論和書面詢問，適用於某些類型的民事案件。

教會法的訴訟制度中最有特色的是其糾問式訴訟方式和宗教裁判所。

在糾問式訴訟中，法院根據公眾告發或當事人控告而發現犯罪，主動對案件進行調查，從調查證據到法庭審判，再到判決執行，都由官方負責。教皇英諾森三世時正式實行糾問式訴訟。這種訴訟方式相對於以往的自訴原則有一定的合理性，在自訴原則下，被害人如果面對的是強悍的被告，他的起訴乃至勝訴判決的執行都得不到保障。但糾問式訴訟在產生後不久就被宗教裁判所濫用，發展成一種黑暗的訴訟制度。

宗教裁判所由教皇直接管轄，管轄範圍很廣泛，既包括異端罪，也包括異端嫌疑罪，還包括殺嬰、瀆神和一般違反道德的犯罪案件。宗教裁判所以教皇為最高首腦，裁判官由教皇任命並直接控制，不受地方教會機構或世俗政權的監督制約，但主教可以協助裁判官審理案件。宗教裁判所是天主教會的神權統治達到頂點的產物，是教會和世俗封建主迫害異端、維護正統教義、實行思想文化專制的工具。16世紀以後，在宗教改革運動和各國民族運動的沉重打擊下，宗教裁判所逐漸衰落，到19世紀末終於徹底滅亡。

7.3 教會法的基本特徵及其影響

7.3.1 教會法的基本特徵

（1）教會法是基督教神權法。

教會法的產生和發展與基督教密切相關，它以基督教的基本教義為指導，以基督教的教規為根本內容，以基督教的重要經典《聖經》為最高淵源，因此是一種神權法（神定法），而非世俗的國家法（人定法）。教會法的基本信條是維護上帝及由上帝創造的秩序，因此其違法概念首先是對上帝的不敬和對上帝秩序的觸犯，對犯罪者的懲罰也被視為是對損害上帝榮耀而實行的「補贖」行為。

（2）教會法是披有宗教外衣的封建法。

教會法以世俗封建等級結構為模式，確立了體系完備的中央集權制度。從12世紀末期開始，西歐天主教會便形成了一種以教皇為中心的中央集權式的體系結構。在這一體系結構中，教皇是最高首腦，由各地教區大主教和紅衣主教團選舉產生，終身任職。在法律上，從格列高利七世起，教皇便是最高的立法者、最高的行政官和最高的法官，教皇具有如此「完整」的權威和權力，只是因為他是教皇。羅馬教廷實際上成了與世俗封建國家類似的「教皇國家」和「教皇政府」，並構成了一種金字塔式的官僚體系。教皇最高權力的來源有著與世俗封建權力相同的道路。

教會法的許多具體內容與世俗封建制度密切聯繫，表現出濃厚的封建性。如土地制度、婚姻家庭制度、刑法和訴訟制度等。教會法是塗上了一層神的色彩的封建法，在中世紀它產生了比世俗封建法更嚴厲、更神祕的不可抗拒力。

（3）教會法具有相對完備的體系。

作為中世紀的一種超越國界的普遍適用的法律，教會法與世俗的封建法相比，具有相對完備的體系。這一法律體系主要由教階制度、土地與契約制度、婚姻家庭與繼

承制度、犯罪與刑罰制度、訴訟制度等規則體系構成，雖然沒有形成像後來西方法律那樣獨立的部門法體系，但它相對於當時各種封建世俗法而言，還是比較完備的。

(4) 教會法是通行西歐的統一法。

中世紀西歐各封建王國雖然是獨立的政治實體。但是它們並不能完全自主地處理彼此之間的關係，大多數情況都需要羅馬天主教廷從中調停，甚至做出最後的決定。因此，中世紀西歐各封建王國實際上是通過羅馬天主教廷聯繫在一起的，教皇國是歐洲封建制度的中心，它把西歐聯合成為一個龐大的政治體。11—13世紀，教皇利用其跨國影響力，組織西歐各國騎士，直接或間接發動若干次十字軍東徵。這表明，羅馬天主教廷在當時享有國際政治中心的地位。在此種歷史背景之下，基督徒遍布西歐各地，教會法則成為當時通行西歐各國的統一法。

(5) 教會法是西方法律文化的承啟者。

中世紀是承接古代文明和近現代文明的橋樑。因此，中世紀教會法不僅是對西方古典法律文化的承接，也是對西方近現代法律文化的奠基。

中世紀教會法雖然是以基督教信仰為核心的法律體系，但是它並未被封閉在基督教教義之內，而是大量借鑑並吸收古代希臘和羅馬社會優秀的文化傳統，並在其基礎上加以宗教化的改造。實際上，教會法不僅將西方古典法律文化中崇尚自然法、人本主義、尊重權利和法律自治的精神保存下來，並且以上帝之名義賦予它們更為崇高的地位。此外，中世紀教會法全面承襲了羅馬法的法律方法：教皇、教會領袖以及宗教會議以成文的方式頒布法令；教會法庭的法官慣於採用演繹推理的方式適用教會法；教會法學者模仿羅馬成文法典的編纂方法對教會法的淵源加以辨析、註釋、排列和匯總，試圖造就百科全書式的教會法法典；教會興辦的大學則成為促進羅馬法在西歐得以全面復興的重要推動力量。可以認為，教會法不僅使古代羅馬法免於失傳，而且恰恰是教會法把羅馬法引入了近現代。

7.3.2 教會法的影響

教會法是西方法律傳統的重要組成部分，它與羅馬法、日耳曼法共同構成歐洲中世紀的三大法律支柱。中世紀中期，隨著基督教發展成為歐洲社會中占統治地位的宗教，教會取得了廣泛的世俗權力，教會法也發展成為凌駕於世俗法之上的占統治地位的法律體系。教會法對近現代西方法律與法學的發展也產生了深遠的影響。

在法律觀念方面，西方「法律至上」的傳統觀念深深植根於教會法關於「世界本身服從法律」的神學信條，而中世紀教權與政權相互博弈的二元格局為「法律至上」觀念的生長提供了土壤和前提。

在婚姻家庭與繼承法方面，教會法關於一夫一妻制的原則，主張婚姻自由，反對重婚和童婚，反對近親結婚的規定，在家庭關係中「妻應服從其夫、夫應保護其妻」的主張，對寡婦權益的特別保護，以及財產繼承上男女平等的主張等，均被後世西方國家的法律所繼承和發展。教會法在離婚問題上的保守態度也深深制約著西方國家婚姻制度的發展，很多國家長期不承認離婚自由，甚至否定離婚，直到20世紀後半葉才有所鬆動。

在刑法方面，教會法注重對犯罪者進行靈魂感化和道德矯正，主張通過刑罰給犯罪者以自省的機會，這對於近代刑法思想有很大影響。教會刑法比較重視犯罪者的主觀因素，認為一個人除非有能力在善惡之間選擇惡，否則不應受到懲罰。因此，兒童、精神病患者以及由於意外事件而出現的不法行為均不應受處罰。這為近代刑法中的犯罪構成理論奠定了基礎。在定罪量刑方面，教會法堅持在法庭上如同在上帝面前一樣，所有的人不分貧賤富貴，一律平等，這是近代法律平等適用原則的先聲。

在訴訟法方面，教會法堅持法律存在於法官心中，在審判中遵循「良心原則」，這在後來發展成西方刑事訴訟中的「自由心證」原則。教會法以書面證據和證人證言取代了落後的證據制度，對訴訟法的發展也有重要影響。教會法發展起來的糾問式訴訟對於大陸各國刑事訴訟法的影響更為明顯。

儘管教會法本質上是封建法，並且代表了中世紀西歐法文化陰暗的一面，但它在法制史上仍具有重大意義。在歐洲中世紀初期，教會僧侶壟斷了文化和教育，保存和傳播了希臘、羅馬和古代文明，並使14世紀義大利的文藝復興成為可能。作為古代文化重要組成部分的羅馬法學，正是通過教會法的橋樑作用在中世紀得以繼承下來。5—11世紀西歐之所以能夠局部保留羅馬法，12—15世紀羅馬法之所以能夠獲得復興，也有賴於教會法和教會法學家的努力。

參考文獻

[1] 林榕年. 外國法制史 [M]. 2版. 北京：中國人民大學出版社，2006.
[2] 何勤華. 外國法制史 [M]. 北京：法律出版社，2011.
[3] 蔡曉榮. 外國法制史 [M]. 廈門：廈門大學出版社，2007.
[4] 曾爾恕. 外國法制史 [M]. 北京：中國政法大學出版社，2007.
[5] 彭小瑜. 教會法研究 [M]. 北京：商務印書館，2003.
[6] 陳曦文. 基督教與中世紀西歐社會 [M]. 北京：中國青年出版社，1999.
[7] 楊昌棟. 基督教在中古歐洲的貢獻 [M]. 北京：社會科學文獻出版社，2000.

8 城市法和商法

8.1 城市法

8.1.1 城市法的發展概況

城市法是指中世紀西歐城市中形成、發展和適用的法律體系，其內容一般涉及城市商法、手工業規章、城市機關及城市居民的法律地位等。各地的城市法各有差異，它不是統一的法律。城市法的形成和發展是與中世紀歐洲城市的興起和發展緊密結合的。它不是統一的國內法或統一的國際法，而是一種地域性很強的特別法，適用於 10—15 世紀中世紀西歐獲得自治權的城市。西羅馬帝國滅亡四五百年後，西歐大地一片空曠蕭條，直至 10 世紀以後，大大小小的城市和城鎮陸續產生。城市的興起為西歐社會注入了生機和活力，孕育了更新的經濟關係和社會力量，最終導致西歐發生深刻的變化。近代西歐工業文明的誕生，其源流溯之於中世紀時代的工商業城市，它是西歐較快實現從封建制向資本主義過渡的關鍵因素。

城市法是中世紀文明的重要組成部分，對資產階級法有重要影響，它的一些原則和制度也直接或間接地被近代資產階級國家所接受或運用。歐洲中世紀的商法則為近代西方商法的發展奠定了基石，商法的完備與資本主義的產生和發展又有著密不可分的關係。

8.1.2 城市法的形成和發展

城市法是城市商品經濟和民主政治發展的產物。10 世紀時，西歐各國的城市重新復甦，由於國家政治組織的渙散和王權的軟弱，市民自己組織起來管理公共事務。傳統文化中的希臘、羅馬人的公民觀念、法治精神和日耳曼民主、平等精神，極大地激發了他們的自主意識，加之工商業本身煥發的自由精神，促使市民力圖擺脫封建關係和封建領地法律的束縛，為城市的獨立和工商業自由而鬥爭。11 世紀時，西歐大多數城市通過金錢贖買、武裝起義等手段獲得了不同程度的自治，新的城市組織、自治機構也產生了，這為城市法的產生提供了可能。最早的城市法產生於義大利各城市。

引起城市法產生的直接原因主要是：第一，城市商業貿易中出現的爭端需要相應的法規來調整，市民階層與商人的利益需要得到相關法律的保護，而領主法庭或教會法庭卻沒有相應的規範來解決這類問題；第二，城市的形成大都跨越一個或幾個封建領地管轄範圍，而各封建領地卻各有自己的地方習慣法，這就使城市居民同時要受多

個封建領地法律的約束，這種司法管轄權的極端混亂現象，束縛了城市手工業和商業貿易的發展；第三，司法程序中僵硬的和傳統的形式主義，延誤時日，裁判決鬥以及免訴宣誓的流弊，全憑偶然性判決的神意裁判等，對商人來說是無休止的折磨，他們需要一種比較簡單、比較迅速和比較公平的法律。正是在這種情況下，城市居民希望獲得人身自由和城市的自治，擁有能保障自己生命財產和調整城市正常經營活動的法律，以擺脫封建教俗貴族的橫徵暴斂和領主司法審判權的束縛。至11世紀，由於城市自治地位的確立，城市立法、司法機構的形成，使城市法的制定和發展有了政治和組織的保證。

城市法的發展大致經歷了五個階段：

①城市憲章。城市憲章是一種具有憲法性質的法律文獻，它一般由封建國王或一個大主教頒發給取得一定自治權的城市，用以從法律上確認城市的自治特權。城市憲章中的一部分稱為「憲章」，即國王或有立法特權的大主教頒布的法律；另一部分稱「特許狀」，是國王和城市所屬轄區的封建主承認自己領地內城市的自治地位並授予其相應權利的法律文書。憲章或特許狀是城市法的根本根據，也是城市權利的基礎。

②城市立法。城市立法是指自治城市的權力機關——城市議會適應社會發展需要頒布的法令、條例等。其內容廣泛，涉及城市的建設、財政、商業、手工業、糧食供應、學校教育、社會救濟、治安維護和軍隊等問題。《義大利諸城市條例》是西歐最早制定的城市法之一，其內容主要包括市場管理、手工業管理、稅收、貨幣、貿易、社會生活、城市與領主的關係等。

③城市習慣法的匯編時期。最初這些城市法主要的內容是有關各城市管理工商貿易的行會章程和城市特許狀的，其規則基本上是城市原有的習慣法和由羅馬法演變過來的商事習慣法。

④城市成文法典編纂時期。11世紀，大規模城市法典編纂活動展開。這些城市法典編纂是由各城市的自治權力機構組織進行的，最初大都是由特許獨立憲章、各城市法院的諸多判決匯集而成。後來，也有一些市議會的立法和其他的一些習慣法。

⑤城市同盟法的出現。到中世紀後期，隨著貿易交往和資本流通的擴大，歐洲各商業城市為維護其城市的獨立性，協調彼此間的關係以及保證其共同的經濟利益，開始結成城市同盟並制定城市同盟法。15世紀，由於王權的強化和民族國家的初步形成，自治城市的特權取消，王室勒令通行全國。城市法獨立的發展道路被中斷，它與西歐既存的其他法律因素融合為一體。

8.1.3 城市法的主要淵源

（1）城市憲章。

城市憲章是一種具有根本法性質的法律文獻，由國王或封建領主頒發，主要內容是確認自己所屬區域內某一城市的自治特權或獨立地位或經商特權，明確市民的權利義務，又稱特許狀。它不同程度地限制了國王與領主對於城市的權力，是一種封建的權利轉讓書。它是中世紀西歐城市的根本法和城市法的主要淵源，提出了城市法的主要原則和制度。

(2) 行會章程。

行會章程是由自治城市的手工業會和商人行會制定的，用以規範行會組織、調整行會成員間的關係，管理行會活動，確定行會成員的權利義務以及維護本行會權益的法律規範，也稱基爾特習慣或慣例。行會章程事實上具有法律效力，成為城市法的一種淵源。

(3) 城市立法。

城市立法是指自治城市的市議會發布的法令和條例等，它在封建社會後期成為城市法的重要淵源。

(4) 城市同盟法令。

城市同盟法令是加入同盟的各城市共同制定和遵守的一種準國際法性質的共同法，也包括各城市的協議和合約。

(5) 城市習慣和判斷。

城市習慣和判斷是在城市社會生活和商業交往中形成的，以調整各種社會關係的習慣和法院判例，是城市法的淵源，是許多城市法匯編的資料來源，在成文法尚不完備的中世紀城市法體系中有一定的作用。

8.1.4 城市法的基本內容及其特點

(1) 城市法的內容。

城市法的內容雖很豐富，但沒形成涉及所有社會關係的獨立法律體系，如婚姻家庭關係統一適用教會法，叛國、謀反等由領主或王室法院審判，都不適用城市法院。城市法幾乎涉及城市商品經濟的各個方面，內容十分豐富。各地城市法雖存在某些差異，但在基本原則和基本制度方面大體一致。

①市民身分。市民在人身上是自由和平等的，承認市民享有自由權是特許狀的重要內容，諺語說「城市的空氣使人自由」。但市民存在財產上的不平等，及行會內部新的等級制。

②城市機關的組織。完全自治權的城市，包括城市共和國和城市公社，市議會是最高管理機構，由選舉產生。但市議會主席和其他官吏由大商人、高利貸者、房產主和城市土地所有者壟斷。

③行會組織。加入行會有嚴格的資格條件限制，工匠資格要經過很長的學徒期；行會對產品有嚴格標準，以防止同行間的競爭；行會實行互助，會員須交會費；行會選舉行長，並設監察人員監督會員並制裁違反章程者。

④在所有權和債權方面，動產地位日益重要，土地也成為所有權的一般客體，可以流通。城市法取消了阻礙工商業發展的各種封建特權。承認契約雙方地位平等，契約生效條件是雙方當事人的同意，婦女有權訂立契約，契約種類不斷增多。

此外，刑法和訴訟法也有許多不同於封建法律的制度。如廢除等級特權原則、宣誓保證人、神明裁判、決鬥裁判和贖罪金等。

總之，城市法產生於封建社會並受之影響，具有封建性因素，但其本質同封建制度對立。它與羅馬法「復興」及商法發展一起對近代資本主義法律誕生起了促進作用。

（2）城市法的基本特點主要有五個方面。

①在中世紀特定的經濟、政治背景下形成和發展。

城市法是伴隨著城市的復甦和商品經濟的發展而形成和發展的，同時也是中世紀在政治上近乎無政府狀態和法律上缺乏統一性的明顯表現，隨著統一的民族國家的形成，國家立法權、行政權和司法權的高度集中，城市法的衰落也是必然的。

②一種成文與不成文相結合的法律體系。

城市憲章、特許狀、行會章程、議會立法、習慣和慣例以及城市同盟法令等，都是城市法的主要淵源，城市法以法典、習慣匯編和判例等形式存在。城市法的發源是多元化的，即創制法律的機關不是單一的，而是多元的。

③只適合於城市及其市民。

城市法既不是統一的國內法，也不是統一的國際法，它更像特區法，產生於城市，適用於城市，既是一種以屬地主義為原則的法，也結合了屬人主義和保護主義的原則。

④一種公法色彩較重的混合法。

城市法雖是一種公私混合、實體與程序一體的法，有關城市的幾乎所有社會關係都由它來調整，但其公法的色彩較重。城市法的公法特徵主要表現於：第一，城市法主要是基於特許狀形成的，這些特許狀是有關城市權、市民權和城市組織特權的，其效力相當於近代成文憲法；第二，城市法所確立的政府組織體制在某些方面類似於當代憲政體制，其權力受到制衡；第三，城市審判法具有科學、平等、正當程序的特徵，強調對人權的保護而非強烈的統治性；第四，權利的保障在於對義務明確而詳細的規定，城市特許狀在免除大量封建勞役和賦稅的同時對其他勞役和賦稅加以嚴格的限制，並對王室特權加以限制；第五，不加限制的權利即是可以行使的權利，這是公民政治自由、獨立和自治的憲政保障。

⑤城市法具有世俗法的特徵。

由於城市法是政教分離的產物，它所擔負的只是世俗的工作而非宗教職能。作為當時社會眾多法律淵源的一種，城市法的世俗職能主要是調整有關城市及其市民的政治、經濟等各種關係，保護公民的自由、安全和財產權，打擊犯罪，維護和平，實現正義。城市法的這一世俗職能特徵使得中世紀的城市第一次具有近代意義，並為近代國家和城市樹立了一個模本。

綜上所述，城市法伴隨著城市的復甦和商品經濟的發展而產生和發展，同時也是西歐中世紀政治上近乎無政府狀態和法律上缺乏統一性的表現。法律淵源多元化，即創制法律的機關不是單一的，而是多元的。就整個封建法律而言，城市法是中世紀中後期西歐的一種主要法律淵源。它是屬地主義的法，也是一種準國際法或城市的共同法，只適用於城市及其市民。在內容上，它是一種公私混合、實體與程序一體的法。在性質、作用上，它是封建社會的法，同時又帶有資本主義因素。在法律體系上，它是一種成文法與不成文法相結合的法律。從地位和意義上看，城市法是中世紀文明的重要組成部分，對資產階級法有重要影響。它反對封建土地所有權和封建特權以及封建身分，體現了平等、自由精神和法治的理念，影響了近代資產階級的人民主權和法律是公意的思想，它的一些原則和制度也直接或間接地被近代資產階級國家所接受或運用。

8.1.5　城市法的歷史地位

城市法的歷史地位主要表現在以下四個方面：第一，城市法對傳統封建法有一定的瓦解作用，為確立新的社會法奠基；第二，一些內容對近代民法制度產生重大影響；第三，享有自由和平等權的市民階級的存在及城市組織的活動及其職能模式，影響近代國家的機構體制；第四，城市法形成的法律意識，對後世影響尤其深遠。

8.2　商法

8.2.1　商法的形成與發展

中世紀的商法又稱商人法（Law of Merchant），是調整商人之間商事活動所產生的各種關係的一系列習慣和法律，出於商事活動包括內陸商業活動和海上商業活動，故商法是由規範內陸商業活動的商法和規範海上商業活動的海商法兩部分組成。所以廣義上的商法由規範內陸一般商業活動的商法和規範海上運輸和航海貿易等商業活動的海商法兩部分組成。第一，商法的形成。商法是隨著商業的恢復和發展，以及自治城市的興起而形成的。商法最早是集市貿易的商事習慣，這些商法習慣包括：集市貿易中心的營業秩序、關稅徵納、度量衡制度以及貨幣、信貸制度等。商法不同於封建的地方習慣法，它適應了當時商業發展的需要，成為獨立的法律部門。中世紀的義大利處於全世界商業中心的地位，因此商法首先在義大利出現。法國、德國、西班牙等國各城市的商法都受義大利商法的影響，因此義大利商法是中世紀西歐各國商法的「母法」。羅馬法作為整體在西歐中斷後，在各地有限的商業活動中，商人仍按羅馬法原則辦事，所以羅馬法的某些原則成為地方商法習慣繼續存在下來。這些商業習慣隨著義大利商法復興、城市的崛起，進一步恢復和發展起來成為中世紀商法的基礎。商法是習慣法，由在長期商業和海上貿易實踐中形成的習慣所構成，並有商業法院和海上法院的判決加以固定。第二，商法的發展。商法的起源和西羅馬帝國衰落以後幾個世紀中的商業、集市以及市場的發展緊密相連。在這個時期，市場和集市逐漸變成了和其餘地方相區別的管理和司法單位，這種變化在商法的發展中極為重要。商法的發展大概分為兩個時期，共同商法時期（10—16世紀）和國家商法時期（17—18世紀）。在共同商法時期，各城市的商業習慣是以羅馬法為基礎，但也會因自然條件、歷史文化和風俗傳統的差異而形成若干差別。這種差別必然會給商人貿易的往來留下諸多不便，於是就產生了各城市都適用的共同商法。在16、17世紀西歐資本主義因素迅速成長，民族統一國家陸續出現，隨之國家主權觀念形成。過去由各種機構分別行使的立法權、司法權開始集中到國家政權機關手中，因此商法也由共同商法轉變為國家商法。

8.2.2 商法的主要淵源

（1）商事和海事習慣。

商業和海上貿易長期形成的商事和海事習慣，是中世紀商法、海商法的主要淵源之一，是在長期的商業和海上貿易活動中形成的。商事和海事習慣，這些習慣之間往往互相影響，有些則互相吸收成為共同的內容。商事習慣和海事習慣是在實踐中不斷發展和完善的，具有很強的連續性。其發展和存在不受國家以及民族興衰的影響，從未完全中斷割裂過，中世紀的許多商事、海事習慣實際上是對腓尼基、羅得島時期習慣的繼承和發展。

（2）海商法典。

法院審理案件時通過適用海事習慣形成的判決，成了能為其後加以適用的判例。中世紀有些地區還形成了海事判例匯編，被稱為海商法典，也是商法、海商法的淵源。影響較大、較為著名的海商法典主要有：《阿瑪爾菲法典》，10世紀由義大利的阿瑪爾菲人制定，法典刻在銅板上。1843年，法典原稿被發現，名為「阿瑪爾菲碑文」。《康梭拉多海商法典》，它是由西班牙巴塞羅那海事法院編撰，流行於地中海地區，適用達5個世紀之久，其重要內容是關於船長及船員在履行運送契約過程中權利和義務的規定。《奧列隆法典》，11世紀判決匯編，是由奧列隆的海事判決匯集而成，其內容涉及與地中海康色雷特·得爾水域相通的大西洋海岸的普通海事法。

（3）其他淵源。

中世紀西歐城市的商業行會章程、城市之間訂立的關於解決商業糾紛的條約、城市同盟頒布的條例等，其基本內容都是對傳統的商事和海事習慣的繼承。這些也是商法、海商法的淵源。因為中世紀歐洲的大部分地區原屬羅馬帝國的板圖，受羅馬法的影響，而且羅馬私法內容豐富，包括了簡單商品生產的買賣、借貸、交換、合夥、委託等各種法律規範。

8.2.3 商法的主要內容

（1）商人。

商人是指以自己的名義從事商業活動獲取利潤的人，主要來自於已經擺脫人身依附地位或已失去土地的農民，是城市市民等級的重要組成部分。初期，商人之間是平等的，但隨著商業的發展和財產的分化出現了大商人階層，他們享有特權，左右行會的事務，並進而操縱城市的政權。但即使是普遍的商人，在商業活動中也享有經商權、商號權、起訴權等，同時負有製作並保存商業帳簿、不得詐欺等責任，並受本行會章程的約束。商法確認商人在各個地區的平等法律地位，並嚴格保護商人人身財產安全。

（2）票據。

12世紀，各種涉及使用信用手段的新的商業契約大量增加。11世紀晚期和12世紀的西方商人創立了可流通票據的概念和做法。中世紀歐洲的商業城市中，信用票據成了通常使用的證券。這一時期的票據按其作用可分為匯票、本票和支票三種，隨著經濟的發展，票據制度不斷完善，其種類日益增多，作用也日漸增加，但最基本的仍

是這三種。通過可流通票據的出現，發達的商業信用體系在 11 世紀晚期和 12 世紀的西方創立，其中廣泛採用的票據制度對後世的影響非常大，它的許多內容直接影響到近代，甚至被沿用至今。

(3) 審判制度。

中世紀西歐在集市和較大的市場都設有行商法院，對商業糾紛進行審理，法官由集市管理人員或地方官員擔任，院長往往由行會會長擔任。行商法院定期或不定期地開庭審理有關糾紛，訴訟程序簡易，證據以書面證據為主。英國的行商法院因到法院進行訴訟的商人來去流動、腳上經常布滿灰塵，曾被稱為「灰腳法院」。假如商事糾紛發生於本國商人與外國商人之間，或者糾紛雙方都是外國商人，有的地方行商法院對此也有管轄權，而有些則組成「商事混合法庭」，由外國商人與本國商人代表一起參與案件的審理，以使糾紛得到公正解決。有的國家則在商人集中僑居的外國城市設立領事，解決本國商人之間的爭端。後來隨著城市的興起，一些永久的行商法院從集市中分離出來，商事案件改由城市法院審理。

(4) 共同海損制度。

航船遇有風暴等緊急情況時，為了船員及船貨的安全，船主在不徵得貨主的同意下，可以棄貨以減輕船只的負擔，對由此所遭受的損失，由船主、船員及貨主共同承擔。這是海商法特有的制度。

8.2.4 商法的基本特點

第一，只對商人或商業行為適用。在這個意義上來講，商法與海商法是一種屬人主義的特別法，與商人的身分和商業活動密切相關。中世紀商法與海商法關係密切，其原則與制度相伴而生、共同發展，而且基本是通用的。

第二，其淵源實質上是一種習慣法。它是與商業交易和商品經濟的發展同時產生和發展的，是古代人類在長久而廣泛地從事陸上和海上商業貿易活動過程中，日積月累的習慣和慣例，並經過商人自覺地遵守和商業法院、海上法院的司法判例以及各種商人團體和商業城市的匯編，加之法學家的研究得以形成的。

第三，在發展過程中，經歷了共同商法時期和國家商法時期。共同商法是一種國際法，普遍適用於所有城市和地區；而國家商法是一種國內法，由主權國家認可，只適用於主權範圍內。商法發展的過程可以用房龍的一句話做腳註：中世紀是具有國際精神的，而現代人是具有民族精神的。

第四，內容豐富、自治自律的法。中世紀商法強調交易的公平、誠信、便捷和安全。雖然它屬於私法範疇，但又不同於一般私法，還包括一部分的公法和有關的司法制度，可以說是公私法與實體和程序的混合法。它與城市法一樣，有著自己的司法機構，即商事法院和海事法庭。

第五，具有資本主義因素。儘管這些法產生並存在於封建社會，是中世紀歐洲法律的重要組成部分，但是它們有力地促進了前資本主義經濟的發展和資產階級作為一個階段的形成，為資產階級商法的形成奠定了基礎。商法調整的是一般商業關係、海上運輸和航海貿易關係，涉及資本經濟制度的內容，體現了市民和商人進行國家貿易

和商品交換、發展資本經濟的要求，代表著自由、平等的精神。

參考文獻

［1］ R. C. Van Caenegem. Legal History：A European perpective ［M］. London and Rio Grande：the Hamledon Press, 1991：127-128.

［2］ 周一良，等. 世界通史資料選集 ［M］. 北京：商務印書館，1981：133-135.

［3］ 亨利·皮雷納. 中世紀的城市 ［M］. 陳國梁，譯. 北京：商務印書館，2006：118-125.

［4］ 林榕年. 外國法制史新編 ［M］. 北京：群眾出版社，1994：229.

［5］ 約翰·麥·讚恩. 法律的故事 ［M］. 劉昕，胡凝，譯. 南京：江蘇人民出版社，1998：124-125.

9 伊斯蘭法

9.1 伊斯蘭法的起源和發展

9.1.1 伊斯蘭法的起源

伊斯蘭法作為世界五大法律體系之一，與中國法系、印度法系、羅馬法系，以及屬於歐美法系的普通法系之間所存在的最大區別在於，伊斯蘭法系是建立在神權法律的基礎上。在伊斯蘭法還沒有形成之前，《古蘭經》充當著重要角色，也是伊斯蘭法立法的重要依據。《古蘭經》不僅是伊斯蘭教的重要經典，也是伊斯蘭法的起始之源。穆罕默德把《古蘭經》作為「安拉」的啟示來發布經文。真主「安拉」的地位至高無上，而作為真主代言人的穆罕默德無疑也是有著不可撼動的地位。伊斯蘭法是指穆斯林社會以《古蘭經》和「聖訓」為基本根據而制定的各項法律[1]。毋庸置疑，《古蘭經》在伊斯蘭教中有著至高無上的地位。伊斯蘭法是在7世紀初產生於阿拉伯半島，是隨著伊斯蘭教的創立和阿拉伯統一國家的形成而產生的，並且隨著時間而逐漸發展起來。伊斯蘭教和伊斯蘭法有著緊密的聯繫，兩者相互依存。

在最初的伊斯蘭法中，雖然「聖訓」和《古蘭經》都包含有穆斯林的一些條例，但這些條文僅是說明了伊斯蘭教中比較基礎性的原則與條例，數量較少且沒有統一的標準。《古蘭經》中針對法律問題基本都是從宗教倫理的角度做出規定，它的規範作用不在人與人之間而是更多地在規範人與造物者之間的關係，這也是致使大多數人沒辦法從中找到需要的答案的原因。隨著伊斯蘭教的不斷壯大和發展，如何在社會迅速發展，面臨的問題日益繁多的發展初期找到解決問題並且不會違背伊斯蘭宗旨的方法呢？在一批學者的研究探討中，伊斯蘭法在這個時候就應運而生了。伊斯蘭法產生初期出現了兩個派別：聖訓派和意見派。前者強調立法必須是以經訓明文為依據，不然就判定為無效。後者認為在沒有經訓明文的情況下可以根據經訓明文的精神運用相類似的精神進行立法。兩者之間的差異是在缺乏經訓明文的情況下是否能根據經訓明文的精神進行立法，雖有分歧卻又在相互影響，互相借鑑，逐漸產生了更多的派別。直到10世紀，出現了四個重要學派，分別是哈乃斐學派、沙斐儀學派、罕百里學派、馬立克學派，這四個學派的學說脫穎而出，正式成為正統學說。

---

[1] 敏敏.伊斯蘭法的早期特徵與作用[J].中國穆斯林，2004（3）：10-12.

9.1.2 伊斯蘭法的發展過程

伊斯蘭教的創始人穆罕默德，作為宗教的先知在傳教過程中傳播的是真主「安拉」的啟示，也就是《古蘭經》，在穆罕默德生前由於種種原因並未將經文編輯成冊，而是分散保存於各個弟子之處，主要靠眾多弟子背誦下來再進行傳教。直到穆罕默德死後，首任哈里發艾卜·伯克爾[1]委託穆罕默德的得意門生宰德進行編輯整理，然後才有了成冊的《古蘭經》，並且在後期謄寫了七份分寄麥加、也門等地，更新以往所抄寫的副本。《古蘭經》是伊斯蘭教的教義，也是伊斯蘭法的基本準則。

《古蘭經》為伊斯蘭法準則奠定了深厚的基礎，我們把近代改革前的伊斯蘭法的發展過程大致分為三個時期：形成時期、鼎盛時期和發展停滯時期。

（1）形成時期（7世紀初—8世紀中葉）。

伊斯蘭法形成的初期，《古蘭經》作為伊斯蘭法的最高準則已經成型；並且「聖訓」（專門記錄先知的言行）已經開始逐步在進行傳述；已經出現了教學法，並逐步形成了一些早期教法的學派。

（2）鼎盛時期（8世紀中葉—10世紀中葉）。

隨著「聖訓」在伊斯蘭教中的地位越來越高尤其是在法律實務中變得愈加重要，於是聖訓學家開始對其進行匯編整理；早期教法學派發展了一段時期後，最終形成了著名的四大教法學派，分別是哈乃斐學派、沙斐儀學派、罕百里學派、馬立克學派；「類比」「公議」等常用的創制法律手段變成了伊斯蘭法的重要起源；對伊斯蘭法的重要補充是政府的行政命令；司法機構也逐步變得完善起來。

（3）發展停滯時期（10世紀中葉以後）。

隨著四大教法學派權威的最終確立，伊斯蘭教正統派（遜尼派）認為伊斯蘭法已經是近乎完美了，所有的重要問題和困惑已經得到解決，後世法學家要做的只是遵循前人得出的結論就行，不需再進一步去創制新的法律，於是關閉了「伊智提哈德」[2]之門，也就導致了伊斯蘭法的發展停滯不前。

9.2　伊斯蘭法的基本內容

9.2.1　關於宗教方面的基本規範

（1）穆斯林義務。

穆斯林的基本義務包括「五功」，其作為伊斯蘭教法中五項最基本的義務或者說是五項基本功課，主要是對信仰的表白、禮拜、齋戒、天課、朝覲這五個方面，中國的穆斯林也將它簡單稱呼為「念、禮、齋、課、朝」。

---

[1]　哈里發（Khalifah）是指穆罕默德去世以後，伊斯蘭阿拉伯政權元首的稱謂。
[2]　伊智提哈德：意譯為「創制」。伊斯蘭教法學術語，指伊斯蘭教法學家通過周詳的證據為創制實踐性的律例所付出的努力。其實質上是一種教法學術研究。

①「念功」。簡單地說，念功就是對信仰的表白，也譯為「作證」的意思，即莊重而嚴肅地用阿拉伯語念兩句作證詞，「我作證：萬物非主，唯有安拉。我作證：穆罕默德是安拉的僕人和使者」①。中國穆斯林稱它為「清真言」。它是伊斯蘭教的基本信條與核心，是穆斯林念的誦詞中被念到次數最多的。一個穆斯林從出生到離開這個世界，聽到的和念到的最多的就是這兩句。這是伊斯蘭教入教的唯一儀式，只要學會念誦並當眾念出這兩句話，那個人立刻就能成為一名穆斯林，教會也承認他的入教，賦予他作為穆斯林應有的權利，而相應地也有其應盡的義務。

②「禮功」。禮功即對真主「安拉」的禮拜，這是「五功」中的第二綱領，也是伊斯蘭教的重要功課之一。伊斯蘭教要求穆斯林必須從信仰上和行為上都要崇拜真主「安拉」，此處所講的「禮功」是指穆斯林必須完成伊斯蘭教法規定的完整的一套，比如：必須以教中規定的固定動作和禮儀禮拜「安拉」。對穆斯林而言，禮拜是他們與真主「安拉」建立聯繫的重要途徑。在《古蘭經》和「聖訓」中，穆斯林「謹守拜功」是極為重要的。教法規定，每天五次固定時間的禮拜是必須的，其又被稱為「主命拜」，其他時間除特殊時間都是允許禮拜的。五次禮拜分別是：晨禮、晌禮、脯禮、昏禮和宵禮。晨禮在拂曉時分；晌禮在中午太陽略微偏西落的時候；脯禮在下午接近日落時；昏禮則在黃昏日落那刻；宵禮在入睡之前。每天五次「主命拜」通常要求穆斯林要在清真寺進行禮拜，由一人帶領拜，其餘的跟隨就行。特殊情況時，也可以在家獨自禮拜。一週有一次集體禮拜。一年中要參加兩次會禮（開齋節和宰牲節），兩次會禮都是需要集體禮拜的。

③「齋功」亦稱為齋戒，主要指戒食飲和色欲。在中國穆斯林也稱它為「封齋」或「閉齋」。作為伊斯蘭法的一項主命，齋戒規定了成年男女穆斯林在齋月（即伊斯蘭教歷9月）進行封齋。黎明前食用封齋飯，黃昏後食用開齋飯，期間不能吃食或房事以及進行任何非禮行為。但有一部分人可以例外，例如患疾病者、老弱體虛者、婦女月事、生育、哺乳等不能進行齋戒，根據自身情況進行補齋或施捨。除了一年一度的「主命齋」，還有「聖行齋」的存在，即由先知（穆罕默德）的舉止言行而提倡的齋戒；「副功齋」，即穆斯林虔誠許願後而履行的對真主的感謝而進行的齋戒。還有「禁齋」，意思是禁止在開齋節和古爾邦節當天及後的兩日內齋戒，因為這段時期是用來歡慶、感恩真主「安拉」的日子。

伊斯蘭法規定齋戒者必須要身心潔淨、內心虔誠、謹慎言行，通過每年一次的齋戒，達到反省自身、磨煉意志、懲曠己過，來表達對真主「安拉」的敬畏。

④「天功」亦稱為「天課」，指穆斯林用繳納天課的方式來潔淨自己的財產，使其變得純潔。《古蘭經》中提到：「你要從他們的財產中徵收賑款，你借賑款使他們乾淨，並使他們純潔。」② 此外，經訓尤為重視天功，可以說它的重要性堪比禮拜，兩者不相上下。所以作為穆斯林要做到「謹守拜功，完納天課」。伊斯蘭教法中規定，合格的穆斯林，其財產除了日常開銷外（如全家的開支、必要的債務償還等），剩餘資產超

---

① 《古蘭經》第54章。
② 《古蘭經》第54章。

過規定的額度時，必須按規定的相應比例繳納天課，所以又叫「天功」。這不僅僅是伊斯蘭社會的一種保障制度，更重要的是要從履行這個法定施捨義務的方式中，有效地去防止為富之人聚斂財富造成欲求不滿的貪欲，並且最大程度上緩和貧富階層之間的社會矛盾。教法中對繳納的範圍、人群、條件等都做了詳盡的規定。

⑤「朝功」也稱朝覲。伊斯蘭法規定：每個成年穆斯林男女，只要身心健康、心智健全，能自己提供充足的旅途開支，且能顧全家人生活的人，一生中至少要有一次在伊斯蘭教歷的 12 月 8 日—12 日到阿拉伯半島的麥加去參加朝覲。《古蘭經》雲：「凡能旅行到天房的，人人都有為安拉而朝覲天房的義務。」婦女有所不同的是，除以上規定條件以外，還必須由丈夫或男性至親陪同。不能達到上述條件時，這項義務是可以免除的。這種按規定的儀式和法規完成的朝功叫「大朝」，也可以稱作「正朝」，但一定是伊斯蘭教歷的 12 月 8 日開始的這一次，其餘時間去麥加完成的朝功都稱為「小朝」或是「副朝」。一年一度的朝覲讓眾多穆斯林匯聚一地，雖然互不相識，也許還是不同人種、不同膚色，但是大家卻有著相同的信念與信仰。在這個過程中促進了彼此間的友誼，增進了彼此之間的感情和瞭解，具有非凡的意義。

（2）婚姻法。

婚姻法是專門調節穆斯林婚姻關係、家庭和財產關係等方面的法律規範的總和。伊斯蘭教對婚姻的態度是明確支持的，並且婚姻在伊斯蘭是尤其受到重視的一項。比起出家修行或是單身，他們更提倡男女之間正常合法的婚姻生活。伊斯蘭是個非常重視婚姻的國家，他們把婚姻看作是男女間的契約，並且是具有法律效益和宗教意義的重要法律。伊斯蘭教法嚴謹、詳盡地從個人、社會和宗教的角度闡述、制定了一整套關於婚姻的法律規範及原則。

伊斯蘭法對婚姻進行了劃分，主要為三種狀態：有效的婚姻、無效的婚姻及不合理的婚姻[①]。

①有效的婚姻，其存在的一個首要條件就是見證人必須在場，男女雙方在見證人面前，一方提出求婚並且另一方表示接受，這段婚姻就是具有效力的合法婚姻。在此前提下，這段婚姻還必須符合倫理規範（比如近親不能結婚、同一乳母餵養的兩個人不能結婚，等等），男女之間相互履行著自己的權利和義務，那麼這段婚姻稱之為有效的婚姻。

②無效的婚姻，也就是不符合宗教倫理的婚姻。通常情況指的是無法解決的問題或是具有長久性不能改變的因素。比如：近親結婚（包括同一個母親領養的兩個孩子以及乳母餵養的孩子之間都是不被允許通婚的）；一方行為放蕩（比如在待婚期間兩人已經同居構成了事實婚姻，或是一個女子和兩個以上的男子結婚等情況）；有不同宗教信仰的人結婚（穆斯林不能與非穆斯林通婚，主要針對的是女子，作為穆斯林男子是可以與其他異教女子通婚的，但穆斯林女子不可與異教男子通婚）。

③不合理的婚姻，大多屬於不具備完整的結婚手續因而不能構成有效的婚姻，只要能採取相應的措施進行補救，仍然可以成為合法婚姻。構成這類婚姻的原因主要在

---

① 《古蘭經》第 2 章 228 節。

以下方面，包括：證婚人不在場；違反「待婚期」規定；男方納妻超過規定數量（教法規定穆斯林男子在能夠對每個妻子平等對待的情況下可以納妻四個，但是不能超過這個規定數量，否則將視為無效的婚姻）；等等。

伊斯蘭法中對婚姻的締結、自主權、夫妻彼此的權利與義務、離婚和財產繼承等各個方面都進行了嚴格的規定。

結婚。實行一夫多妻制，男尊女卑的思想決定了女人的家庭地位極低，並且還要做到無條件服從丈夫、伺候丈夫。當然丈夫在結婚時也要贈予妻子以及妻子的家人一份聘金（伊斯蘭稱為「Mahr」），並且妻子對這筆財產享有所有權。

離婚。屬於丈夫單方面行為，男方想要結束婚姻關係可以單方面休妻，在女方的潔淨期（每月的月事期間）過後宣布第一次休妻，經過三次潔淨期（也就是3個月）過後，且必須保證在後面的兩個月期間都沒有同居行為以及在第二次潔淨期和第三次潔淨期過後分別宣布一次休妻，那麼休妻就算是生效。在這三個月的時間裡，男方可以選擇撤銷休妻的決定或者是堅持休妻，女方只有在這期間過後才能再嫁。在三個月過後休妻成功，如果男方反悔就只能等待女子再嫁離婚後方可重新在一起。

遺產繼承。繼承遺產按規定只能遺囑繼承或是經定繼承[①]。遺囑繼承遺產的份額占總數的三分之一。雖然婦女的社會地位很低，但還是可以享有繼承權的，只不過數量僅為男子的一半。

當然近現代的伊斯蘭法也在隨著社會的變遷、發展而改變。繼第二次世界大戰後，婚姻法中明確規定實行一夫一妻制，並且在遺產繼承方面，婦女和男人能夠同樣享受平等的遺產繼承權，婦女的地位也有得到逐步的提升。但傳統觀念和習俗仍然會對其產生一定程度的影響。

9.2.2　關於社會關係之間的規範

（1）伊斯蘭憲法。

伊斯蘭憲法是伊斯蘭的政治制度，它是伊斯蘭國家的根本大法，具有最大的法律權威和至高無上的法律效力，是治理國家的綱要性的法律，也是公民行事的總依據。《古蘭經》在伊斯蘭教中就充當著憲法這一角色。但《古蘭經》只是從原則上提出了伊斯蘭政治觀，大致地勾勒了伊斯蘭政治制度，並沒有分類詳述其所有內容。因此，《古蘭經》、「聖訓」是為伊斯蘭教法奠定了理論基礎的重要基石，綜合了兩者才形成了後來的伊斯蘭憲法。

（2）民商法。

民商法，也稱作債法，是伊斯蘭教法中運用民事、商事法律的基本原則，也是在社會生活中對穆斯林發生的民事、商事關係進行保護、限制、制裁的法律規範。大致可以分為兩類：一是因契約所生之債，二是因致人損害所生之債。

因契約所生之債，主要是在貿易、債務、借貸、抵押、擔保、租賃等領域。在契約合法的前提下必須要具備雙方是自願定下契約以及彼此信守諾言的條件，並且《古

[①] 經定繼承指的是所分遺產按合法繼承人數的比例分配。

蘭經》中明文規定「禁止以貸取利」，認為從中收取利息是違背真主「安拉」的旨意的。

因致人損害所生之債，主要包括放高利貸、弄虛作假、欺行霸市等不正當競爭行為所產生的對他人利益的損害。通過這些不正當行為謀取利益是會受到懲罰的。

（3）財產制度。

在財產制度中的土地制度由於伊斯蘭教法的相對重視而較為發達。在傳統意義裡只有真主「安拉」才能擁有土地的所有權，也就是說只能是真主「安拉」的使者穆罕默德和他的繼承者哈里發才能對土地有支配的權利。土地佔有形式大致分為五種：希扎士、伐果夫、希爾克、伊克特（倭馬亞王朝後期出現的）、瓦克夫。其中「瓦克夫」更是一項重要的財產制度，在伊斯蘭法中的地位極高。

「瓦克夫」制度指的是清真寺、醫院、墓地等這一類土地是以奉獻「安拉」之名捐出的，這類土地永遠用於宗教或是慈善公共事業，不得以任何理由向任何人進行轉讓。「瓦克夫」也分為兩種：一種是用於社會公益性質或者宗教用途的公益性的瓦克夫，捐獻者從捐獻最初就明確了土地的用途，並且自捐獻以後沒有人有權利去篡改土地的使用方式。另一種則是私人瓦克夫，也可以說成家族瓦克夫，這類土地是擁有者留給自己的子孫後代的，土地會一直為後代所使用，直到沒有受益人了才會用於公益事業，但捐獻者捐出之後是無權收回的，並且享受使用權的子孫後代除了自身使用以外也無權轉讓。

（4）刑法。

伊斯蘭法中的刑法主要是判定穆斯林的刑事犯罪以及對犯罪分子處以刑罰的法律規範的總和。根據《古蘭經》和「聖訓」的有關規定，從總體上把刑法分為三類。

①法度刑犯罪。意指「安拉」的法度，侵犯「安拉」的權力所判處的刑法，屬於經定刑犯罪[1]。其中包括了六大重罪（酗酒罪、偷盜罪、通奸罪、誣陷通奸罪、搶劫罪、叛教罪）。此類刑罰只有「安拉」能決定，也就是說只能按照真主「安拉」啟示去定刑，其他人（包括法官在內）都只能依從，無權做任何的更改。

②酌定刑犯罪。相對法度刑而言，除了它以外的所有犯罪類型，並且是不能以法度刑定罪的犯罪都由法官進行判定，按照規定的律法進行酌情定罪。包括故意殺人、過失殺人、故意傷害等罪責。

③侵犯人身的殺人犯罪。這類犯罪由被害人的血親進行原則對等的報復，如被害人家屬同意也可用「贖罪金」的方式代替被害人的復仇。不管是復仇還是「贖罪金」，殺害穆斯林比非穆斯林所受的刑罰更重，還會取決於被害人的社會地位來決定刑罰的輕重程度。

（5）司法制度。

在司法的訴訟制度方面，主要存在著兩種形式的法院。一種是「沙里阿」法院，另一種是聽訴法院。兩種法院在形式和審判方法上存在一定的差異。

---

[1] 《古蘭經》中規定了的固定刑法的犯罪。

① 「沙里阿」法院。

哈里發擁有著最高的審判權，各省總督也會有兼管審判的權利。在四大哈里發時期，就任命了卡迪①教法執行官在行駛審判權，在倭馬亞王朝時期設立了「沙里阿」法院，由卡迪主持管理司法方面的案件，按伊斯蘭教法進行審判。

② 聽訴法院。

還有一種叫作「聽訴法院」，是由哈里發欽點的官吏來主持管理關於土地、稅收等領域的案件的審理，以及對為官者們的不法言行進行監督和約束，對這些案件的審判會運用教法和行政法令來共同審理。同時審理案件的過程中最重要的一個環節就是宣誓，有時候誓言比證據更為重要，甚至法官可憑當事人所發之誓言來定奪案件的審判結果。同樣的審判過程，女子由於地位較低的原因，其證詞的效力也只能算作男子的一半，這也從另一方面強調了男女之間強烈的不平等待遇。

9.3 伊斯蘭法的特點和歷史地位

9.3.1 伊斯蘭法的特點

（1）伊斯蘭法和伊斯蘭教存在著緊密聯繫。

伊斯蘭法是隨著伊斯蘭教的發展而不斷完善的，伊斯蘭教是穆罕默德（先知）統一阿拉伯半島、建立國家的重要手段和工具，也是伊斯蘭法立法的重要支撐與基石。它不單單是一種法文律令，伊斯蘭法區別於其他國家的法律而言更具有豐富的宗教色彩，它是將宗教、法律以及倫理道德三者結合在一起，沒有清晰地去劃分彼此的界限。秉承了政教合一的原則，讓宗教事務始終和世俗事務交錯在一起，所以類似於背叛教會這種行為的人會受到嚴重的刑罰，歸究究柢只是因為背叛教會也算是一項重大的犯罪。同時，對於許多犯罪行為除了接受規定內的刑罰以外，更多地是以詛咒或者譴責的方式進行懲罰，這便是宗教色彩為教法披上的外衣。在中國還曾流傳著關於伊斯蘭教和伊斯蘭法關係的一句話：「教即法，法即教。」② 可以看出兩者之間的聯繫已然緊密到不可分割的程度。《古蘭經》和「聖訓」作為伊斯蘭教的經典，也是伊斯蘭法的基本淵源，這一點也充分說明了兩者的聯繫是永遠切不斷的。

（2）法學家們對伊斯蘭法的貢獻突出。

由於伊斯蘭法是真主「安拉」對一切穆斯林的命令，理論上只有真主「安拉」才有立法權。世俗政權無法插手立法事宜，只能順從和執行真主「安拉」的旨意，再加上《古蘭經》和「聖訓」是具有至高無上的地位，在伊斯蘭教中有著絕對的權威，所以伊斯蘭法在沒有形成一套完整的律法之前，都是由早期法學家們運用「類比」「公議」等方法結合《古蘭經》中的法學原理進行闡釋並逐步發展，在這個過程中法學家

---

① 卡迪：依據伊斯蘭教法對穆斯林當事人之間的民事、商事、刑事等訴訟執行審判的官員。
② 白壽彞．中國回教小史［M］．銀川：寧夏人民出版社，2000．

們肩負著重擔和責任。美國學者威格摩曾中肯地說到:「這一整套伊斯蘭法學知識完全是由法學家的著作所構成,而不是由政府匯編的法典和頒布的法律。」① 因此,在伊斯蘭法的發展中法學家們所做出的貢獻是值得肯定的。

(3) 伊斯蘭法深受外來法律的影響。

由於伊斯蘭國家形成較晚,宗教思想、教法制度等都相應地起步較晚,所以穆罕默德在伊斯蘭教創立初期,除了根據《古蘭經》和「聖訓」中的經典思想和規範制度去不斷發展、創制法律之外,在這個過程中也相應地吸收了周圍其他國家的文明,像是基督教和猶太教中的制度和思想與真主「安拉」的指示有共通之處並且能適用於伊斯蘭教的,先知都吸納和借鑑了部分內容,才有了後來逐漸完善的伊斯蘭法。另外,因為伊斯蘭國家形成後在擴張領土的過程中,所佔有的地方大多屬於社會文明較為發達的國家,在對領土佔有的同時穆罕默德會瞭解並吸收當地法律文明,將之進行教化,使其融合到伊斯蘭教法中。

(4) 伊斯蘭法具有分散性和多樣性的特點。

之所以說伊斯蘭法具有分散性和多樣性的原因,其實是因為伊斯蘭法覆蓋的伊斯蘭國家地域寬廣,各個地區之間存在著一定的差異。伊斯蘭法是個龐大的法系,其中也包括了很多法派的淵源,它並不是簡單的立法,而是各個地區的教法經歷很長一段時間的融合而逐漸形成的,其中《古蘭經》算是版本較為統一的一個淵源了,但是由於伊斯蘭國家各個地區的情況有所不同,比如:經濟狀況、社會發展狀況等方面的不同造成了一些文化差異。學者們因為所處的環境不同,即使是面對相同版本的《古蘭經》也會對此有不同的理解和看法,這些差異都會導致在編輯和創制伊斯蘭法的過程中產生多樣化的意見和選擇,從而也造就了伊斯蘭法具有分散性和多樣性的特點。

9.3.2 伊斯蘭法的歷史地位

(1) 伊斯蘭法是伊斯蘭法系的精髓所在。

伊斯蘭法是伴隨著伊斯蘭教的興起和擴大而逐漸發展起來的,可以說幾乎是和伊斯蘭教同步產生的。從伊斯蘭教最初的誕生到後面的發展,不斷演變、壯大的過程中伊斯蘭法也隨著伊斯蘭教所覆蓋的阿拉伯國家在阿拉伯半島甚至更遠的地區進行著深入的傳播。在四大哈里發時期,阿拉伯國家迅速擴張領土的時候,伊斯蘭法所覆蓋的地區就已經不止整個阿拉伯半島了。再到後來的倭馬亞王朝,大肆發動侵略戰爭以加速擴張王朝的領土,隨之也就將伊斯蘭法帶到了更遠的地方。8世紀中期,阿拉伯已經成為一個龐大的帝國,一個擁有橫跨亞洲、歐洲、非洲領土的強大帝國,雖然後來這塊區域還是分裂成為幾個國家,但是曾經的擴張讓伊斯蘭法駐足這裡的每一寸土地,並且深深扎根在這片地區,始終占領著統治這些國家的法律的最高地位。雖然隨著各個國家的發展會產生一些改變,但伊斯蘭法的地位卻是絲毫沒有受到動搖的。伊斯蘭法隨著伊斯蘭教在東南亞等地區的傳播,也對這些地區的國家有了影響。伊斯蘭法在不斷傳播和發展中壯大成為一個完整的法系,成為世界五大法系之一的伊斯蘭法系。

---

① 陳海英. 伊斯蘭教的遜尼派 [J]. 世界宗教資料, 1981 (1): 41-44.

(2) 伊斯蘭法成為伊斯蘭國家政治生活的基本準則。

以《古蘭經》和「聖訓」為基礎的伊斯蘭法在正式出現後，就承擔起了當時的阿拉伯國家法律支撐的重要角色。在國家和政府的行為活動或是社會居民的日常生活和世俗事務等方面，一切是依照伊斯蘭法為基本準則去開展活動的，這也體現了伊斯蘭法在這些地區、國家裡所擁有的至高無上的地位。特別是阿拉伯帝國時期，伊斯蘭法有著無可替代的地位，帝國本身以及占領的地區都無一例外地將伊斯蘭法信奉為最高法律，帝國一切的行政法命令都要尊崇伊斯蘭法的規範原則。甚至周邊傳入的外來法律必須要經過伊斯蘭教化，並且與伊斯蘭法中所倡導的精神和原則等方面是有相通之處且能夠適用的，才可以傳入本土。近現代時期，即便隨著時局的改變，法律在不斷完善，伊斯蘭教所涉及的國家在不斷發展、不斷改革，伊斯蘭法在伊斯蘭國家仍被視作法律的基本淵源，有相當一部分國家甚至還一直保留著傳統伊斯蘭法的生活方式。

參考文獻

[1] 楊經德. 伊斯蘭法與伊斯蘭教法關係辨析 [J]. 雲南民族大學學報（哲學社會科學版），2003，20（3）：39-120.

[2] 費晶晶. 伊斯蘭婚姻法之初探 [D]. 北京：中國政法大學，2005.

[3] 何勤華. 試論伊斯蘭法形成和發展的特點 [J]. 法學家，1998（3）：59-63.

[4] 王雲霞，等. 外國法制史 [M]. 北京：商務印書館，2014.

[5] 曾爾恕. 外國法制史 [M]. 2版. 北京：中國政法大學出版社，2013.

[6] 何勤華. 外國法制史 [M]. 4版. 北京：法律出版社，2006.

[7] 白壽彝. 中國回教小史 [M]. 銀川：寧夏人民出版社，2000.

[8] 陳海英. 伊斯蘭教的遜尼派 [J]. 世界宗教資料，1981（1）：41-44.

10 英國法

10.1 英國法的形成與發展

與許多歐洲國家不同，英國法律的發展較為平穩，很少受突發事件或革命的影響而被迫停頓或急遽變更。因此，其發展已逾千年，但現代英國法無論在形式上還是內容上都與封建時代的英國法有著千絲萬縷的聯繫。然而，法律畢竟是一定社會經濟條件的反應，英國法的發展雖然平穩和緩，但從總體上看，它還是隨著社會條件的變化而變化，在不同的時期有不同的特徵。

（1）英國封建法律體系的形成（11世紀中葉—17世紀中葉）。

①普通法的形成。

作為一種法律淵源，普通法（The Common Law）指的是12世紀前後發展起來的通行於全國的普遍適應的法律，可以說是中央集權和司法統一的直接後果。

第一，中央集權制的建立。威廉一世（1066—1087年）征服英格蘭以後，首先大批沒收盎格魯-撒克遜民族的土地，宣布自己是全國土地的最高所有者，並將其中的一部分用於酬勞親屬和隨從。當然，這種酬勞分封是有條件的，受封者不僅必須服兵役，還得繳納賦稅，尤其是採邑繼承稅。與歐洲大陸各國的分封制不同，威廉不僅要求直屬的附庸宣誓效忠，而且要求臣下的附庸也效忠於己。1086年，威廉一世在索爾茲伯里召開效忠宣誓會，要求所有領主參加並向其宣誓效忠。威廉一世通過控制教會、重用地方郡守等方式加強王權，在英國形成不同於歐洲大陸的強大王權，是普通法得以形成的堅實基礎。

第二，中央王室法院與巡迴審判。在諾曼征服以前，各類訴訟多由盎格魯-撒克遜時代建立的郡法院、百戶區法院以及後來出現的領主法院和教會法院管轄。巡迴審判在亨利一世時期已經出現了，國王通過派遣王室法官到各地巡迴審判，加強王權與王室司法權，解決中央三大王室因距離、訴訟費用給訴訟人帶來的不便。亨利二世時期，國王將巡迴審判制度固定下來、擴大了巡迴審判的範圍。1166年，亨利二世頒布《克拉倫登法令》，派遣王室法官到各地巡迴審判，1176年，亨利二世又頒布《北安普敦法令》，將全國分為六個巡迴審判區，分別派遣法官審理案件，巡迴審判制度得以確立；1179年，他又通過《溫莎詔令》將巡迴審判確定為定期和永久的制度，並且形成相應的綜合巡迴法院、民事巡迴法院、刑事巡迴法院。巡迴法官回到中央法院所在地——威斯敏斯特後，一起討論案情，交換法律意見，承認彼此的判決，並約定在以後的巡迴審判中加以適用。

第三，令狀制度與陪審制度。令狀原為中央指令地方的一種行政管理手段，為早期歐陸各國所使用，非英國獨有。令狀由行政指令轉化為司法令狀是王權控制司法權的結果。令狀的目的是在原告請求下引起訴訟程序，確定原告如何提起訴訟以及該訴訟適用的程序。陪審制度是亨利二世時司法改革的重要成果之一。1164 年的《克拉倫登憲章》規定，各地在審理土地糾紛案件時，應當從當地的騎士、自由民中挑選 12 名知情人士為證人，在宣誓之後向法庭提供證言，作為審判的依據。1166 年亨利二世發布的《克拉倫登法令》以及 1176 年的《北安普敦法令》將陪審制擴展到刑事案件領域，要求重大刑事案件均實行陪審制。陪審制度的建立不僅取代了非理性的神明裁判，而且巡迴法官通過各地陪審員瞭解案件，熟悉各地習慣法，在長期司法實踐的基礎上形成通行全國的普通法。

②衡平法的興起。

衡平法（Equity）是英國法的又一重要淵源，是一整套法律規則其號稱以「公平」「正義」為基礎，故名衡平法。衡平法的產生可以說是適時調整經濟關係的需要，是對普通法自身缺陷的一種彌補。

普通法自身的缺陷大致有三個方面。首先，內容上的保守。普通法是在封建自然經濟中形成的，其內容十分陳舊、僵化，不能滿足社會不斷發展的需要。其次，救濟方法有限。普通法在許多案件上或是沒有管轄權，但不能實現充分的救濟。普通法的救濟方法以損害賠償為主，而且只能對現實的損害進行賠償，對於無法以金錢衡量的損失以及受害人將來可能遭受的損失則不予考慮，這就會嚴重損害當事人的利益。此外，對於不要求賠償，只要求制止侵權行為的受害人也無法提供有效的保護，因為普通法院不能對加害人頒發禁令。最後，程序上的僵化。令狀制度在促進普通法的形成過程中起到重要作用。原告如向普通法院起訴，必須首先向大法官申請令狀。

③制定法的發展。

制定法（Statute Law）是英國法的第三大淵源。制定法即成文法，是享有立法權的國家機關或個人以明文制定並頒布實施的法律規範。包括國王立法和議會立法，是英國封建法律體系的有機組成部分之一。諾曼徵服以後至議會取得立法權期間的制定法主要是國王立法。1215 年，約翰被迫與貴族簽訂的《大憲章》被認為是這一時代最重要的一部制定法。議會的立法權確立於 14 世紀。在英國法律體系的形成階段，議會制定法的數量有限，且受制於國王，未取得「議會主權」地位。但從總體上說，在資產階級革命前，國會並未取得至高無上的立法權，在很大程度上仍要受制於國王，制定法不過是對普通法和衡平法的補充，其數量和地位都無法與資產階級革命以後相比。

(2) 資產階級革命後英國法的發展（17 世紀中葉—19 世紀 30 年代）。

第一，國會立法權得到強化，制定法的地位提高，君主立憲制的確立。英國君主立憲制是通過「光榮革命」後一系列限制王權的法案確立起來的。1688 年「光榮革命」推翻了詹姆士二世的統治，1689 年 2 月「協商以後」通過《權利宣言》，1689 年 12 月經新國王簽署生效，稱為《權利法案》。在這時期較為重要的法案還有 1694 年的《三年法案》與 1707 年的《任職法案》等。

第二，普通法和衡平法在內容上得到充實，並被賦予資產階級的含義。普通法和

衡平法雖然名稱未變，形式上依然是判例法，但內容卻得到了一定程度的充實。君主立憲制的確立，議會地位的上升加速了英國「重商主義」的進程，鞏固了「王在法下」的原則，在此背景之下，法院的獨立性增強，通過司法活動使法律適應資本主義社會發展的需要。其中將商法納入普通法是最突出的表現。

（3）英國的法律改革（19世紀30年代—20世紀初）。

第一，選舉制的改革。1832年，國會通過了《選舉改革法》調整了受到激烈批評的選區劃分和名額分配，取消或削減了一些沒落村鎮和小城鎮的代表名額，增加了城市資產階級代表的名額，並對選民的財產限制有所放鬆，從而使選民數量大增，並使工業資產階級在下議院中占據了統治地位。1883年進行議會第三次會議改革，通過《取締選舉舞弊和非法行為法》，減少了選舉中的舞弊現象。1884年的議會改革法令使具有一定財產的農民獲得了選舉權。1885年的《重新分配議席法案》基本實現了每選區一名代表的平均代表制。之後，隨著「憲章運動」的高漲，英國統治者又逐步進行改革，以秘密投票制取代了公開投票制，並對選舉中的舞弊行為進行限制和處罰。但婦女的選舉權仍未得到確認。

第二，制定法數量大增，地位提高。制定法的發展主要受三個因素的影響：一是工業革命後英國經濟的發展帶來新的立法需求；二是議會改革與議會地位的提高，通過議會制定法實現政治、法律改革；三是邊沁等法學家批評判例法，提倡法典化改革。20世紀初，大批重要法規相繼出台了，其中包括1837年《遺囑法》、1855年《有限責任法》、1856年《地產授予法》（1877年修正）、1882年《匯票法》、1890年《合夥法》、1893年《貨物買賣法》、1925年《地產法》等。

第三，對法院組織和程序法進行改革。1873年通過且於1875年生效的《司法法》對英國的法院組織和程序進行了劃時代的改革。這次改革結束了英國普通法院和衡平法院數百年分立對峙的局面，將所有法院統一在一個法院系統中，簡化了法院組織和訴訟程序，排除了法院管轄重疊的可能性；同時，廢除了傳統令狀制及其所確定的訴訟形式，減輕了普通法的僵化程度。

（4）現代英國法的發展（20世紀初以來）。

第一，完善選舉制。為了適應民主化的社會思潮，1918年頒布的《人民代表法》進一步降低財產限制，有條件地確認了婦女的選舉權。1928年的《人民代表法》規定，男女享有平等的選舉權。第二次世界大戰以後又進一步改革，至20世紀70年代基本確立了普遍、秘密、平等、公正的選舉制度。

第二，制定法的新改變，立法程序簡化，委託立法大增。20世紀以來，英國制定法的發展呈進一步上升的趨勢。一是修改、改善舊法；二是制定新法，調整不斷湧現的各種新的社會關係。為適應快速發展的社會形勢，建設資本主義福利國家的需要，重視社會立法，保護公民的勞動、就業、教育、社會福利等方面的權利。由於國會立法程序複雜、速度緩慢，無法適應快速變化的社會需求，第一次世界大戰前夕，國會便將部分立法權下放給某些機構以減輕重荷，國會則保留監督權。第一次世界大戰以後，國會在立法方面的作用受到來自內閣的強大挑戰。隨著內閣權力的擴大，大量委託立法被頒布，其內容豐富。

第三，發源的多元化，歐洲聯盟。1972 年，英國正式加入歐洲共同體，並通過《歐洲共同體法案》，在原則上承認歐洲共同體法對英國具有直接適用的效力。1991 年英國上議院在第二法克特塔梅（Factortame）一案中，確認歐洲共同體法在英國的最高效力，英國法院有權審查議會立法是否違背歐洲共同體法，這是對英國議會主權原則的重要改變。1993 年，在歐洲共同體基礎上形成更為廣泛的歐洲聯盟。歐洲的條約、法則、指令和決定的效力高於英國國內法，歐盟法院的判決為英國法院所承認。

10.2　英國法的淵源

10.2.1　普通法

（1）普通法的概念。

「普通法」本身是一個不確定的詞彙，即使對英國法而言，也可在多重含義上使用它。從法源的意義上說，它特指由普通法院創立並發展起來的一套法律規則。它既區別於由立法機關創制的制定法，也區別於衡平法院創立並發展起來的衡平法。它是 12 世紀以來在中央集權制背景下，通過王室法院法官的司法實踐活動逐漸統一各地的習慣法而形成的通行於全國的法律。

（2）普通法的特徵。

①遵循先例。

「遵循先例」是普通法最重要的一項原則。關於「遵循先例」的含義，簡單地說，即是以相似的方法處理相似的案件，並遵循既定的法律規則與實踐。換句話說，一個法院先前的判決對以後相應法院在處理類似案件時具有約束力。當然，這項原則的最終確立經歷了一個漫長的發展過程。其實，尊重其他法官的判決並在今後的審判中加以引用恰好是普通法形成的重要條件，但當時這種做法只是出於統一法律規則、擴大皇家法院管轄權的需要。13 世紀以後隨著人們對判例集的興趣增大，遵循先例的做法越發普遍。但中世紀的人們只把先例看作是適用法律規則的樣板，並不像現代人一樣認為它本身具有拘束力。直至 19 世紀，伴隨著可信賴的官方判例集制度的建立，遵循先例原則才最終確立。

②程序先於權利。

「程序先於權利」，是英國普通法的又一重要特徵，這個特徵的形成與普通法的令狀制有直接關係。其基本含義是一項權利能否得到保護，首先要看當事人所選擇的程序是否正確，選擇錯誤的程序，等於喪失了法律的救濟，其權利得不到保護。相對於衡平法和制定法，普通法有許多特徵，比如它的封建性較重，它的保護方法以損害賠償為主，不能對當事人頒發禁令，等等。但它最重要、對整個英國法律體系影響最大的特徵就是「程序先於權利」。

10.2.2 衡平法

（1）衡平法的概念。

「衡平」即「平等」「公正」。該名詞並非英國人獨創。早在希臘時代，柏拉圖、亞里士多德等思想家就對此有過一些論述，認為它不是一般意義上的「公正」，而是源於絕對的自然法則，高於人類法的「自然正義」，要憑人類的理性去發現。不過，希臘人並未將它運用於法律實踐。17世紀以後，衡平法逐漸開始遵循先例，成為普通法外的另一種判例法。普通法是權利之法，衡平法是補救之法。現代意義上的衡平法僅指英美法淵源中獨立於普通法的另一種形式的判例法，它通過大法官法院，即衡平法院的審判活動，以衡平法官的「良心」和「正義」為基礎發展起來。

（2）衡平權利和救濟方法。

隨著社會經濟的發展，人們之間的財產關係和非財產關係日趨複雜。由於普通法拘泥於現成的令狀及其訴訟形式，無法保護人們在新的社會關係中形成的權益，衡平法院便在其長期的審判實踐中逐漸創制了許多新的權利和救濟方法，其中最為重要的有：

①信託（早期稱「受益」）：甲為了乙的利益而獲得控制某項財產的法律權利。信託制是衡平法對英國法的最大貢獻之一。

②衡平法上的贖回權：抵押人有權從抵押權人手中收回其財產。

③部分履行：在某些情況下，普通法要求有書面契約。如果無書面契約，而其中一方已履行了他的那部分契約義務，衡平法可以強制另一方履行他的那部分義務。

④衡平租賃：普通法只承認期限超過3年的租賃為契約，衡平法則可強制執行那些不符合此條件的租賃契約。

⑤衡平法上之禁止推翻：如果契約一方通知另一方其無意行使某項合法權利，在某些情況下其不得違背這種諾言。

⑥禁令：衡平法最重要的救濟方法之一。禁令有多種形式，義務性禁令是一項強制當事人為某種行為的命令；禁止性禁令是一項不允許為某種行為的命令；預防性禁令旨在禁止當事人做另一方將來打算做的事；中間性禁令可在全面審判前獲得，旨在維護某種狀況。

⑦特別履行：強制履行一項契約的命令。它只用於普通法上的損害賠償不足以補償因違約而造成的損失的情況。例如，在涉及土地、稀有財產或個人動產的轉移的契約中，損害賠償顯然是不夠的。

⑧糾正：當一項書面文件未能反應當事人的真實意圖時，衡平法院可在特定情況下予以糾正。

⑨撤銷：如果當事人一方是某種不公正或違法行為的受害者，該契約得予撤銷。

10.2.3 制定法

（1）議會立法。

議會立法是最重要的制定法，也稱基本法。「議會主權原則」意味著具有最高的立

法權，有權制定、修改、廢除包括憲法性法律在內的任何法律，且沒有任何人與任何機構能夠對議會立法進行審查、發起挑戰，法院只能根據一定的原則加以解釋，不能就其有效性提出質疑，也不得以任何理由拒絕適用，因而議會的立法具有最高的權威性。但是受歐盟法的影響，英國議會不得制定與歐盟法相抵觸的法律，議會立法權限與法律效力受到制約，但就立法的數量與立法的範圍來看，議會立法仍不失為英國最重要的制定法。

（2）附屬立法。

附屬立法又稱委託立法或授權立法，是指議會將立法權委託給政府部門、地方當局和其他公共團體。附屬立法包括經議會授權而發布的樞密院令、公告、政府法令等。議會立法程序嚴格、複雜，耗時長且議員不具備立法所需的專業知識。而委託立法與之相比具有靈活、快速、專業化程度高的特點，可以滿足急速發展的社會需要以及解決突發性的情況。委託立法的出現是社會發展的必然，其數量的日益增多，也帶來了法律混亂的問題以及越權立法的風險，對議會立法造成較大程度的衝擊。因此保證委託立法不超過授權範圍，加強議會的監督與司法機關的審查顯得尤為重要。

10.2.4 歐洲聯盟法

從總體上看，歐洲聯盟法的淵源既包括制定法，也包括判例法。歐洲聯盟法優先於英國的國內法。制定法包括各成員國簽訂的有關歐洲聯盟根本問題的條約和歐洲聯盟立法機構制定的各種法規。歐洲聯盟法的一般原則適用於歐盟法實施無據的情況。歐盟法院的判決對成員法院有拘束力，對自身無拘束力。

10.2.5 其他淵源

（1）習慣。

作為一種法律淵源，習慣的重要性遠不如前面三項淵源。在普通法產生之前，英國法的淵源主要為各地習慣。普通法也是在承認各地習慣的基礎上發展起來的，不過，一種地方習慣一旦被普通法所吸收，成為通行於全國的法律規範，其性質也就發生了根本變化。被視為法律淵源的習慣須滿足一系列的條件：第一，法律上可以追溯的年代（1189年理查德一世統治開始）時起存在的習慣；第二，合理性；第三，合法性；第四，確定性；第五，強制性；第六，持續性；第七，自發性。

（2）學說。

嚴格說來，學說本身並無法律效力，不能作為法律淵源直接加以引用。但在制定法缺乏和判例法未完備時，權威性著作可以被引用，成為法律淵源。學說成為法律淵源屬於例外情形。19世紀後，由於判例法與制定法的發展，法學理論研究水平的提高，法律學說作為法律淵源的地位減弱，儘管個別權威法律家的權威著作仍被引用，但起到直接法源作用的極少。

10.3 憲法

英國是近代憲政的策源地，其憲法被西方學者譽為「近代憲法之母」，足見它對世界各國的影響之深。英國憲政不僅開展較早，最早形成近代意義的議會制，而且許多憲法制度及原則都被其他國家廣泛繼承和發展。與此同時，英國憲法也在形式和內容上保留著獨特的風格。英國是不成文憲法的典型，至今並無一部完整的憲法典，但這並不意味著其所有憲法制度都以習慣法反應出來。事實上，其憲法淵源包括三部分：成文的憲法性法律、不成文的憲法性慣例以及涉及憲法制度的判例。

10.3.1 英國憲法的基本原則

（1）議會主權原則。

議會即國會，所謂「議會主權」，即國會在立法方面擁有最高權力，並且這種最高權力是與生俱來的，無須任何人、任何機關的授權，甚至也不需要憲法的授權；任何人、任何機關不得宣布國會通過的法律無效，亦無權限制國會立法權；法院無權以任何理由拒絕適用國會通過的法律；只有國會自身能夠修改和廢止原有法律。根據資產階級「主權在民」思想，國家主權理應由人民掌握，但實際上，人民所享有的主權只是政治意義上的，法律上的主權則由民選或指定的代表來行使，這就是議會主權原則的依據。

（2）分權原則。

相對於美、法、德等國，英國並非典型的三權分立國家，立法、行政、司法三權之間的分立與制衡並不十分嚴格。但是，英國憲法仍然大致體現了資產階級憲法的共同特徵，即權力分立。國會擁有制定、修改和廢除法律的權力，並有權對政府行政進行監督。上下兩院各司其職，彼此制約。行政權由內閣行使，但必須向國會負責，接受國會的監督。英王雖然「統而不治」，但其象徵性權力的存在，在某種程度上也構成了對國會和內閣的制約。司法權由法院掌握，法官獨立行使審判權，無經證實的失職行為得終身任職。但是，上議院在理論上仍是最高司法機關，而且大法官同時是內閣大臣，並有權任命各級法官。

（3）責任內閣制。

在英國，內閣是政府的代名詞。責任內閣制即內閣必須集體向國會下議院負責，是議會主權原則的體現。其具體內涵包括：內閣必須由下議院多數黨組成，首相和內閣成員都必須是下議院議員；首相通常是下議院多數黨首腦；內閣成員彼此負責，並就其副署的行政行為向英王負責；內閣向國會負連帶責任，如果下議院對內閣投不信任票，內閣必須集體辭職，或者通過英王解散下議院，進行重新選舉；如果新選出的下議院仍對內閣投不信任票，內閣必須辭職。

(4) 法治原則。

「法治」的字面意思即「法律的統治」，是資產階級憲法廣泛採納的基本原則。它強調的是法律面前人人平等，任何人都不享有超越法律的特權；政府必須在法律明確規定的權力範圍內活動，不得濫用權力侵犯個人的自由和權利。在英國，戴雪等憲法學家也對「法治」有過詳細闡述，認為它有三層含義：其一，非依法院的合法審判，不得剝奪任何人的生命、自由和財產；其二，任何公民、政府官吏一律受普通法和普通法院的管轄，如果由行政法和行政法院來管轄行政違法行為，那就是賦予政府以特權，不符合法律面前人人平等原則；其三，英國公民所擁有的自由權利並不體現在成文憲法中，而是一種「自然權利」，既不由任何法律所賦予，也不能隨意被剝奪，政府必須有合法理由才可以限制這種權利。

10.3.2 英國憲法的特點

第一，英國憲法具有極強的歷史延續性。無論其成文的憲法性法律，還是不成文的慣例和判決，都是經過相當長時期的累積，逐漸定型、完善的。英國憲法同時也是一部英國憲法的發展歷史，憲法的精神、原則、制度體現在各個時期的憲法性文件、憲法性慣例與憲法性判斷中，是長期歷史發展、累積與完善的成果。

第二，英國憲法的內容很不確定。英國是典型的不成文憲法國家，所謂不成文並非是指沒有文字形式的憲法，而是指憲法的原則和制度不是通過一部完整的成文憲法來確定，其是表現為一系列的憲法性法律文件以及憲法慣例等形式。英國並無一部成文的憲法典，其各部分淵源又不斷隨著社會變化而發展，這勢必造成其內容的不確定性。

第三，英國憲法是柔性憲法。在當今世界上，絕大多數國家的憲法都是剛性憲法。剛性憲法的修訂程序較普通法律嚴格，因而其效力高於普通法律；柔性憲法的修正程序與普通法律相同，效力也往往與普通法律一樣，只是所調整的社會關係有所不同而已。因此，判斷一項英國法律是否屬於憲法性法律，既不能從形式上判斷，也不能從效力上判斷，而要看其內容是否調整帶有根本性的社會關係。

10.4　財產法

財產法是英國法最古老的法律部門之一，也是最為複雜的法律部門之一。它是調整財產所有、佔有、轉讓、繼承、信託以及合法使用等各種法律關係的法律規範的總稱。從內容上看，它大致相當於大陸法系的物權法。英國（也包括其他英美法系國家）財產法側重於不動產，確切地說，主要是土地法，有關動產產權的法律主要屬於其他私法部門。

10.4.1 土地法

英國土地法由普通法、衡平法及制定法規則組成。1925年土地法改革是現代英國

土地法發展中的里程碑。1987年共管的出現是英國土地法的最新進展。英國土地法是英國財產法的核心。

（1）土地保有形式。

一般來說，依照封建的身分、義務關係的不同，中世紀英國的土地保有分為完全保有和非完全保有。完全保有包括：騎士役土地保有、侍君役土地保有、宗教役土地保有、自由農役土地保有。非完全保有又稱為農奴土地保有、維蘭土地保有。隨著封建制的瓦解，農奴逐漸獲得了自由，農奴土地保有演變為公簿地產保有。

（2）地產法。

地產權是根據土地保有時間的長短享有的權利，英國地產權一般包括完全保有的地產權和租賃地產權。

①完全保有的地產權。

完全保有的地產權又稱為自由保有地產權，其特點是保有時間是不確定的。完全保有的地產權分為：第一，非限嗣繼承的地產權，這是最接近土地所有權的一種地產權，土地保有者死後可以由任何繼承人繼承；第二，限嗣繼承的地產權，是指土地保有者死後，對土地的繼承限於特定的繼承人，即死者的直系親屬，有時具體限定為男性或女性的直系繼承人；第三，終身地產權，保有者的權利僅限於其生前，死後歸還給領主。

②租賃地產權。

租賃地產權又稱不完全保有的地產權，其特點是土地的保有期限是確定的，期限由領主和佃戶通過契約的形式約定。在英國法中，租賃地產屬於準動產。如果地產權以其他地產權的終止為條件，這種地產權稱為將來地產權或期待地產權。將來地產權分為復歸地產權和剩餘地產權。復歸地產權是指某種地產權屆滿後，原土地保有人恢復對土地的保有。剩餘地產權是指授予先後兩個地產權，前一個地產權是有期限的，後一個地產權在前一個地產權期限屆滿後才得以實現剩餘的地產權。

（3）1925年之後的土地法。

①1925年土地法改革。

20世紀之後，英國土地法進行了較大規模的改革，其中以1925年改革為標誌。1925年頒布的《財產法》《土地授予法》《土地管理法》《土地登記法》《土地負擔法》為英國現代土地法的發展鋪平了道路。1925年土地法改革的內容主要有：第一，確立新的土地保有形式，由於1922年《財產法》廢除了公簿地產保有，土地的保有形式僅剩完全土地保有和租賃土地保有；第二，簡化了土地轉讓的程序，表現在一方面減少法定地產的種類，另一方面，完全土地保有中的唯一法定地產權是「現行佔有非限嗣繼承的地產權」，這種地產權是不帶附加條件的永久性的佔有，幾乎等同於所有權。

②共管。

1987年，英國法律委員會建議，為規範緊鄰的、相互依存的各單獨財產的所有人之間的關係，增加共管作為新的所有權形式。共管是1925年英國土地法改革之後，英國土地法中新增的一項權利。它的目的在於讓共管區（共管下的建築或土地）內的公寓以及其他個體單元的完全土地保有人對建築的共有部分享有永久的權利，解決原有

租賃關係中發生的問題。從技術和法律的層面上看,共管是從完全土地保有的地產權中派生的,不是一種新的法定地產權。

10.4.2 信託法

信託制最早起源於英國,英國信託法是現代世界各國信託法的源頭和基礎,是英國法對世界法制的重要貢獻。英國信託法是在封建時期的用益制的基礎上,通過衡平法法院的衡平司法發展起來的,是英國衡平法最典型和最重要的創制之一。

(1) 信託法的歷史發展。

中世紀,為了維護封建領主的利益,保證他們的賦稅收入,普通法對土地的轉讓有著嚴格的限制。為了逃避繁重的封建義務,規避控制土地轉讓的法律以及解決不能親自管理土地等問題的需要,逐漸產生了用益制,即土地保有人將土地轉移給受讓人,受讓人按照約定佔有、管理土地,並將土地的收益交給保有人或指定的收益人。通過收益制,土地保有人將受益人指定為妻子、子女或者宗教團體,變相實現了對土地的遺贈,防止土地在保有人死後被領主收回,規避了禁止向團體捐贈的規定,逃避了一些附帶性的封建義務。

(2) 信託法的基本內容。

現代的信託是指在信任的基礎上,委託人將財產轉移給受託人,受託人以自己的名義為收益人的利益對財產進行管理或處分的行為。信託分為私益信託和公益信託。私益信託是指為了特定的個人利益而進行的信任。公益信託則是為了減少貧困、增進教育等公共利益。私益信託具體分為明示信託和默示信託。明示信託需要具備明確的信託意圖,確定的信託財產和確定的信託利益。默示信託分為歸復信託和推定信託。歸復信託是指當財產轉讓的情形表明讓與人並沒有使受讓人從財產中受益的意圖時,法律認定其為信託。歸復信託的目的在於以信託關係排除受讓人對財產的處分。推定信託是指法律根據當事人的某些行為及衡平原則而推定產生的信託關係,以阻止不法行為人從其不法獲得的財產上不當得利。

10.5 契約法

10.5.1 契約的概念

英美對契約有多種定義。近年較為通行的定義認為契約是「由法律保證履行的協議、允諾,是在雙方產生法律義務時的協議」。1980 年,美國法律協會在第二次《契約法重述》中所下的定義最常被引用:「契約乃為一個允諾或一組允諾。違反此一允諾時,法律給予救濟;或其對允諾之履行,法律在某些情況下視為一項義務。」

10.5.2 契約法的歷史概況

契約是私人之間的協議,契約法的發展受商品經濟發展程度與身分自由的制約。

所以，在英國封建制早期，等級身分嚴格，以自然經濟為主體，契約法的發展緩慢。普通法法院極少受理有關私人之間協議的案件，主要由教會法院等地方法院處理。隨著普通法法院取得教會法院的大部分管轄權，有關契約案件的管轄權轉移到世俗法院。13世紀，普通法法院保護的是書面契約，有兩種訴訟形式，即契約之訴和債務之訴。非正式契約的當事人在普通法法院得不到保護便向大法官尋求救濟，這也促進了普通法的修改。14世紀後期，在非正式契約的保護下，出現了在損害賠償訴訟的基礎上發展而來的「約因」制度。直到1602年斯萊德案才最終確立起損害賠償訴訟是非正式契約的唯一救濟方式。17—18世紀，英國契約法得到了重要發展，主要表現在確定了契約形式在契約法中的地位，明確了契約義務必須得到履行。19世紀是契約發展的黃金時期，「契約自由」原則成為契約法的基本原則。20世紀後，由於壟斷經濟的發展和國家加強對經濟生活的干預，契約自由原則受到較大限制。一方面，出現了由壟斷組織單方面制定的標準式契約；另一方面，國家通過立法如勞工法等限制雇主和工人訂立契約的自由。

（1）契約的要件。

契約的成立和有效性須具備下列要件：必須以發生法律關係為目的；必須達成協議；必須是雙方真實的意思表示；必須是合法的，不能違反法律和公共政策；當事人必須具有締約能力；必須是蓋章契約，非正式契約須具備有效的約因才有效力；必須具備書面證明文件，否則不具有強制執行力。

（2）約因。

約因，也譯成「對家」，是英美契約法中獨特而重要的制度，是多數蓋章契約所必須的。非蓋章契約無約因而有效的情況存在於前約因、道義上之義務、商務契約、書面契約等。簡而言之，約因是以自己的不利和諾言換取或交換對方的諾言。約因的作用在於確定締約雙方自願受契約的約束，確保交易的安全，使契約具有強制履行的法律效力並與無契約相區別。約因的原則有以下五點：第一，約因必須是真實存在的且具有法律上的價值；第二，過去的約因無效；第三，約因必須由受約人提供；第四，履行原有義務不能作為新諾言的約因；第五，允許禁反言原則。

10.6　侵權行為法

10.6.1　概述

侵權行為法是英美法特有的法律部門，也是最古老的法律部門之一。在大陸法系中侵權行為屬債法領域，是債的主要發生依據之一。

侵權行為法是一個相當古老的法律部門，在諾曼徵服後的最初幾個世紀即已產生，其發展與普通法中的令狀制度緊密相連。最初，侵權行為的範圍非常小，因為相應的令狀種類很少，大致限於對他人人身、土地及其他財產的直接侵害，普通法中稱之為「有名侵害訴訟」。14世紀以後，法律對非法侵害所造成的間接侵害也予以追究，由於

此時尚無正式令狀對間接受害加以保護，故稱這種訴訟為「無名侵害訴訟」。以後，衡平法院亦對部分侵權行為進行管轄，使侵權行為法的補救辦法進一步擴展到禁令。至17世紀，侵權行為法作為一個法律部門正式形成。

從整體上看，侵權行為法主要是判例法，近現代亦頒布過不少制定法。然而，無論是判例法還是制定法，都未規定適用於各種侵權行為的一般法律原則，也未將那些分散的侵權行為法律規範納入一個協調一致的體系。

10.6.2 各種侵權的行為

目前，英國侵權行為法上的侵權行為主要有：①非法侵害，包括對土地的非法侵害、對動產的非法侵害，以及對人身的非法侵害行為，如暴行、恐嚇和非法拘禁；②非法妨害，分為對個人的非法妨害和對公共的非法妨害；③名譽侵害，包括口頭誹謗和文字誹謗；④侵占，是指以剝奪他人權利的方式處分不屬於自己的動產的行為；⑤欺詐，是指行為人故意做虛假的陳述，目的是使他人相信，給他人造成損失的行為；⑥共謀，侵權法上的共謀是兩個或兩個以上的人，聯合起來損害他人利益，給他人造成實際損害的行為；⑦干涉契約關係，該行為是指第三人明知他人存有契約關係，仍採用各種手段損害他人原有契約關係的行為；⑧惡意造謠，是指為了使他人遭受某種損失而故意造謠的行為。

10.6.3 侵權行為責任原則

（1）過錯責任原則。

過錯責任是指行為人的行為違反法定注意義務，使他人遭受某種損害，從而承擔責任使的一種責任原則。過錯責任構成要件是行為人負有注意義務，違反注意義務造成損失後果，行為與後果之間有因果關係，注意義務是英國侵權過錯責任的基礎。早期英國的侵權行為與犯罪並沒有明顯界限，12世紀時兩者才開始逐漸分離，但當時對侵權行為的處理仍帶有刑事處罰特徵，採取絕對責任原則。14世紀末15世紀初，法院開始重視行為人的主觀狀況。被告如能證明其對原告所造成的損害既非故意也非過錯，而是出於不可避免的偶然事故，則可免負責任，所謂「無過錯即無責」。直到17世紀資本原始累積時期，過錯責任原則正式形成。

（2）比較責任原則。

19世紀中後期，在過錯責任原則的基礎上，形成了比較責任原則。它仍以個人的過錯為基礎，在確定賠償時，不僅要考慮被告的過錯，也考慮到原告的過錯，對雙方的責任進行比較，根據雙方過錯的輕重以確定責任的大小。它與過錯責任原則的區別在於，過錯責任原則強調的是只有被告的過錯是賠償的基礎，如果原告也有過錯，哪怕這種過錯小到可以忽略的地步，也得不到賠償；而比較責任原則注重的是過錯的大小，如果被告的責任大於原告，就應負賠償責任。1945年頒布的《共同過錯的法律改革條例》使該原則有了制定法依據，它規定能因被害人有過錯而取消賠償，但賠償必須減少到法院認為與受害人的過錯公平地相適應的程度。

(3) 嚴格責任原則。

嚴格責任是指因不依賴侵權人的主觀意圖，侵權人對其保有的具有危險性的物品給他人造成的損害承擔賠償責任。英國的嚴格責任如果單純以加害行為作為承擔責任的標準，可以追溯到英國早期的絕對責任。現代意義上的嚴格責任則確立於19世紀。19世紀後半葉以來，隨著工業化程度的提高，生產和操作引起的工傷事故頻繁發生。依照過錯責任原則和比較責任原則，都必須明確被告有過錯，而這種證明對於現代化工業社會中的受害者來說是極為困難的。因此，許多受害者得不到應有的補償，從而帶來許多社會問題。於是，英國法院又通過司法實踐創立了嚴格責任原則，或無過錯責任原則，即在法律規定的某些條件下，無論被告是否有過錯，只要發生了損害事實，被告就必須負完全的賠償責任。

10.7 家庭法和繼承法

10.7.1 概述

家庭法和繼承法在英國其實屬於兩個基本獨立的法律部門。家庭法主要規定婚姻、夫妻關係、夫妻財產、父母子女關係、收養、監護以及未成年人保護等制度；繼承法主要調整遺囑繼承、無遺囑繼承和遺產管理等問題。由於兩個部門之間相互交叉和聯繫的問題較多，一般教科書都將它們放在一起討論。與英國絕大多數法律部門一樣，家庭法和繼承法領域也沒有完整統一的法典，而是由多年來形成的判例、單行法規和其他部門法規中的相關條款共同構成。封建時代的家庭法曾長期由教會法調整，繼承法則與封建財產法緊密結合在一起，充滿對婦女、非婚生子女的歧視和對家長、長子特權的維護。19世紀以後，家庭法和繼承法領域的封建色彩逐漸減少，尤其是第二次世界大戰以後，男女平等的原則真正得到確立，非婚生子女與婚生子女的差別基本消除，對子女權益的保護日益完善。

10.7.2 家庭法

中世紀的婚姻家庭法是教會法的重要組成部分。婚姻被視為男女兩性的神聖結合，嚴守一夫一妻制。結婚必須出於男女雙方自願而不存在法定的婚姻障礙。主要的婚姻障礙包括：不準與異教徒和背叛基督教的人結婚，一定範圍的親屬之間禁止結婚等。按照教會法的要求，結婚必須舉行宗教儀式，並且一般情況下禁止離異。1836年頒布的《婚姻法》改變了結婚必須舉行宗教儀式的規定，當事人可以選擇在教堂舉行婚禮，也可以選擇在政府部門進行登記，由監督登記官經過法定程序發給結婚證書成立婚姻關係。1857年的《婚姻訴訟法》將婚姻案件的管轄權由教會法院移交給新設立的離婚法法院，婚姻才最終獲得世俗性質。該法首次承認可以通過離婚法院的判決離婚，但在離婚條件上，夫可以妻與人通奸為由請求離婚，而妻必須證明夫與近親屬通奸，犯重婚罪、強奸罪，或虐待、遺棄妻二年以上等事實方可請求離婚。1895年、1902年的

幾項法令進一步放寬了妻子的離婚條件，1923 年的《婚姻法》最終規定妻子可以夫與人通姦為由請求離婚，從而使婦女在離婚問題上取得了與男子平等的權利。1969 年的《離婚改革法》、1973 年的《婚姻原因法》和 1984 年的《家庭訴訟法》等法令則將離婚理由進一步簡化為婚姻已出現不可挽回的破裂，從而徹底拋棄了以往的「過錯」離婚原則，代之以「無過錯」離婚原則。婦女在家庭中的地位也是逐漸提高。在中世紀，按照教會法的「夫妻一體」原則，妻子處於從屬於丈夫的地位，非經夫的同意妻不得為任何法律行為，不能簽訂契約，不能出庭作證，夫妻間也不得提起訴訟。在父母子女關係方面，子女地位逐漸提高，非婚生子女的權益也逐漸受到保護。在中世紀，家長對子女享有絕對的特權，不僅對子女的婚姻有最終的決定權，還有權懲戒甚至禁閉子女。非婚生子女在家庭中的地位在中世紀完全不受法律保護，他們沒有權利向生父提出任何要求，並且 1235 年的《麥頓條例》明確禁止認領非婚生子女。資產階級革命後，父母與非婚生子女的關係逐漸得到法律的確認。1926 年的《合法地位法》引入了一項羅馬法原則，即非婚生子女因其父母結婚而取得合法地位。1935 年的《未成年人監護法》規定，生母可以優先於生父取得對非婚生子女的監護權，並對子女的婚姻行使同意權。雖然在普通法上，生父與非婚生子女並無親子關係，可以不負撫養義務，但在某些情況下，地方法院可下達「確認父子關係」的命令，責令父親撫養孩子至 16 歲為止，特殊情況下可延長至 21 歲。

10.7.3 繼承法

英國的繼承法起源於盎格魯-撒克遜時代有關繼承的習慣法。最初的繼承主要是身分繼承，財產繼承則處於從屬地位，而且動產和不動產的繼承有很大區別。當時的封地不能直接繼承，佔有人死亡後，其子須經封君重新授封才能繼續佔有封地。

資產階級革命以後，遺囑繼承有了顯著發展，1837 年頒布的《遺囑法》將處理動產和不動產的遺囑形式統一起來，規定：遺囑必須採用書面形式；必須有遺囑人簽字或在其監督下由他人代簽；遺囑人簽字時必須有兩名證人同時在場並在遺囑上簽字「證實」。在 1938 年以前，英國實行絕對自由的遺囑繼承制，即遺囑人有權自主處分遺產，可以剝奪任何法定繼承人的繼承權，遺囑只要通過法定程序設定即產生法律效力。但由於這種做法會帶來許多社會問題，並使遺囑訴訟日益增多，1938 年英國頒布了《家庭撫養法》，對遺囑自由加以適度的限制。該法規定，財產所有人之未亡配偶、未成年兒子、未出嫁女兒和由於身體或精神原因而無生活能力的子女，有權享受遺產的一定數額，使其生活得到必要的保障。這一規定為第二次世界大戰後頒布的一系列繼承法和財產法所肯定。1969 年的《家庭改革法》並且規定，非婚生子女與婚生子女一樣，有權從被繼承人的遺產中獲得撫養費。1975 年的《繼承法》則進一步將有權從死者遺產中獲得撫養費的範圍擴大至成年子女、死者未再婚的前配偶以及死者生前部分或全部直接撫養的任何人。

如果死者生前沒立遺囑，或者遺囑無效，就實行無遺囑繼承。在無遺囑繼承問題上，英國曾長期實行長子繼承制和男子優於女子的繼承原則。1925 年的《繼承法》徹底廢除了上述封建繼承制度和原則，並且將動產繼承與不動產繼承規則統一起來。根

據該法及其後頒布的一系列相應法律的規定，如果發生無遺囑或者遺囑無效的情況，死者的遺產將由其遺產管理人以信託方式出售。在遺產已變賣為現款並已清償債務後，遺產管理人即根據法律的規定，在死者的某些近親屬中分配遺產。有權分得遺產的親屬包括：生存配偶；生存子女；生存父母；其他生存的近親，如兄弟姐妹、祖父母和外祖父母、叔伯姑舅姨等。如果某人死亡未留遺囑，且無上述範圍的親屬，則遺產將成為無主物而歸國家所有。與遺囑繼承一樣，在無遺囑繼承中，也允許某些受死者生前撫養的人向法院提出在遺產中請求撫養費。

10.8 刑法

10.8.1 刑法概述

早在盎格魯-撒克遜時代，就存在以血親復仇或贖罪金的方式來懲罰犯罪者的制度。1066年諾曼徵服以後，在保留習慣法的基礎上，對刑法作了適當改革，減輕了刑罰的嚴酷性，限制了血親復仇。1166年的《克拉靈頓詔令》賦予巡迴法官以審判所有重大罪行的權力，從而初步統一了刑法規範。13世紀時形成了重罪與輕罪的劃分，並通過普通法院的司法實踐活動逐漸形成了一些普通法上的罪名，如叛逆罪、謀殺罪、搶劫罪、強奸罪等。中世紀後期，國會也曾根據社會發展的需要頒布過一些刑事法令。但從整體上看，在19世紀中葉以前，英國刑法仍以普通法為主要法律淵源。19世紀中葉以後，國會頒布了大量的刑事立法，一方面對雜亂無章的普通法上有關犯罪與刑罰的內容進行整理和修補，另一方面也根據社會發展的需要增加一些新的原則。在現代英國，刑法主要由制定法所規定，只有在制定法沒有規定的場合才由普通法加以補充。但是，由於缺乏系統的刑法典，加上大量的刑事立法都只是對普通法規則的重新確認和整理，刑事立法的適用自然就離不開法院的判例，仍要依賴法官的解釋。

10.8.2 犯罪的概念和分類

英國刑法並未對犯罪這一概念做統一定義。有的法學著作將其定義為，犯罪是一種非法的作為、不作為或者事件。不管它是否同時也是一種民事侵權行為、不履行契約或違背信託，其主要後果是：如果查明了行為人而且警方決定起訴，就要由國家或者以國家的名義提起控訴；如果行為人被判定有罪，則不管是否責令他賠償被害人的損失，他都要受到刑罰處罰。有的書上則簡要地將其定義為：「犯罪是一種可以提起刑事訴訟並導致刑罰的違法行為。」

根據案件的性質、管轄的法院和審判方式上的不同，英國的犯罪分為「必訴罪」「速決罪」和「既可起訴又可速決罪」。必訴罪是指必須在皇家刑事法院經過公訴程序審理的比較嚴重的犯罪。所有普通法上的犯罪都是必訴罪。速決罪是指在治安法院通過簡易程序審理的輕微犯罪。速決罪必須由制定法來明確。即可起訴又可速決罪是可在上述兩種審判方式中任選其一的犯罪，具體包括1980年《治安法院法》。

10.8.3 刑罰

19世紀之前，英國存在著大量較為嚴酷的刑罰。死刑有絞刑、肢解等，肉刑有鞭刑、割耳刑、火烙刑等，恥辱刑有頸手枷、足枷等，財產刑有罰款、罰金、沒收財產，此外還有流放海外等。19世紀以後，刑罰的嚴酷性大大緩和，苦役和肉刑被廢除。死刑的存廢問題引起很大爭議，自1965年《謀殺罪法》頒布後，英國已基本廢除了死刑，但理論上仍保留對叛逆罪和暴力海盜罪的死刑。20世紀以來，死刑的存廢與監獄外的刑罰改革成為熱點問題。廢除死刑的壓力主要來自於1950年的《歐洲人權公約》。1965年英國頒布《謀殺罪法》，廢除了謀殺罪中的死刑。1971年《刑事損害法》廢除船只、倉庫火災、爆炸罪的死刑。1981年《武裝部隊法》廢止間諜的死刑。1998年8月，英王簽署《犯罪和騷亂法》，廢止海盜罪、叛逆罪的死刑。1998年11月，為進一步貫徹《歐洲人權公約》，英王簽署《人權法》，全面廢止死刑。

現代英國的刑罰主要包括如下兩種：

（1）監禁刑。

監禁的期限短則幾天，長則終身。通過簡易程序判決的監禁刑期一般在5天到6個月。監禁刑是英國最嚴屬的刑罰。監禁刑分為終身監禁和有期監禁。根據2003年《刑事審判法》的規定，治安法院判處的監禁刑期最高為12個月。此外，監禁還分為立即執行的監禁、暫緩執行的監禁。暫緩監禁適用於判處2年以下監禁的犯罪。

（2）非監禁刑。

①緩刑。緩刑是指法院對認定有罪的被告暫不判處監禁，而是置於緩刑官的監督之下，考驗期限為1~3年，如果一項判決的刑期不超過2年，並且法官認為沒有必要讓罪犯在獄中服刑，法官可宣告判決暫緩執行，緩刑期限為1年以上2年以下。如果罪犯在緩刑期內未犯新罪，該判決即告終止；如果罪犯違反緩刑規定或再犯新罪，將被提交到法院重新判決，或被判處罰金、從事社會服務、強制送入管教中心，並且除了對新罪判刑外，原判決也必須執行。

②罰金。在現代英國，罰金是一種被廣泛採用的刑罰，除謀殺罪以外，幾乎所有犯罪都可適用。罰金既可作為獨立刑，也可作為附加刑使用。法律對罰金的數額未作具體規定，法官根據犯罪的性質以及罪犯的社會環境、收支狀況等酌情而定。

③社會服務令。社區服務令是指法官發布的，要求罪犯在一定時間內，為社區提供義務勞動的命令。社區服務令由1972年《刑事審判法》規定，主要適用於16歲以上的犯有輕微罪行者。法院在發布社區服務令時要徵得罪犯本人的同意。社區服務的期限最多不超過240小時，最低不少於40小時。

④無條件和有條件釋放。有條件釋放是指對不需要判處罰也不適用緩刑的罪犯，法官設定一定期限（3年以下）後將其釋放。「條件」是指在規定的期限內，罪犯不能再犯新罪。無條件釋放是指法院認定有罪的犯人，根據犯罪時的具體環境、犯罪性質等，法院認為不適合判處任何刑罰，將其無條件釋放。

10.9 訴訟法

10.9.1 法院組織

英國歷史上曾長期存在普通法與衡平法兩大法院系統。19世紀後期司法改革以後，取消了兩大法院系統的區別，逐漸擺脫了舊的繁瑣形式，形成了較為統一的法院組織體系。現行的英國法院組織從層次上可分為高級法院和低級法院；從審理案件的性質上則可分為民事法院和刑事法院。現有的法院組織有：

（1）高級法院。

英國的高級法院包括上議院、樞密院司法委員會和最高法院。上議院是實際上的最高法院，由大法官、前任大法官和法律貴族組成，它是英國本土民事、刑事上訴案件的最高審級。依慣例，外行的貴族並不參加上議院的審判活動。最高法院名為「最高」，卻並非民刑案件的最高審級，它包括上訴法院、高等法院和皇家刑事法院三個部分。2005年《憲政改革法》實施後取消了上議院的司法職能，由上議院12名常任上訴法官成立英國新的最高法院，這些法官不再擔任上議院議員，新的最高法院於2009年10月1日正式運行。樞密院司法委員會的部分司法權歸入最高法院，原有的最高法院改為高級法院。此次改革改變了英國立法權、行政權、司法權長期混合的局面，在英國司法改革中具有里程碑式的意義。

（2）低級法院。

低級法院包括郡法院和治安法院。郡法院審理標的額在5,000英鎊以下的民事案件及離婚、撫養、收養等民事案件。治安法院主要管轄兩類案件：第一類是速決罪，屬輕微刑事案件；第二類是既可起訴也可速決罪，這類案件可由治安法院或皇家刑事法院審理。治安法院審理案件時，適用簡易程序，其量刑幅度為12個月以下的監禁與5,000英鎊以下的罰金。

10.9.2 陪審制度

（1）陪審制的歷史發展。

關於陪審制的起源有許多說法。一般認為，英國的陪審制來源於中世紀法蘭克王國時期的宣誓證明法。諾曼徵服英格蘭以後，諾曼人將這種制度帶到英國，利用宣誓證明獲取信息和真相，加強對王國的治理。19世紀後，隨著王室司法特權的衰落，民事訴訟的大量增加以及刑事訴訟中簡易審判制度的發展，陪審制逐漸走向衰落。在刑事訴訟領域，大陪審團的職能被現代預審制度所取代，1948年《刑事審判法》最終廢除了大陪審團。1833年《最高法院法》規定了除口頭誹謗、書面誹謗、誣告、非法拘禁、誘奸和破壞結婚六種訴訟必須實行陪審外，其他訴訟可選擇使用。1933年《司法法》和1981年《最高法院法》進一步限定了民事訴訟中陪審團的適用範圍。

(2) 陪審制的內容。

經過長期的歷史發展,現代英國陪審制的適用範圍十分有限。在民事訴訟領域,根據 1981 年《最高法院法》,陪審制被限制在詐欺、誹謗、誣告和非法拘禁案件中。而且,如果法院認為需要進一步對有關文件、帳目進行檢查,或者因陪審團的參與對有關證據的科學性或地方性調查造成不便,可以決定不設陪審團。2003 年《刑事審判法》規定,當陪審員受到干預(賄賂、威脅等)影響到司法公正時,皇家刑事法院的案件由法官單獨審理。2004 年《家庭暴力、犯罪和受害者法》規定了不適用審陪團的三種情形,即在家庭暴力訴訟中,如果有多個罪項,不適用陪審團審理;由陪審團審理的每一個或一組罪項,在沒有陪審團審理時,可以看作一個典型罪項;影響到司法公正的。1972 年《刑事審判法》廢除了陪審員的財產限制。1974 年《陪審團法》對陪審員的資格、表決、解散等做了全面的規定,後得到 2003 年《刑事審判法》等法律的修正。1967 年《刑事審判法》實行多數裁定原則。

10.9.3 辯護制度

(1) 對抗制。

英國訴訟程序上採用對抗制,又稱「抗辯制」。對抗制的特徵是雙方當事人及其律師在訴訟中的地位平等,各自提出證據和證人,對雙方證人進行詢問和交叉詢問,在此基礎上相互辯論。法官在法庭上地位中立,充當消極仲裁人的角色,不主動調查和收集證據,確保雙方遵守法庭規則,根據辯論結果做出最後的裁決。在實行陪審的訴訟中,陪審團負責事實問題,法官負責法律問題。近 30 多年來,由於對抗式訴訟中出現一系列的司法不公現象,律師的詢問給證人、被害人造成了創傷和痛苦,對抗式訴訟成本高、效率低,以及陪審團審判的大量減少等原因,英國在訴訟制度上做出了相應的改革,其結果削弱了抗辯式訴訟的存在基礎。

(2) 律師制度。

英國律師分為事務律師和出庭律師。事務律師和出庭律師均首先要取得法律專業的學位,未取得法律專業學位的申請者必須完成一定的轉換課程。而後事務律師加入事務律師協會,出庭律師加入律師公會,分別在那裡完成學習和實習。事務律師主要從事一般性的法律事務,如提供法律諮詢,製作法律文書,準備訴訟,進行調節等。出庭律師的主要職責是出庭參加訴訟,也做一些法律文件和法律諮詢方面的事務。出庭律師可以在任何法院出庭,傳統上高級法院被出庭律師獨占。出庭律師與當事人之間不直接發生聯繫,由事務律師代表當事人聘請。

由於兩類律師各有分工,當事人的訴訟費用就不可避免地增多了。在一般案件中,當事人都必須同時聘請兩位律師;如果案件涉及皇家利益,則必須聘請皇家大律師,這樣,當事人就要同時負擔三位律師的費用。因此,不同律師的劃分受到很多批評。近年來,英國對律師制度進行了重大改革,兩類律師之間的差距日益縮小,兩者的職業壟斷已被打破。事務律師如經過嚴格的培訓和考核,亦可取得在高等法院辯護的權利,而財產轉讓等事務也不再由事務律師獨占。

10.10　英國法的歷史地位

10.10.1　英國法的影響

在當今世界各種法律體系中，影響最大的莫過於普通法系（英美法系）和民法法系（大陸法系）。而英國則是普通法系的發祥地，普通法系的許多重要原則和制度都來源於英國的法律傳統。英國法一直是普通法系的核心，普通法系在形成和發展過程中，始終是以英國為中心向外傳播的：普通法是傳播的基礎和核心，英語是傳播的媒介和工具，殖民統治是傳播的動力和保障，而英聯邦則是維護傳播的紐帶和橋樑。總之，英國法雖然只有一千多年的歷史，卻對世界法制文明產生了深遠的影響，而這種影響的最集中表現就是普通法系。

10.10.2　英國法的特點

英國法的特點主要包括六個方面。第一，獨特的法律分類、法律概念、法律制度。英國法傾向於實用主義，如普通法更關注的是司法實踐；大陸法系注重抽象概括、邏輯的嚴謹、法律的系統化。兩者在法律分類、法律部門劃分上呈現出較大的不同。第二，注重訴訟程序。王室法院提供的司法救濟是以獲取令狀為前提的，每種令狀都有特定的訴訟程序，過於強調令狀的結果是「無令狀則無救濟」，以致當時的訴訟當事人、法官、律師將注意力集中於訴訟程序，甚至當時的法學作品與法律年鑑均以訴訟程序為討論和記載的內容，形成普通法以訴訟程序為中心的特點。第三，法院與法官的地位舉足輕重。英國法的發展路徑與大陸法系國家有所不同。英國法建立在法院和法官的司法活動的基礎之上，大陸法系國家的法律則是出自立法者或法學家之手。第四，以判例法為主要法律淵源。英國法中判例法與制定法並存，法官創制、發現的法律是判例法，制定法則是立法的結果。第五，具有濃厚的實用主義和經驗色彩。第六，法律發展具有原生性、保守性和漸進性。英國法在產生和發展過程中較少受到外來因素的影響，可以說是英格蘭土生土長的法律。

10.10.3　英國法的歷史地位

（1）以英國法為基礎形成普通法系。

「普通法法系」又稱「英美法系」「英吉利法系」「英國法系」，是以英國法為基礎，通過英國法的傳播而形成的一個世界性法律體系，是當代世界主要法系之一。在全球化背景下，世界各國法律之間借鑑和移植的速度加快，歐盟法的發展等因素促使普通法法系與大陸法法系接近與融合，但普通法法系作為世界的主要法律體系之一仍然存在。

（2）英國許多法律是世界近現代法律的先聲。

英國是近代憲政的發源地，不僅是最早實行憲法的國家，其憲政理念與憲政制度

對西方乃至世界各國都有深遠的影響。英國通過一系列的憲法性文件、憲法性判例確立起法律至上、司法獨立的法治原則。英國作為最早的資本主義國家,在公司法、勞動法、社會保障法、知識產權法等領域在當時走在世界的前列,信託法是英國法對世界法律最重要的貢獻之一。

(3) 英國法開創了判例法的模式。

有司法審判活動就有判例,但只有英國一個國家在判例的基礎上,形成判例法。判例法不僅成為英國法的基礎和傳統延續至今,而且圍繞判例法發展出的理念、原則、制度構成英國法獨特的面貌,對許多國家的法律產生影響,豐富了世界法律的多樣性,並且其作為人類社會的法律淵源之一,促使了法學理論研究的發展。

參考文獻

[1] J. H. Baker. An Introduction to English Legal History [M]. London：Butterworths, 1990：4.

[2] 卡內岡. 英國普通法的誕生 [M]. 李紅海, 譯. 2版. 北京：中國政法大學出版社, 2003：133.

[3] 望月禮二郎. 英美法 [M]. 郭建, 王仲濤, 譯. 新版. 北京：商務印書館, 2005：84.

[4] 詹寧斯. 法與憲法 [M]. 龔祥瑞, 侯健, 譯. 北京：生活・讀書・新知三聯書店, 1997：6.

[5] 王世杰, 錢端升. 比較憲法 [M]. 北京：中國政法大學出版社, 1997：9.

[6] 閻照祥. 英國政治制度史 [M]. 北京：人民出版社, 1999：181-183.

[7] 凱特・格林, 喬・克斯雷. 土地法 [M]. 4版. 北京：法律出版社, 2003：76.

[8] 薛波. 元照英美法辭典 [M]. 北京：法律出版社, 2003：1193.

[9] 楊楨. 英美契約法論 [M]. 北京：北京大學出版社, 2007：130-196.

[10] 梅特蘭. 普通法的訴訟形式 [M]. 北京：商務出版社, 2009：95.

[11] 魯珀特・克羅斯, 菲利普・A. 瓊斯. 英國刑法導論 [M]. 趙秉志, 等譯. 北京：中國人民大學出版社, 1991：1-2.

11 美國法

美國法以殖民地時期為開端,在繼承和改造英國法的基礎上,最終形成獨具特色的法律體系。美國在法律淵源、結構、判例原則等方面繼承了英國法傳統,又進行了適應國情的卓有成效的創新。美國憲法是世界上第一部近代意義上的成文憲法,其分權、制衡和法治原則對近代資產階級憲政實踐產生了深刻影響。聯邦最高法院的違憲審查權的實施開世界憲法監督保障制度之先河。美國創造了立法和司法的雙軌制,建立了世界最早的反壟斷法系統。美國法的普通法系乃至在西方資產階級法中佔有重要地位。美國法的制度中所體現的基本原則和思想,展示了人類的偉大智慧,對世界法律的發展產生了重要影響。

11.1 美國法的沿革和發展

1607 年,英國建立了它在北美的第一個殖民地。到了 1722 年,英國戰勝其他殖民地,在北美建立了 13 個殖民地,這就是美國的前身。由於美國和英國的特殊歷史淵源關係,因而美國法和英國法之間有著一種天然的聯繫,美國法是在繼承和改造英國法的基礎上逐步建立和完善的。美國法的發展時期大致可分為四個階段。

11.1.1 殖民地時期的美國法

這一時期,英國普通法被帶到北美並在北美殖民地得以推行,其原因主要有三點。第一,殖民地經濟發展的需要。當時的英國法已經適應資本主義經濟的發展,逐步摒棄了法的封建因素,為調整殖民地經濟關係提供了現成的規範。第二,英國政府加強了對北美殖民地的立法的干預。英國政府要求殖民地法必須服從英國法原則,凡被認為違反英國法的立法均被宣布為無效。第三,普通法文獻和知識的廣泛傳播。1771 年,英國法學家布萊克斯頓的《英國法評論》在美國費城出版並引起了強烈反響。這些都為人們瞭解、研究英國法提供了極大的方便,使英國法理論和原則得到廣泛傳播。

北美殖民地時期英國普通法的施行奠定了美國法的基礎,決定了美國法的基本風格。以此為開端,美國法在繼承、改造英國法的同時,賦予法律以不同於英國法的特質,逐步形成自己的法律體系。

11.1.2 獨立戰爭以後美國法的創立

1776 年 7 月 4 日,在費城召開的北美第二次大陸會議通過了《獨立宣言》,宣布北

美獨立，建立美利堅合眾國。美國革命的勝利為美國法的形成和獨立發展創造了條件。

獨立戰爭以後，美國進入以英國法為基礎，充分考慮本國國情，參照大陸法創制美國法的時期。在這一時期，原來已萌芽的獨立自主觀念進一步加強，法律創制的獨立化傾向以及與英國相比較，對待成文法的態度的差異也日益明顯。美國除制定全聯邦性的《聯邦條例》（1777年）、《聯邦組織法》（1781年）和《美利堅合眾國憲法》（1787年）等法律外，很多州禁止直接援用英國判例，並相繼制定成文法。1857年，戴維‧菲爾德在紐約州倡導組成了一個法典起草委員會，先後編成了5部法典。

11.1.3　南北戰爭以後的美國法的發展

從19世紀中葉開始，美國對即有法律進行了卓有成效的改造。作為這種改造的結果，美國法在承襲普通法傳統的同時，以自己的獨創性迅速發展。這一時期美國法的發展主要表現在三個方面：第一，是法的統一化和系統化。美國法律體系既是一個以判例法為主體的法律體系，又是一個包含了紛繁複雜的各州的法律體系。為實現普通法法典化和各州的法律統一化，於1878年成立的美國律師協會將推動通行於整個聯邦的統一立法作為它的主要工作目標。第二，實現了由封建的普通法向資產階級法的徹底轉變。這種轉變主要表現為根據美國國情和憲法精神，對普通法和舊法令進行修正和改造，使古老的法律原則近代化，跟上社會、經濟和法律的發展進程。美國聯邦最高法院和州最高法院實行先例原則，對先例原則是否遵循，主要是以是否有利於美國資本主義發展為標準。通過一系列司法改革，美國法被賦予新的精神和觀念，始終保持對美國經濟與社會發展的保護和促進作用。第三，法學教育獲得迅速發展。1892年，成立了美國統一州法全國委員會，先後制定出一百多部稱為「標準法」的法典。為各州的相關立法和司法提供參考和準則，因而對促進全美法律的統一有重要意義。也是在這一時期，美國建立了富有特色的判例法理論，形成了以法院為中心、以判例法為基礎的傳統和集中的「先例原則」。

19世紀中葉以後，在18世紀就出現的法學教育獲得迅速發展。法律教育中心由律師事務所轉到法律院校，大學法律教育被認為是為從事法律職業做準備，而不像英國那樣把它看成一般性的教育。

11.1.4　現代時期美國法的變化

美國法較之19世紀末期以前有了較大的變化，帶有現代社會的特點。

這些變化主要有四個方面：第一，法的統一化趨勢加強。隨著經濟上從自由競爭走向壟斷，美國在政治上表現出一種聯邦主義傾向，聯邦權力相對於州權力不斷加強。第二，行政命令增多，委託立法出現。國會往往以授權委託的形式將某一特定事項的立法權交給總統或某一行政機構行使。政府以這種行政命令和委託立法的形式干預和調整社會生活。第三，新的法律部門的建立和成文法的地位上升。新的法律有反壟斷法、現代勞資關係法、勞工立法、社會立法等。新的法律的建立形成了新的立法體系和法律部門，與這種變化同時存在的是成文法地位的上升，判例法地位的下降。第四，民主性和科學性的加強。在公法領域制定了一系列人權法案和憲法修正案，強調對人

權的確認和保護以及對公民的平等保護。

在法律上解決了種族平等、男女平權問題。行政法從以控制力為中心轉向提供福利和服務為中心，完善了公眾監督機制。刑事法律的修訂和發展體現出輕刑化和非刑事化傾向。在私法領域，注重在保護私人利益的同時強調對公共利益的保護。環境保護、消費者權益保護、勞動關係的調整打破了行業界限，形成了社會調整機制。

11.2 憲法

11.2.1 美國憲法產生的背景

1787 年美國頒布了美國憲法，但美國憲法精神和基本框架的形成卻起源於獨立戰爭時期。1776 年 7 月 4 日，大陸會議通過了《獨立宣言》，向世界宣告北美脫離英國的殖民統治，成立美利堅合眾國。《獨立宣言》是由美國資產階級民主派代表托馬斯·杰斐遜等人起草的，它以資產階級啟蒙思想家的「天賦人權」思想和「社會契約」論為理論基礎，宣稱人生而平等，他們都被造物主賦予不可轉讓的權利，其中包括生命權、自由權和追求幸福的權利。為了保障這些權利，所以才在人們中間成立政府。政府的正當權力，來自被統治者的同意，如果政府損害這些目的，人民就有權改變或廢除它，建立新的政府。《獨立宣言》高舉革命的旗幟，列舉了英國殖民統治的暴行，鮮明地表達了資產階級的革命思想和政治主張。《獨立宣言》初稿中曾有譴責奴隸制的條文，但由於南部奴隸主的反對而被刪除，表明了這部宣言的局限性。儘管如此，這部宣言仍不失為一部偉大的政治綱領，它的字裡行間閃耀著批判性和創造性的光輝，因而被馬克思稱為「第一個人權宣言」。這份充滿激情的政治性文件，不僅鼓舞和推動了美國乃至歐洲各國的資產階級革命，而且為日後誕生的美國憲法奠定了政治和理論基礎。

1777 年 11 月 15 日的第二屆大陸會議上各州代表達成協議，通過了《聯邦和永久聯合條例》（以下簡稱《條例》）。該條例在得到了 13 個州議會的批准後於 1781 年 3 月 1 日開始生效。《條例》全文共 13 條，其主要內容為：宣布 13 個州「締結聯邦和永久聯合」；規定「各州保留其主權、自由和獨立，以及其他一切非由本聯邦條例所明文規定授予合眾國國會的權力、司法權和權利」。條例宣布，建立同盟的目的是為了「共同的防禦、自由的保證和相互間的公共福利」，聯邦各州之間「負有相互援助的義務」。《條例》規定，國會採取一院制，各州在國會中的代表不得少於 2 人或多於 7 人；國會決定合眾國的問題時每州只有一個表決權；國會休會期間，由每州一個代表組成的「諸州委員會」執行職務。《條例》沒有規定聯邦的黨設行政機關和司法機關。國會有權任命在國務委員會指導下，處理合眾國公共事務所必需的其他委員會和文官。《條例》是美國特定歷史條件下的產物，它並沒有在合眾國確立一種強有力的政治中心，但它為 1787 年憲法做了必要的法律和實踐準備。

11.2.2 美國憲法的制定

1787 年 5 月 25 日，各州代表出席了在費城召開的關於修訂《聯邦條例》的會議，

但與會代表卻超越了權限，圍繞制定新憲法問題展開了激烈爭論。9月15日，通過了憲法草案。9月28日，該憲法草案在提交聯邦國會批准後，遞交各州批准。1789年3月4日，憲法正式生效。1789年4月30日，根據憲法成立了以華盛頓為總統的第一屆聯邦政府。

11.2.3　美國憲法的主要內容和基本原則

（1）美國憲法的主要內容。

1787年憲法由序言和正文兩部分組成。序言部分簡潔地闡明了憲法制定的宗旨。正文部分有七條：第一、二、三條分別對聯邦立法權、行政權、司法權的劃分、基本內容以及具體行使作了明確規定；第四條對州與州之間的關係以及各州與聯邦之間的關係作了基本規定；第五條規定了憲法修正程序；第六條對國家繼承問題以及合眾國的憲法、法律和條約的最高效力等問題作了規定；第七條是關於憲法的批准生效的問題。

（2）1787年憲法的基本原則。

①分權原則。

憲法規定立法權、行政權、司法權分屬國會、總統和法院。國會是國家立法機關，由選舉產生，有一定任期；總統是政府首腦，也由選舉產生，任期4年。總統享有發布行政命令的權力，有官吏任免權、軍事統率權、外交權和赦免權等；聯邦法院法官實行終身制，法院審理案件時，不受總統和國會的干涉。美國憲法的分權原則不僅表現在聯邦政府行政、立法、司法三機關的權力分立上，而且表現在聯邦政府與州政府的權力分配上。

憲法規定的美國的國家結構形式為聯邦制。在聯邦和州的關係上，聯邦權力高於州權力。憲法以列舉方式授予聯邦權力，以禁止性條款規定了各州不得行使的權力，並以憲法第10條修正案規定：「凡憲法未授予合眾國也未禁止各州行使的權力，保留各州行使，或保留給人民行使。」

②制衡原則。

根據憲法的規定，在國會通過法律，必須得到參、眾兩院的同意。兩院通過的法律，如果總統不同意可以行使否決權，總統對國會通過的法案還有擱置否決權。總統及其政府的活動經費必須由國會通過預算法案，國會可以三分之二以上的多數票推翻總統的否決權，國會可以彈劾總統、總統與外國簽訂條約、任命聯邦高級官員須經參議院同意。聯邦法院法官由總統取得參議院同意後才能任命，國會可彈劾法官、可通過法律來決定法院的編製，聯邦最高法院對國會通過的法律和總統發布的命令有權進行司法審查並宣布違憲而使之無效。

美國憲法的制衡原則也和分權原則一樣，不僅表現為聯邦三機關間的制衡，而且表現在聯邦權力和州權力的相互制約上，聯邦中央三機關以及聯邦政府和州政府中的任何一方都不享有完全的、絕對的權力。

③限權政府原則。

政府各機關的權力都列舉在憲法上，政府不能修改和增加自己的權力。限權政府

原則還具體表現在關於個人和自由的規定上，政府在行使權力的時候，必須保證個人權力和自由。如憲法規定，聯邦政府和州政府都不得通過任何剝奪公民權利的法律和追溯既往的法律。

11.2.4 美國憲法的修正和解釋

200多年來，憲法內容和制度有了很大變化，但憲法第5條規定的嚴格的憲法修改程序始終未變，正因為如此，美國憲法被稱為「剛性憲法」。美國憲法的修改和完善主要通過憲法修正案和聯邦最高法院的司法解釋來實現。國會的有關補充性法律以及慣例也都對憲法條文的具體實施和憲法制度的發展產生著作用。

（1）憲法修正案。

自1787年憲法制定以來，美國共有修正案29條（第29條為修正案提案），截至1995年，前26條修正案已經在各州批准生效。第1~10條修正案，是關於公民權利的規定。第11~27條修正案，主要涉及蓄奴制度的廢除、選舉制度的改革、正當法律程序和法律的平等保護以及種族平等、男女平權等問題。憲法修正案是美國憲法的重要組成部分，代表了美國憲法制度的基本發展方向。

（2）憲法解釋。

聯邦最高法院對司法解釋是修改和完善憲法的重要途徑。聯邦最高法院對憲法的解釋權是通過1803年的「馬伯里訴麥迪遜案」確立的。根據「馬伯里訴麥迪遜案」確立的聯邦最高法院的司法審查權，即最高法院在案件審理過程中就所涉及的州憲法和法律以及聯邦法律是否合憲的問題進行審查，對憲法條文的含義進行解釋，這種解釋往往使憲法條文的含義得到修正、擴大或改變。

（3）對憲法進行補充的國立憲法。

1787年美國《憲法》的具體實施往往通過聯邦國會和各州議會的相立立法加以補充和具體化，如各州議會所規定的有關聯邦國會參眾兩院議員的選舉法和州際通商法等，都是對聯邦憲法的補充。

11.2.5 美國憲法的影響

1787年美國《憲法》是近代第一部成文憲法，它以自然法學思想和漢密爾頓、麥迪遜等的憲政理論為基礎勾畫出了美國社會基本的政治制度和經濟制度。在以後200多年時間裡先後頒行的一系列憲法修正案、相關的國會立法以及聯邦最高法院的司法解釋，使美國憲法不斷豐富和發展，成為一部對美國及其域外產生了深刻影響的憲法。它是美國經濟和政治生活的最高準則，它的一系列制度的設計，以及儘管這些制度在其運作過程中也存有弊端和局限性，但它對世界上許多國家產生了影響。

11.3 侵權行為法

11.3.1 侵權行為法產生的背景

19世紀，美國除了援用英國侵權行為法規則外，還創立了一些新判例，逐漸確立了基本侵權行為法規則。美國侵權行為法系中，以州法律為主，歷史上一些州判例對侵權行為法的發展起過重要作用。

11.3.2 侵權責任的歸責原則

美國侵權行為法是隨著工業革命的發展以及與這種發展相伴隨的人身傷害的增多而迅速發展的。一方面，法律要對受害人提供保護；另一方面，又要保護企業不被侵權責任所束縛，不被侵權賠償所拖累，保證整個經濟的循序發展。

（1）在19世紀末期以前，美國侵權行為法的基本傾向是對侵權賠償加以限制，保護企業利益。這一時期，侵權行為法確立了如下基本原則：

①過失原則。美國侵權行為法認為過失即指對公眾不履行義務，指被告沒有做一個有理性的人應該做的。侵權責任以過失為基礎，無過失則無責任。在這一原則下，原告不僅必須證明被告有過失，而且要證明自己無過失。

②風險負擔原則。如果原告自願地受雇於人，接受了某項工作，就被認為他在自願受雇傭的同時，也自願地承擔了雇傭的風險。

③同伴工人過失原則。根據這一原則，在生產和工作過程中，雇員受到的損害如果是由於另外一雇員的過失造成的，則受害雇員不能向雇主提起訴訟要求賠償，只有當雇主個人的過失行為造成雇員的損害時，雇員才可向雇主提出訴訟。雇主不對由於同伴工人的過失引起的損害承擔責任。

④近因原則。要求承擔侵權責任的行為必須是造成侵權後果的最接近的原因，中間不應有其他原因的介入。

⑤豁免原則。政府以及慈善機構、醫院等可免於侵權之訴。

（2）從19世紀下半葉開始，侵權行為歸責原則開始發生變化，社會正義和歸責原則的公平性問題被引入侵權行為法領域，侵權行為法發生了如下主要變化：

①比較過失原則的應用。「比較過失」概念在一些州法院的判決中出現是在19世紀下半葉，但作為歸責原則的廣泛應用是在20世紀。

②事實自證原則的產生。這一原則在對船難、撞擊、爆炸以及墜落物或移動物擊中人這類情形造成的傷害責任的歸屬問題的判定中被廣泛應用。

③絕對責任原則的確立。在鐵路交通等行業造成的損害中實行絕對責任原則。

④同伴工人過失原則和豁免原則的廢除。聯邦和很多州都制定法律，確立了工人有權就因同事的過失導致的傷害獲得賠償的原則。政府、慈善機構、醫院等不再享有侵權訴訟的豁免權。

⑤侵權行為法調整範圍的擴大。除財產權利保護以外，也包括人身權利保護。

11.4 反托拉斯法

11.4.1 反托拉斯法產生的背景

南北戰爭以後，資本主義經濟得到迅速發展，在激烈的競爭中，一些大企業通過控股或其他方式，吞並或聯合其他小企業組成壟斷組織——托拉斯，控制產品的生產、銷售和市場價格，以不正當手段排擠其他企業，損害消費者利益，造成公平競爭秩序和合理市場結構的破壞，嚴重威脅了美國經濟的生存和發展。

11.4.2 美國主要的反托拉斯法

根據美國憲法的規定，管理對外貿易和州際貿易的權力屬於聯邦國會，因而美國的反托拉斯法主要屬於聯邦立法權範圍。1890 年，美國國會制定了第一部反托拉斯法——《謝爾曼法》，以此為開端，美國陸續制定了一系列反托拉斯法規，形成反托拉斯法律體系。這些法規主要有：《克萊頓法》（1914 年）、《聯邦貿易委員會法》（1914 年）、《羅賓遜－帕特曼法》（1936 年）、《惠勒·利法》（1938 年）、《奧馬荷尼·克發佛·西勒法》（1950 年）和《哈特·斯科特·諾迪羅反托拉斯改進法》（1976 年）。

《謝爾曼法》是美國聯邦第一個反托拉斯法。該法規定：凡以反托拉斯形式訂立契約、實行合併或陰謀限制貿易的行為，旨在壟斷州際商業和貿易的任何一部分的壟斷或試圖壟斷、聯合或共謀犯罪，均屬非法。違反該法的個人或組織，將受民事的或刑事的制裁。1914 年的《克萊頓法》和《謝爾曼法》作了補充，明確規定了 18 種非壟斷行為，其中包括合同中簽訂搭售條款、排他代理條款等行為。《克萊頓法》的主要目的是制止反競爭性的企業兼併及資本和經濟力量的集中。關於非法兼併和合法兼併的確認的原則是在該法的實施過程中不斷完善的。

1914 年的《聯邦貿易委員會法》授權設立聯邦貿易委員會。該委員會負責反托拉斯法的實施，有權對涉嫌違反反托拉斯法的行為進行調查，有權命令個人或企業停止其違反反托拉斯法的活動。該法的主要目的是禁止不正當競爭和不公平或欺騙性的商業行為。該法所禁止的不正當競爭相當廣泛：如騷擾、以拒絕出售為手段對買方施以強迫、聯合拒絕購買、誹謗競爭對手、從事商業間諜活動、蓄意破壞商業合同的履行、盜用或假冒商業或公司名稱進行有誤導作用的廣告宣傳等。

1938 年的《惠勒·利法》修改了《聯邦貿易委員會法》第 5 條，規定：除了正當競爭方法外，不正當或欺騙性行為也屬於違法行為。這一修改的目的是將該法的適用範圍擴大到那些直接損害消費者利益的商業行為。

現行的《合併準則》主要調整企業橫向合併事項，為企業合併提供具體的可操作的規範，限制不利於競爭的企業合併。

在長期的司法實踐中，美國反托拉斯法的理論和制度不斷完善，反托拉斯法成為

推行政府的經濟政策，保證經濟正常運轉的強有力手段。

11.5　刑法

11.5.1　刑法的歷史發展

美國在殖民地時期，刑法方面適用英國普通法，罪名多、刑罰殘酷，任意使用死刑。獨立後，各州在沿用普通法的同時，開始制定單行刑事法規，並以新判例形式對普通法進行改造，創立了以成文法為主導地位的刑法制度。同美國的國家結構形式一樣，美國刑法分為聯邦和州刑法。

1948 年，整理和編纂後形成《美國法典》第 18 篇，即《犯罪與刑事訴訟》篇，經過多次修改，成為美國現行的聯邦刑法典。美國各州議會有極為廣泛的刑事立法權。美國法學會從 20 世紀 50 年代初就開始草擬《標準刑法典》，由總則、具體犯罪、刑罰與矯正、矯正機構四部分組成。

11.5.2　刑法的基本內容

美國刑法在理論上缺乏明確的犯罪概念，但聯邦憲法對叛國罪作了特別規定。

罪的分類是美國刑法的一個重要問題，美國刑法根據不同的標準對犯罪作了不同的分類。

①按犯罪行為的危害性程度劃分有重罪和輕罪。
②按法律淵源劃分有普通法的犯罪與制定法的犯罪。
③按犯罪性質劃分，有本質邪惡的罪和法規禁止的罪。

有關犯罪對象的分類，美國刑法對此種分類也很具體，主要有：對個人犯罪（如謀殺與強奸）；對財產的犯罪（如偷竊與縱火）；對公共秩序的犯罪（如危害治安的行為和暴亂）；對家庭的犯罪（如重婚罪與亂倫）和對公共行政的犯罪（如行賄和作偽證）。

由於美國刑法體系多樣，因此刑罰體系也很複雜，有死刑、監禁刑、緩刑和罰金等。

11.5.3　美國刑法的結構體系

美國刑法由聯邦法和州法兩部分組成。聯邦刑法和州刑法都表現為制定法和判例法兩種基本形式。聯邦以憲法形式對叛國罪作了特別規定：「對合眾國的叛國罪只限於同合眾國作戰，或依附其敵人，給予其敵人以幫助和支援。無論何人，除根據兩個證人對同一明顯行為的作證或本人在公開法庭上的供認，不得被定為叛國罪。」在司法實踐中，聯邦法院也以判例形式吸收和運用普通法制度。19 世紀以來，許多州都制定了成文刑事法律，現在大多數州都有自己的刑法典。

11.6 司法制度——法院與訴訟制度

11.6.1 法院組織

(1) 聯邦法院系統。

聯邦法院系統包括最高法院、巡迴法院和地區法院三級。

最高法院審理的案件主要有：涉外的以某一州為當事人的初審條件；以州最高法院判決不服又涉及聯邦法律問題以及對聯邦上訴法院判決不服的上訴案；對聯邦上訴法院或州最高法院判決不服，經特別申請，最高法院法官投票表決獲準，以最高法院調卷的形式移送的案件。除初審案件外，最高法院只就案件涉及的法律問題進行審查。

上訴法院又稱巡迴上訴法院，是聯邦法院系統的第二審法院。1869年根據國會法令，美國13個州劃分為三個巡迴區，各巡迴區設一巡迴法院，受理下級法院的上訴案。上訴法院在案件審理時也只就法律問題進行審查，不對事實部分進行審理。美國現有13個上訴法院，該法院的法官由最高法院首席法官提名，總統任命，終身任職，法官人數視工作需要而定。

地區法院是聯邦法院系統的基層法院和一般民事、刑事案件的初審法院。該院法官由最高法院首席法官提名，總統任命，終身任職。法院審理實行陪審制度。除一般民事案件外，還審理涉及美國憲法和法律及聯邦政府為一方當事人的案件。

(2) 州法院系統。

美國州法院的設置，由州法律自行規定，因而各州法院的體制名稱不盡相同。州法院系統大致由州基層法院、州上訴法院和州最高法院三級組成。有的州只設初審和上訴審兩級。除憲法規定的或國會根據憲法授權規定的聯邦法院管轄範圍外，大部分民刑案件都由州法院管轄。對聯邦法院和州法院擁有共同管轄權的案件，原告有權決定在聯邦法院起訴還是在州法院起訴。州最高法院還對所在州的憲法和法律享有解釋權。

(3) 違憲審查制度。

由1803年聯邦最高法院的判例所確立的，通過被動方式對涉案法律進行合憲性審查，進而解釋憲法、擴充憲法，達到補充和發展憲法的目的。司法審查作為一種權力和制度，它以資產階級的分權、制衡和法治原則為基礎，在維護資產階級民主制度，調整聯邦和州的矛盾衝突，調整行政、立法、司法三機關的關係過程中發揮了重要作用。

11.6.2 訴訟制度

美國在法律改革中，各州相繼進行了刑事訴訟和民事訴訟的立法，各州法院根據自己的訴訟程序進行工作。

(1) 刑事訴訟。

美國的刑事訴訟制度包括了偵查、起訴、審判各階段的一系列原則、制度和程序，而美國刑事訴訟中比較有特色和影響力的是它的辯訴交易制度和訴訟權利憲法化特點。

①辯訴交易。

辯訴交易是一種庭外活動，由控辯雙方磋商和談判，在這一過程中，控方以撤銷部分指控、降格控訴或者建議法官從輕判處刑罰等許諾換取被告人作認罪答辯，以節省訴訟時間和開支，降低訴訟成本，特別是避免審判的不確定性。

②訴訟權利的憲法化。

美國以憲法修正案的形式規定了公民的一系列訴訟方面的權利。如沒有合理根據不得發出搜查和扣押狀，任何人不得在任何刑事案件中被迫自證其罪，刑事案件中被告有取得律師幫助的權利，有要求陪審和公開審判的權利，有和證人對質的權利，有以強制程序取得有利於本人的證據的權利等。任何訴訟除必須遵循訴訟法規定的程序外，還必須符合憲法規定的正當法律條款。

刑事訴訟一般在犯罪地法院提出，刑事審判實行無罪推定，有罪判決必須以「毫無合理懷疑」為原則，審判採用辯論制。

(2) 民事訴訟。

傳統的普通法民事訴訟程序由訴答和開庭審理兩個階段構成。在訴答階段，當事人之間只確定爭點而不交換證據。美國民事訴訟的基本程序包括：起訴、初審、上訴審、發布執行命令。民事審判採取辯論制，由權利主張者承擔舉證責任，並實行「佔有優勢證據」的證據原則，即要想勝訴，必須提供至少51%以上的有利證據。

11.7　美國法的特點和歷史地位

美國在接受英國普通法傳統的同時，賦予古老的法律以驚人的活力，並以深刻的批判精神和創新精神建立了符合美國國情的法律制度。

11.7.1　美國法的特點

(1) 法律移植中的批判精神。美國法繼承了英國普通法傳統，英國的很多普通法判例被美國直接援用，但美國對英國法的運用以符合美國的國情為前提，對不適合的不予適用。

(2) 立法和司法的雙軌制結構。與英國的單一制度結構不同，美國的立法權由聯邦和州根據憲法分別行使，各成體系。法院分為聯邦法院系統和州法院系統，各自獨立行使權力。

(3) 判例法與制定法並重，理論和實踐互補。美國法既強調法院和法官的作用和地位，也注重法學家的作用，如由律師、法官和法學教授共同完成的對法律規則進行抽象的理論表述的「法律重述」，對美國的司法實踐有著一定的影響力，有的州在判決中，如果沒有先例可循或先例不明確，法官往往求助於「重述」。美國法官的培養也完

全是大學法學院的任務，學生們所接受的是法學教育而不僅僅是法律技術。

（4）法律解釋的靈活性。美國法院對先例，對制定法條文都享有司法解釋的權力，這種解釋往往造成判例規則和制定法條文含義的極大伸縮性。

（5）濃厚的種族歧視色彩。這一點，不僅表現在美國獨立以前各州頒布的相關法典上，而且明顯地表現在1787年憲法中。南北戰爭後，雖然憲法廢除了奴隸制，但廣大黑人等少數民族的權利仍然受到各種限制，直到今天司法上的種族歧視依然可見。

11.7.2 美國法的歷史地位

在普通法法系中，美國法佔有重要的地位，成為普通法系中與英國法並駕齊驅的又一代表性法律。美國創造了對憲法產生深刻影響的近代憲政思想和制度，制定了世界第一部資產階級成文憲法，憲法中所體現的分權、制衡和法治原則，奠定了資產階級憲法的基本格局，並對整個近代時期的資產階級憲法實踐產生了深刻影響。

美國首創了違憲審查制度，這一制度真正賦予了憲法以根本法的地位，它將一切法律都置於憲法精神的統治之下，一切法律權利最終都起源並歸結於憲法權利。這一制度的實施，不僅對維護法制統一、調整統治階級內部關係有著積極意義，而且創造了發展憲法、實現憲法監督和保障的獨特模式。因此，世界上許多國家都紛紛效仿，先後建立起各具特色的憲法監督和保障制度，以維護憲法的權威，保證憲法和法律的正確實施。美國的違憲審查制度開了世界憲法監督和保障制度的先河，大大推進了憲政制度的發展。

美國根據憲法的分權原則和本國實際，創造了立法和司法的雙軌制，這種體制及其運作也為中央和地方關係的協調提供了經驗。美國刑法率先創造了緩刑制度，並將教育刑觀念和人道主義觀念引入刑法的改革。美國法將反壟斷作為法的重要職能，最早建立了反壟斷法制度。尤其是美國法在繼承普通法與建立本國法的過程中所表現的創新精神。所有這些都決定了美國法在普通法體系乃至西方資產階級法中的重要地位。另外美國法在它的歷史發展過程中，也曾以它的一些反民主立法對世界法的發展產生過消極影響，如它的反勞工立法和種族歧視立法。

11.7.3 美國憲法的影響

美國憲法是第一部近代成文憲法，它奠定了近代憲法的基本原則，創造了平衡中央和地方權力的立法和司法的雙軌制，首創了司法審查制度，總之，它有一系列創新和建樹。美國憲法不僅深刻影響了美國社會生活的方方面面，而且產生了巨大的域外影響。長期以來，中外學者對美國憲法進行了大量研究，涉及如下諸多問題：三權分立和制衡原則是人類政治文明的共同成果還是資產階級憲法原則；司法審查制度的憲政意義及其功能；正當法律程序條款對憲法秩序保障的意義；財產權的憲法保護；憲法修正、憲法解釋與憲法變遷；憲法的司法化；現代美國憲法理論和實踐的發展等。這些問題的深入研究，無論是對中國憲法理論的發展還是對中國的憲法實踐都具有重要意義。

參考文獻

[1] 何勤華. 美國法律發達史 [M]. 上海：上海人民出版社，1998.
[2] 王名揚. 美國行政法 [M]. 北京：中國法制出版社，1995.
[3] 庫特勒. 最高法院與憲法———美國憲法史上重要判例選讀 [M]. 朱曾汶，林錚，譯. 北京：商務印書館，2006.

12　法國法

　　法國封建法是西歐封建法的典型代表。法國近代法的體系是在拿破侖時期確立的，它直接反應了反封建的革命成果。法國也是近代頒布憲法最多的國家，《人權宣言》確立了一系列的資產階級法治原則；法國的行政法是現代行政法的發源地和楷模；1804年《法國民法典》是資本主義社會早期典型的民法典；1810年的《法國刑法典》是近代第一部刑法典，體現了資產階級的刑法原則；法國的訴訟法奠定了大陸法系訴訟制度的基礎；法國封建統治和資產階級統治的典型性，導致了法國法律制度的典型性。因此，法國法對世界法律的發展具有重要影響。

12.1　法國法的形成和發展

　　法國法的形成主要包括兩個部分，法國封建法的形成和發展與法國資產階級法律制度的形成和發展。

　　在法蘭西王朝形成以前主要是高盧習慣和法蘭克時期的法律。在有史時代，統治法國大部分地區的是希臘人稱「凱爾特」、羅馬人稱「高盧」的民族。他們在公元前600年入侵法國，愷撒的《高盧戰記》一書對此有所記載。在那個時候已有階級差別，當時的特權階級主要是貴族，也稱為騎士，負責統治和戰爭，另一個特權階級為巫師，也稱為祭司，具有占卜祭祀和審判職能，判定賞罰。其餘為平民階層，由農人和工匠構成，從事耕作、放牧和手工業，境遇幾乎等同於奴隸。這個時期調整人們社會關係的規範是習慣，並且帶有濃鬱的宗教意味。在公元前47年，高盧在愷撒手中淪為羅馬行省，此後直到4世紀末，高盧的全境都是由羅馬統治，在這一時期，高盧的公路網、建築風格、文字語言、制度以及政府組織也逐漸走向羅馬化過程。該時期的高盧仍然以適用習慣法為主，但是在121年卡拉卡拉皇帝頒布「安敦尼努敕令」後，羅馬境內的一切自由民均享有公民權，羅馬法的效力也就自然及於高盧地區。在這之後，高盧走上通往羅馬法的道路。至5世紀末，法蘭克人首領克洛維控制高盧全境，並奠定主宰西歐300多年的法蘭克霸權的基礎，建立墨洛溫王朝（481—751年）。至8世紀墨洛溫王朝被加洛林王朝（751—987年）所代替。之後，加洛林王朝不斷擴張，至查理曼大帝時已將整個西歐納入自己的統治範圍，查理曼也被羅馬教皇加冕為皇帝。法蘭克王國實行屬人法主義，因此，審判開庭時先問對方是什麼人，以便依據每個民族各自的法律進行審理。此時教會法的地位也逐漸上升。法蘭克王國的法律淵源主要是習慣法，受羅馬人的影響，他們將習慣法搜集起來由羅馬法學家或基督教僧侶進行匯編，

這種譯成拉丁文的匯編被稱為《蠻族法典》，包括《勃艮第法典》《西哥特法典》《里普利安法典》《狄多巴德法典》《薩利克法典》等，其中《薩利克法典》最具有代表性。

12.1.1 法國封建法的形成和發展

根據843年的《凡爾登條約》，在查理曼死後其三個孫子將王國分為東、西、南三部，西部為今天的法蘭西，東部為德意志，南部為義大利以及從北海至義大利間的楔形地帶。法蘭西王國的歷史地位由此開始，這也標誌著西歐的法律從以日耳曼法占主導地位的階段走上了以分散的地方習慣法為主的封建割據階段。因此，法國封建法一般是指從843年法蘭克查理曼王國分裂，法蘭西王國形成至18世紀法國資產階級革命前的法律制度[1]。

在這前後近千年的歷史中，法蘭西王國的法律制度經過了封建割據時期、等級代表君主制時期以及君主專制時期三個階段，由日耳曼法（又稱習慣法）與羅馬法（又稱成文法）南北對峙、教會法與世俗法分庭抗禮的局面逐步走向統一化、民族化，並為法國資產階級法治的確立創造了一定的條件。

(1) 封建割據時期（9—12世紀）。

這一時期是法蘭西王國的初期，法國處於典型的封建割據時期。由於法國的自然經濟占統治地位、政治上分裂、長期戰亂等因素的影響，法國實行的是「附庸關係間接化」的原則，即國王只是名義上的國王，實際與一般的封建領主平起平坐，只能在自己直轄的領地內行使權力，而各大封建領主在其領地內也享有獨立的政治、軍事、財政和審判權力。因此，這一時期實行「法隨地定」主義，該主義具有以下兩個主要特點。

①法律分散不統一，法律淵源繁雜，以習慣法為主。

在全國沒有統一的王室法令、立法機構和司法機構。各個封建領地或城市都有自己本地的不成文的習慣法和法律。

②全國分為習慣法地區和成文法地區。

以羅亞爾河為界，法國大體上可以分為成文法地區和習慣法地區。法國的南部地區由於工商業恢復比較早，並且南部地區與羅馬法接觸較早，因此這一地區主要是「羅馬法區」或稱為「成文法區」；法國北部地區經濟比較落後，較多採用的是由日耳曼法演變而來的習慣法，因此被稱作「習慣法區」或「日耳曼法區」。這一時期的法律還受到教會法、商法、羅馬法和日耳曼法的影響。

(2) 等級代表君主制時期（12—16世紀）。

等級代表君主制是從封建割據制向君主專制的過渡時期。從11世紀開始，法國的手工業和商業逐漸興起，過低的經濟聯繫也逐漸頻繁，在手工業者和商人聚居的地區逐漸形成城市並繼而產生了市民階級。市民階級反對封建割據，支持國家統一。商業的發展也為國家統一奠定了經濟基礎，市民階級的形成提供了政治變革的階級基礎，

---

[1] 法國多數學者基於對「封建」一詞的不同理解，將法國封建法時期界定在10—16世紀。

法國建立了等級代表君主制。隨著等級代表君主制的建立，法國的法律也發生了重大的變化。

①習慣法的成文化。

隨著王權逐漸加強，法律制度也趨向統一。在13世紀時出現了很多由私人完成的具有較高權威性的習慣法集錄，如諾曼人莫賽編著的《諾曼底大習慣法法典》、菲利普·德·雷米編著的《波瓦西習慣集》等。這些私人編著的習慣法對法國習慣法的發展起到了一定的促進作用，但它們並不能涵蓋法國北部的全部習慣法，因此從15世紀到16世紀中葉，國王政府先後完成編纂官方的習慣法匯編，如《奧爾良習慣法匯編》《巴黎習慣法匯編》和《不列塔尼習慣法匯編》。這些匯編減少了習慣法的分散性，在審判實踐中可被直接引用，尤其是《巴黎習慣法匯編》在近代資產階級立法中成為主要依據。

②羅馬法的復興和商法的發展。

11世紀以來，法國南部成為羅馬法的中心，隨著羅馬法的北上，羅馬法對習慣法的形式和內容都起到了改造作用。12世紀由義大利發起的羅馬法復興運動在法國產生了重要影響，大批法國學者到義大利研習羅馬法。16世紀人文主義法學派在法國崛起，使法國對羅馬法的研究超過了義大利，為羅馬法在法國的復興、運用、融入甚至是為資產階級立法奠定了基礎。與此同時，法國的商法、海商法也得到了相應的發展，在法國的奧內隆島上編纂的《奧內隆法典》成為中世紀西歐的著名商法典。

③王室立法的加強。

隨著國王權勢的增加和地位的穩固，由國王直接發布的敕令和政府直接頒布的法令對王室領地以外的地區也具有法律效力。13世紀法國設立的巴黎巴列門法院（也稱為巴黎高等法院）管轄北部各地的上訴案件，對統一北部法律起到重要作用。這一時期王室立法內容的增加主要是針對國家機關、司法組織和訴訟程序等方面的規定。

(3) 君主專制時期（16—18世紀）。

法國的工商業在15、16世紀得到較大的發展，市民階級的力量也逐漸增加，要求統一市場，取消封建割據，而封建貴族希望王權能夠鎮壓農民的反抗，從而維護其特權和統治地位。在這樣的政治條件下，國王統一法國，建立起強大的封建君主專制制度。法律制度也發生重大改變。

①法律進一步統一，但並未改變習慣法的分散性和混亂性。

君主專制時期國王權力很大，王室立法也逐漸加強，國王頒布的法令也在境內產生普遍效力，巴黎商業法院的判例也具有廣泛影響，羅馬法的使用也對法律統一起到重要作用。但是，封建君主專制下的法國法律仍然處於分散和混亂的狀態，除去國王的法令集，各地的習慣法匯編就有三百多部。這一時期，西歐的共同商法逐漸轉變為國家商法，由主權國家來認可、編纂和實行，同時，法國設立商事法院來代替原來的商人法庭。

②王室立法成為主要的法律淵源。

在君主專制制度下，君主是國家最高權力的體現，因此君主的意志就是國家的法律。1679年後，法國所有大學的法律學科都必須開設有關王室法令的課程。路易十四

時期的立法主要有 1667 年的民事訴訟法令、1670 年的刑事法令、1673 年的商法典和 1681 年的海商法典。路易十五時期有 1731 年的贈予法、1735 年的遺囑法、1747 年的繼承人補充指定法。

③教會法仍佔有重要地位。

雖然在君主專制時期王室立法逐漸加強，但是教會法仍佔有重要地位。法國的天主教在 16 世紀受到宗教改革運動的衝擊。1598 年頒布的「南特敕令」宣布天主教仍為法國的國教，這時法國教會已經從屬於國王政府，管轄範圍縮小很多，但是仍然在婚姻、家庭和繼承方面具有深遠影響。

12.1.2　法國資產階級法律制度的形成和發展

隨著法國資本主義經濟的充分發展，資產階級日益成熟，啓蒙運動為資產階級大革命做了思想文化準備。資產階級聯合人民與封建貴族展開激烈的政治鬥爭，最終推翻了封建主義，建立了君主立憲制政體。1789 年法國資產階級大革命是較為徹底的、典型的資產階級革命。法國大革命為近代法國法律制度的形成和發展奠定了堅實的思想基礎，近代法國法是資產階級革命徹底勝利的產物。法國資產階級法律制度是在資產階級革命時期產生和發展起來的，大體經過三個階段。

（1）初創時期（1789 年至法蘭西第一帝國時期）。

初創時期的法律主要是在法國大革命時期頒布的一系列法律和法令，提出了與封建法律原則和觀念截然對立的具有鮮明資產階級法制原則和觀念的法律文件。主要包括：1789 年《人權宣言》，1791 年、1793 年憲法以及一系列廢除封建法律制度的法令，建立了君主立憲制的政體，確立了主權在民等一系列重要的資產階級法治原則，為資產階級法律制度的形成和發展產生巨大影響。

（2）全面立法時期（法蘭西第一帝國時期）。

近代資產階級法律制度形成於拿破侖時代。1799 年拿破侖發動政變上臺執政，於 1804 年稱帝，建立法蘭西第一帝國。在拿破侖執政時期進一步鞏固資產階級統治，並領導了大規模立法活動，編纂了一系列法典。在這一時期，法國先後制定了憲法、民法典、民事訴訟法典、商法典、刑事訴訟法典和刑法典等，形成了相當完備的資產階級法律體系。這一體系以羅馬法為藍本，以民法為基礎，以憲法為根本法，標誌著法國資產階級法律制度的最終確立。

（3）發展時期（19 世紀產業革命後）。

自 19 世紀下半葉開始，資本主義從自由競爭時期開始發展到壟斷時期，資本主義法律制度也發生了重大變化，法國的法律制度開始出現社會化的傾向，強調法律在保護個人利益的同時要注重對社會利益的維護。出現了大量的行政立法、經濟立法和社會立法，增加了判例法，對判例的價值和作用有了新的認識和評價，對原有的法典進行了不同程度的修改，對公法和私法進行了改革和完善。在法國法律現代化的過程中，總體上對法典的修訂比較謹慎，基本是以法典作為部門法的指導，大量的現實問題通過單行法處理，即在遵循傳統法律原則和制度的基礎上又做了某種程度的改革以適應現代社會。第二次世界大戰後隨著歐共體的成立，法國法律也出現「歐洲一體化」的發展趨勢。

12.2 憲法

法國是世界上制定憲法較早、頒布成文憲法較多的資本主義國家之一。法國憲法有複雜的演變過程和豐富的內容，發端於法國大革命，直到1958年仍處於不斷地重新立憲的過程中。1789年制定的憲法性文件《人權宣言》，標誌著法國制定憲法活動的開始。自1791年制定出第一部完整的成文憲法以來，至今已先後制定了11部憲法（不包括四部憲法修正案），1791年憲法，1793年憲法，1795年憲法，1799年憲法（該憲法於1802年、1804年、1815年三次修正），1814年憲法，1830年憲法，1848年憲法，1852年憲法（該憲法於1870年修正），1875年憲法，1946年憲法，1958年憲法。法國成為名副其實的「憲法試驗場」。

12.2.1 人權宣言

《人權宣言》（全稱為《人權與公民權利宣言》），於1789年8月26日法國大革命時期頒布，是法國歷史上第一部綱領性、憲法性文件，標誌著法國制憲活動的開始。它第一次明確和系統地提出資產階級民主和法制的基本原則，後來被當作1791年憲法的序文，對法國以至世界的人權、權力分立觀念和法治的發展都具有重大影響。

《人權宣言》是以18世紀啟蒙思想家的「天賦人權」「三權分立」「主權在民」和其他法治思想為理論依據，同時借鑑美國《獨立宣言》的內容。全文由序言和正文的17個條文組成，序言部分意義重大，成為法國之後諸多憲法的序言或基本精神。《人權宣言》的內容主要包括資產階級的人權理論、國家理論和法制原則。《人權宣言》宣布「天賦人權」，主張國家政權實行「三權分立」原則，明確提出了公民在法律面前一律平等、財產權是神聖不可侵犯的權利等一系列資產階級法治原則。《人權宣言》是法國憲法之魂，法國憲法是以《人權宣言》確立的原則為基礎[①]。歷次憲法均以「宣言」作為序言或對其進行修改或者擴充，它已然成為法國憲政史上一條時顯時隱的紅線。

12.2.2 歷史上重要的憲法

這裡著重介紹5部憲法，即1791年憲法（第一部資產階級憲法），1793年憲法（大革命以來最激進的一部憲法），1875年憲法（法國歷史上適用時間最長的一部憲法），1946年憲法（第二次世界大戰後第一部憲法），1958年憲法（法國現行的憲法）。

（1）1791年憲法。

1791年憲法是法國第一部資產階級憲法，也是法國大革命期間頒布的一部極其重要的法律文件，由制憲會議草擬，於1791年9月3日正式通過。憲法由序文和正文兩部分組成，序文即1789年《人權宣言》全文，正文包括前言和「憲法所保障的基本條款」「王國的區劃及公民的資格」「國家權力」「武裝力量」「賦稅」「法國與外國的關

[①] 戴雪. 英憲精義 [M]. 雷賓南，譯. 北京：中國法制出版社，2001：185-192.

係」「憲法的修改」「其他規定」等 8 篇內容，確定了君主立憲政體、三權分立的政權組織形式以及資本主義私有制為基礎的各項經濟制度。1791 年憲法是一部資產階級革命性極不徹底的憲法，保留了封建上層建築的殘餘，公然剝奪了廣大勞動人民的政治權利，充分體現了資產階級蔑視人民、懼怕民主的階級本性。憲法制定後由路易十六批准頒布實施，法國從此建立了大資產階級專政的政權。

(2) 1793 年憲法。

1793 年憲法由序言和正文 124 條組成，序言是由雅各賓派領袖羅伯斯庇爾起草的新人權宣言，該宣言突出了資產階級平等原則。羅伯斯庇爾熱烈擁護盧梭激進的資產階級民主主義思想，該思想主要代表小資產階級、手工業者和農民的利益。1793 年憲法的正文部分體現了雅各賓派的政治主張，它廢除了 1791 年憲法所確立的君主立憲政體，宣布法蘭西是一個統一的共和國，實行直接普選制，凡是年滿 21 歲的法國成年男子不受財產限制均有選舉權，憲法規定行政權附屬於立法權，立法議會下設立法執行會議，作為常設執行機關，行使行政權。由於歐洲封建勢力大肆進行武裝干涉，國內反革命叛黨猖獗，1794 年雅各賓派專政結束，憲法隨即廢止，但它作為一部激進的資產階級憲法，仍然對法國的政治法律制度產生了深遠的影響。

(3) 1875 年憲法。

1875 年憲法並非是法典式的法律文件，而是由 3 個單行法組成的憲法，它們是 1875 年 2 月 24 日《參議院組織法》、2 月 25 日《政權組織法》和 7 月 16 日《政權關係法》。根據這 3 個憲法性文件，法國實行資產階級共和體制。國家元首由選舉產生的總統擔任，君主及其後裔不得擔任此職。總統任期 7 年，可以連選連任。國家政權機關主要有總統、議會和內閣。總統權力廣泛，行使國家元首的權力、行政權力、立法權。議會由參議院和眾議院兩院組成，兩院共同行使立法權，但是有關財政問題的立法權實際由眾議院控制，除立法權外，彈劾總統的權力屬於眾議院，審判總統之權屬於參議院。婦女和勞動人民被排斥在政治生活之外。內閣是行政機關，總統頒發行政命令必須有 1 名內閣成員副署方能生效，即行政權實際操縱於內閣。此外，內閣還有權出席參眾兩院會議，協同探討有關行政方面的立法提案，內閣總理由總統任命，但其工作向議會負責而不是向總統負責，說明政府實行責任內閣制。1875 年憲法在內容上很不完備，與歷史上其他各部憲法的不同之處在於它沒有關於公民的基本權利、司法機關以及地方政府等方面的規定。憲法頒布後於 1884 年作了重要修正與補充。第三共和國憲法共適用 65 年之久，在法國歷史上產生了深遠影響。

(4) 1946 年憲法。

1946 年憲法是在世界反法西斯取得全面勝利的背景下產生，1946 年 10 月開始生效。憲法由序文和正文兩部分組成，序文在重申 1789 年《人權宣言》基本精神的基礎上進一步發展了資產階級權利思想。正文共 12 篇 106 條，是關於共和國國家制度的規定，主要涉及國家主權、議會、經濟會議、外交條約、總統、內閣、法蘭西聯邦、最高司法會議、地方區域、憲法的修改方式等方面的內容。基本內容的特點主要有四個方面。第一，擴大了民主自由權利。除了確認《人權宣言》中的基本權利和自由外，還規定了工作權、受教育權，對失去勞動能力者和父母的兒童給予照顧，規定婦女享

有選舉權。第二，民主性較強，規定國民議會享有最高、最廣泛的權利。宣布法蘭西為共和國，國家主權屬於全體法國國民，國民通過議會行使國家主權。第三，確立了議會責任內閣制。國家元首——總統由議會選舉產生，任期7年，並無實權，行政首腦——總理由國民議會任命，向議會負責。第四，規定司法權由司法會議行使，法官由總統經司法會議提名而任命，為終身制。憲法引進了美國的違憲審查制度，並規定由憲法委員會執行此項職能。1946年憲法於1958年被法蘭西第五共和國憲法所取代。

（5）1958年憲法。

1958年憲法又稱第五共和國憲法、戴高樂憲法，也是法國現行憲法。1958年阿爾及利亞危機爆發，國民議會任命戴高樂為總理，組建內閣並制定新憲法。1958年10月5日，憲法經總統簽署生效。憲法由序言和正文組成，正文總共15章92條。該憲法主要具有四個特點：第一，擴大了總統的權力。總統為國家元首，由直選產生，任期7年，可連任，總統任免總理，並根據總理提名任免政府及其他成員，主持內閣會議。憲法特別賦予總統緊急處分權。第二，縮小了議會的權力。新憲法在堅持兩院制的傳統時並縮小了議會的權力，首先縮小了議會會期，其次限制了議會的議決事項。再次縮小了議會的財政大權。最後縮小了議會對政府的監督權。第三，穩定了政府。憲法規定內閣向議會負責，但內閣總理和成員由總統直接或間接任命，為防止議會倒閣，憲法對倒閣程序作了嚴格規定。第四，完善了憲法委員會制度。新憲法對憲法委員會作了進一步完善，主要負責監督選舉、保證和監督憲法的實施，以及接受總統諮詢。憲法委員會實行事前審查[①]，經憲法委員會審查違反憲法的法律條款不得予以公布。1958年憲法頒行後，緩解了法國的政治危機，促進了法國政局的穩定。後雖修改多次，但至今仍適用。

12.3　行政法

法國的行政法可以算是大陸法系行政法的母法，在大陸法系行政法的發展歷史上佔有重要地位，對其他國家包括德國、比利時等的行政法律制度產生了深遠影響。

12.3.1　法國行政法的形成與發展

現代法國的行政制度基本上是在法國大革命時期，特別是在拿破崙時期建立的。行政法的主要淵源是由行政法院的判例構成，因此，行政法與行政法院的演進歷程是相伴而行的，甚至可以說行政法院造就了行政法。在法國大革命之後，全國確立了一致的行政區域，啟蒙思想家的學說也為法國建立新的行政制度奠定了思想基礎。1790年8月制憲會議發布《司法組織法》，禁止司法干預行政，該法令的發布標誌著法國行政審判與普通法院司法權限的初步分離。1799年拿破崙奪取政權後，在法國建

[①] 2008年法國進行了憲法改革，在原有的事前審查制度之外又建立了事後審查機制，即在普通訴訟中發現已生效法律可能侵害公民的基本權利，即可將合憲性問題提交憲法委員會審查。

立了高度中央集權的行政制度，並建立了國家參事院，規定國家參事院除負責起草和審查大量的法律法規外，還負責行政申訴案件。1872年法國法律規定國家參事院以法國人民的名義行使審判權力，行政審判正式取得獨立地位，國家參事院也在法律上成為最高的行政法院。法國的行政法律體系最終形成。

12.3.2 行政法院組織系統

法國的行政法院名目繁多，大致可分為普通行政法院和專門行政法院。普通行政法院範圍廣泛，自上而下由三級機構組成，即最高行政法院、上訴行政法院、行政法庭和行政爭議庭。專門行政法院數目眾多，主要有審計法院、大區審計法庭以及財政和預算紀律法庭。專門行政法院一方面行使行政管理職能，另一方面審理相關行政案件。專門行政法院的建立使法國的行政法院體系更加獨立完備。

（1）最高行政法院。

法國最高行政法院源於拿破崙時期創立的國家參事院。最高行政法院一方面是中央政府最重要的諮詢機構，另一方面也是最高行政審判機構。總理為法定院長，但從不參加任何活動，法院實際由內閣任命的副院長領導。成員總計有300人，但其中三分之一為兼職，分為6個小組，5個為行政組，1個為審判組。最高行政法院的職能包括四個方面，諮詢、審判、裁決行政法院系統內部的管轄權、指導下級行政法院工作。諮詢職能主要適用於政府提出法律草案和制定行政條例的行為，審判是其最主要的職能，同時最高行政法院享受初審管轄權、上訴審管轄權和復核審管轄權。最高行政法院也負責指導下級行政法院工作的經常性開展。

（2）上訴行政法院。

上訴行政法院依1987年12月31日的《行政訴訟改革法》創設，旨在減輕最高行政法院的工作負擔，加快行政訴訟的進度。上訴行政法院只有上訴審管轄權，而無初審管轄權。上訴行政法院主要審理對地方初審行政法院判決不服的上訴案件，「為保證司法判決的順利進行，上訴行政法院還有向行政機關下達命令和對其進行逾期罰款的權力」[1]。全法國分設巴黎、里昂、南特、波爾多、斯特拉斯堡等5個上訴行政法院。

（3）行政法庭和行政爭議庭。

行政法庭是法國本土和海外省的地方行政訴訟機構，依1953年9月30日法令設立，其在1953年以前被稱為省際參事院。行政法庭為一般權限法庭，一律以它為初審法庭。法國共有33個地方行政法庭，其中本土26個，海外7省各設一個。行政爭議庭是沒有建省的海外領地的行政訴訟機構。行政爭議庭均為法國普通行政法院中的基層行政法院。

12.3.3 法國行政法的主要特徵

（1）獨立的行政法院系統。

法國的行政法院具有獨特的二元制的法院組織系統，由特殊的歷史條件而促成。

---

[1] 金邦貴. 法國司法制度 [M]. 北京：法律出版社，2008：221.

法國政府的行政活動只受行政法院管轄,普通法院則無權干涉。行政法院與普遍法院各自成系統,相互之間無瓜葛,並且有各自的管轄權限、各自的訴訟程序和各自適用的法律規範。

(2) 行政法自成體系。

法國有明確的公法和私法的劃分。一方面,行政法作為公法的部分,又是一個獨立的法律部門和體系。行政裁權已從普通法院分離出來,由行政法院行使,依照分權原則,自創一套有別於普通法院所適用並與行政法院相匹配的法律規則。獨立的行政法實際是行政法院的必然伴隨物。另一方面,根據歐陸國家傳統的公私法分類方式,政府的行政活動由公法調節,所以有必要創造一個不同於私法體系的獨立的行政法體系。這與英美國家政府活動和私人活動受同一種法律調整不同。

(3) 判例是行政法的主要淵源。

法國具有自身特殊的國情,黨派林立,政治格局變數較大,因此,相對於私法關係而言,行政關係顯得更加多變而難以預料。法國的行政法的主要淵源是判例,為了防止其滯後性和不周延性。法國是個成文法國家,原則上不認可判例的拘束力,但是行政法是個例外,行政法的重要原則幾乎全由行政法院的判例產生。而在英美國家剛好相反,法律皆以判例為主要淵源,但是行政法領域卻存在大量的成文法規。

(4) 行政法具有較大靈活性。

法國的政治變動性較大,因此法國的行政法和憲法一樣也飽受震盪。相對於私法的穩定性,行政法具有較大的靈活性。

12.4 民商法

在歐陸國家,公法和私法之分是基本的法律分類形式。私法主要包括民法與商法。民法是主要調整私人間的一切非專業關係的法律,商法是主要調整商人間商事關係的法律。

12.4.1 1804年《法國民法典》

(1) 民法典的產生。

法國大革命後客觀要求建立穩定的社會新秩序,拿破侖在1799年「霧月政變」中上臺,結束法國政局的長期動盪,為大規模法典編纂活動奠定了堅實的基礎。1800年8月,他親自任命法典起草工作委員會著手法典編纂。法典起草委員會僅在4個月內便完成草案,在參政院為審議草案舉行的一百多次會議中,拿破侖親自主持參會過半數,以他的權威和決斷力保障了法典高效率、高質量的完成。36個單項立法於1803—1804年陸續通過,最後由1804年3月31日頒布的法令將它們合為一體,並冠以「法國人民的民法典」的名稱公布生效。

(2) 民法典的內容。

民法典由前編和3編正文構成,正文共35章,計2,281條。主要內容包括五個

方面：

第一，民事主體。規定法國民事主體為自然人，所有法國人自成年之日起均享有平等的民事權利能力和行為能力。

第二，婚姻與家庭。法典規定最低婚齡男為 18 歲、女為 15 歲，並且男滿 25 歲、女滿 21 歲無須父母同意即可結婚。結婚儀式必須在世俗官員前公開舉行方才具有法律效力。法典明確規定妻子應該服從丈夫，原則上妻子沒有行為能力，丈夫在一切方面均享有主動權利。

第三，繼承和贈予。法典規定關於法定繼承，對死者的土地和動產不加區別，同樣處理，同親等的全體繼承人平分遺產。繼承順位，首先分給子女，第二位是死者父母和兄弟姐妹，第三位是祖父母，第四位是最近的親屬直至第十二親等。除非十二親等內無親屬，否則配偶無繼承權。非婚生子女的份額少於婚生。

第四，所有權。法典將財產分為動產和不動產。所有權是一種完全的、絕對的、自由的和無條件的權利，從而排除了所有權得以實現的障礙。

第五，契約、準契約和侵權行為。契約法的基本原則為不拘形式和自由訂約。

（3）民法典的特徵。

第一，確立了一系列資產階級民法原則，比如民法典第 8 條款確立了民事權利主體自由和平等原則。第 1,101 條款確立了當事人意思自治或契約自由原則。民法典的諸原則均建立在個人主義和自由主義觀念的基礎之上。

第二，大革命與舊制度妥協的產物。民法典是自然法原則與傳統觀念、成文法與習慣法、世俗法與教會法、舊制度與大革命的巧妙融合物，與法國憲法的劇烈變動性恰成對照的是法國民法驚人的穩定性，整個 19 世紀法國民法典幾乎沒有重大修改，民法典這種兼容並包的妥協性是其具有長久生命力的奧秘。

第三，具有巨大的擴散力。《法國民法典》聲名遠播歐洲、美洲、非洲和亞洲，成為各國競相效仿的對象。其所具有的自由、平等的自然法觀念和反封建的革命精神，有著極大的感召力。

12.4.2　1807 年商法典及商法之發展

（1）法國商法的產生。

歐洲商法大致形成於 10—12 世紀，由於歐洲商業的復興始自義大利，因此義大利商法成為歐洲商法的「母法」。法國最早的上市立法是 12 世紀的《奧列隆海法》，它是當時西歐和北歐許多國家的共同海商法。1673 年法國王室頒布《商事法令集》，該法令凡 12 章，計 112 條。1681 年王室又頒布《海事法令集》，該法令凡五編。此兩項法令為民法與商法的區分開了先河，也為《法國商法典》的產生奠定了基礎。自《法國民法典》頒布後，1807 年《法國商法典》在上述王室法令的基礎上被制定出來。商法典共 4 編，計 648 條，包括商事總則、海商、破產、商事法院共 4 編。

（2）1807 年《法國商法典》。

《法國商法典》是第一部近代商法典，它以商行為作為立法基礎，確立了凡是實施商行為者不論其為商人否，均適用商法的商行為主義原則。但是與民法典相比，商法

典內容較為陳舊，許多規定僅僅限於1673年和1681年法令集，規則有缺憾，比如海商多而陸商少，體系欠完善。其影響雖然不如1804年的民法典，但法國創立的民商分立體制為歐陸國家廣為效仿。隨著資本主義進入壟斷時期，社會和經濟發生巨大變化，這種變化反應到商法方面，一是許多商事法應運而生，二是商法典中多數條款或被廢棄或予修改。到19世紀末，法國進入壟斷資本主義時期，尤其是兩次世界大戰後，政治、經濟和文化均發生變化。一門嶄新的法律部門，經濟法也應運而生。1948年法國成立法典化最高委員會，厘定一系列新的法律法規，諸如《農業法》《礦業法》《稅收法》《國家財政法》《國有市場法》等。這些法規調整的對象為各種介於公私法之間的新型的經濟法律關係，並且不注重理論性和系統性。

12.5 刑法

12.5.1 1791年刑法

封建時代的法國刑法，具有較強的日耳曼法色彩。對於犯罪行為的分類也比較原始、簡單，只分為侵害公共利益的犯罪和侵害個人利益的犯罪兩大類。從12世紀開始，在基督教的影響基礎上，加之羅馬法復興和法律思想的革新，法國的刑法表現出融宗教戒律與世俗法規於一體的特徵。從這一時期到大革命前夕，法國刑法制度的淵源複雜，刑罰殘酷，等級特權明顯。18世紀後期，啓蒙運動蓬勃發展，啓蒙思想家對傳統的刑法制度和等級制度進行了猛烈的抨擊。1789年國民議會頒布的《人權宣言》，確立了罪刑法定主義等一系列重大刑法原則，為近代刑法制度奠定了基礎。1791年7月和10月，先後頒布關於輕罪和重罪兩項法律，合成法國第一部統一刑法典，史稱「1791年刑法典」。主要內容如下：

第一，在法典體例上，確立了總則和分則相結合的體例，使得刑法原則和規則有機成為一個整體。第二，術語和概念解釋得當。為了有效地貫徹罪刑法定原則，防止法官通過解釋任意出入人罪，法典對大量刑法術語和基本概念做瞭解釋。第三，大幅減少罪名數量，確定了法律只能禁止有害行為的重要原則。第四，剔除與宗教相關的罪名，廢除了異端、妖術罪等罪名，為保障刑法免受宗教之影響和信仰自由做出積極貢獻。第五，嚴格限制死刑適用範圍和執行方法，同時禁止附帶適用肉刑。第六，確立新的刑法體系。法典廢除了封建時代的刑罰體系，明確地將刑罰分為死刑、苦役、強制勞役等，這就為近代刑罰制度的確立奠定了堅實基礎。

12.5.2 1810年刑法典

（1）1810年刑法典的內容。

1810年刑法典繼承了1791年刑法典的體制，仍分為總則和分則兩部分。1810年刑法典是由拿破侖親自主持編纂的，於1810年2月22日頒布。總則包括通則，應受處罰的犯罪人、可以寬恕的人和具有責任的人，重罪與輕罪及其處罰三部分。分則包括各

種罪名，總共 484 條。在犯罪分類上，法典依舊沿襲傳統，分為重罪、輕罪和違警罪三大類。就刑罰制度而言，法典規定了不同程度犯罪行為的刑罰，主要有身體刑、名譽刑、有期監禁、有期權利停止、罰金、拘禁和沒收等。

（2）1810 年刑法典的主要特點。

1810 年刑罰典是法國大革命的重要成果之一，無論從內容還是從立法技術看都是資本主義社會早期一部具有代表性的法典，但是它在貫徹資產階級刑法原則的同時也具有一定程度的倒退和妥協。

第一，立法思想深受功利主義思想和形式古典學派思想的影響。尤其是邊沁所倡導的「苦樂平衡」原則，使得刑法典在刑罰制度上有所加重。

第二，法典深受拿破侖影響。拿破侖在稱帝後為了加強君權和中央集權，強化刑法典的制裁作用，因此在此憲法中有斷頭這樣的酷刑。

第三，法典對未遂犯做出定義，首次提出「已經著手」這一未遂犯的重要構成要件①。

第四，在刑罰體系方面，以相對確定刑為主，輔之以絕對確定刑。法典對於大量的犯罪行為也都確定了最高刑和最低刑，賦予法官更大的自由裁量權。

（3）1810 年刑法典的修改和補充。

自 1810 年刑法典實施後，至 1994 年新刑法頒布，幾乎每屆政權都要對刑法典進行修改和補充，主要有四次。

第一次是 1832 年。受自由主義思想的影響，七月王朝政府首次對刑法典進行重大修改，旨在修正過於嚴厲的刑罰制度。在法國近代刑法史上首次出現刑罰寬緩主義傾向。

第二次是 1863 年。第二帝國時期，基於減輕刑罰處罰和維護社會秩序的雙重目的，對刑法典進行較大範圍的修改和補充，涉及條款 65 條。

第三次是 1958 年，第四共和國時期，經過這次全面修訂，刑法典在一般犯罪的構成要件和相應的刑罰制度等方面已經具備了現代刑法的基本特徵，對法人犯罪的懲罰原則已被全面承認。

第四次是 1960 年，第五共和國時期。此次修改的重點在於全面規範危害國家利益的犯罪和侵犯經濟秩序的犯罪，加強對此類犯罪的制裁力度，從刑事立法的角度保障戴高樂新政策的貫徹。

此外，1981 年 10 月 9 日法國正式頒布全面廢除死刑的法律。

12.5.3　1994 年刑法典

為了徹底解決刑法體系結構過於龐雜零亂的局面，法國於 1992 年 7 月 22 日正式頒布第二部完整的刑法典，取代 1810 年刑法典。本應於 1993 年生效的新法典延至 1994 年 3 月 1 日施行，因此新法典被稱為「1994 年刑法典」。

1994 年刑法典在繼承前一部法典的基礎上又做了較大程度的改革和創新。在體制

---

① 何勤華. 法國法律發達史 [M]. 北京：法律出版社，2001：364.

方面，法典依舊分為總則和分則兩部分體例。在總則部分，法典依舊分為重罪、輕罪和違警罪，同時肯定了罪刑法定和罪刑相適應等基本原則。在分則方面，法典與其他國家不同的地方是並未將危害國家安全的犯罪置於篇首，而是將侵犯人身的犯罪行為放在首位，使法典更具有民主性和人文性。在具體刑罰方面，新刑法對所有犯罪都規定了罰金刑。在具體罪名方面，法典增加了對法人犯罪的懲處。新刑法的特點主要如下：

第一，新刑法典具有強烈的延續性色彩。新刑法典在分則編排和罪名方面做了較大改動，但在具體刑法原則和犯罪行為分類方面依舊繼承1810年刑法典和歷次修改成果。第二，新設了一些新的原則。比如，為了更好地貫徹罪刑法定原則，法典規定對刑法條文的解釋適用嚴格解釋規則。第三，法典首次規定了法人的刑事責任。在新刑法典中，不僅要對實施的既遂犯罪承擔責任，還要對未遂的犯罪承擔責任。第四，明確規定刑罰個別化的原則。法典針對自然人犯罪和法人犯罪，根據各自的犯罪特點和犯罪主體的實際情況，分別採用不同的刑罰予以懲罰。

總之，1994年刑法典在繼承1810年刑法典的傳統時又適時改進，不僅加強了對人權的保護，而且更加注重對於犯罪人的矯治和對犯罪的預防。

12.6　司法制度

法國司法制度的發展起源於法蘭西王國時期。在領主司法時期，王權下移，各地的封建領主成了各自領地內的實際裁判者。從13世紀開始，隨著中央王權的加強，國王逐漸將司法收歸中央。從15世紀開始，各省也相繼建立起了上訴法院。由於存在國王和領主專權，加上沒有職業法官，整個封建時期普遍存在司法腐敗。1799年霧月政變後，拿破崙掌握了法國政權，在編纂民法典成功後又著手編纂民事訴訟法和刑事訴訟法。這兩部法典的出抬為法國建立了相對完備的普通法院訴訟制度。

12.6.1　法國民事訴訟法典

（1）1806年法國民事訴訟法典。

法國大革命期間對舊民事司法機構和舊民事訴訟程序進行激進的改革，在拿破崙執政後，開始糾正過渡時期過激的改革措施，1802年3月，由5名委員組成的民事訴訟法典起草委員會開始工作。起草工作歷時4年，民事訴訟法典於1806年獲得通過，1807年公布實施。這部法典標誌著法國民事訴訟法的發展進入了一個新的階段。

法典共兩卷，分別為法院程序和各種訴訟程序，計1,042條。這部法典具有四個特點：第一，崇尚絕對當事人主義原則。訴訟的開啓完全是當事人的權利。在訴訟的過程中，當事人可以達成和解協議停止訴訟，當事人除了對案件實體問題有抗辯權外，還可以就程序問題提出抗辯，在證據方面，除了當事人指定的證人和向法院提交的證據材料外，法官無權傳喚新的證人，主動索取新的證據材料。第二，在涉及國家利益和重大影響的案件中，奉行國家干涉主義。第三，注重保護債權人的利益。第四，立

法技術相對粗糙，內容過時。該部法典的起草者多數出身於 1678 年前王室的司法官或司法輔助人員，無法擺脫舊制度的影響。

（2）1975 年法國新民事訴訟法典。

1806 年民事訴訟法典內容有較多舊時代的痕跡，歷時 169 年後被 1975 年新民事訴訟法典所取代。早在 1934 年，法國便成立民事訴訟法典修改委員會，但修改進程因第二次世界大戰爆發受阻，方案有所分歧並未獲通過。延至 1969 年，政府再設法律委員會，負責民事訴訟法典的全面修改工作。新民事訴訟法於 1975 年 12 月 5 日頒布，於 1976 年 1 月 1 日施行。新法典共 5 卷，計 1,507 條。其主要特點如下：

第一，體系嚴謹科學，更具學理性。新法典將力求精準的專業用語，並輔之以簡明定義。新法典將「通則」設於卷首，對整部法典的基本原則和制度進行抽象概括，其後各卷才是各項具體規則，從而形成抽象與具體相互參照印證的二重理性結構。

第二，新法典剔除了舊法典中的形式主義因素。新法典廢除了舊法典有關證據的全部條文，代之以全新的證據提出程序，擴大了獨任制的適用範圍，允許對判決中的錯漏予以補正，從而降低訴訟成本，使訴訟更趨簡便。

第三，內容完備。法典系統、全面地規定了民事訴訟的一系列原則和基本制度。

第四，在堅持當事人主義原則的前提下，承認法院職權介入的必要性。1975 年民事訴訟法典適應了現代社會對民事訴訟制度改革的需要，是一部現代民事訴訟法典。

12.6.2　法國刑事訴訟法

（1）1808 年刑事訴訟法典。

自 13 世紀開始，糾問式刑事訴訟程序成為法國主要的訴訟制度。這種訴訟制度採取有罪推定原則，其程序是書面和秘密的。在第一帝國時期，隨著民法典、商法典、民事訴訟法典的先後出抬，刑事訴訟法典於 1808 年 12 月 16 日正式頒布，1811 年 1 月 1 日施行。法典由總則和兩卷構成，計 643 條。這部法典採用總則、起訴、審判三部分結合而成的體例，是最早形成的具有完整結構形式的近代刑事訴訟法典體系，沿用了 150 年之久。主要特徵如下：

第一，採取糾問式和控辯式相結合的綜合性程序制度。具有明顯的折中主義傾向，為了能夠及時打擊犯罪，強化形勢審判的職權主義功能，法典規定偵查和預審一律秘密進行，而在庭審階段則實行嚴格的控辯式訴訟程序。

第二，確立了訴訟職權分立的原則。為了防止刑事專擅主義的惡果，法典規定刑事偵查權由司法警察享有，起訴權由檢察機關行使，預審權由預審法官享有。

第三，確立等級管轄制和庭審合議制。規定由重罪法庭、輕罪法庭和違警罪法庭分別審理相應犯罪。並規定審理時須組成合議庭，重罪法庭由專業審判法官和業餘陪審團組成合議庭。

第四，確定自由心證的證據原則。自由心證原則的確立，宣告了帶有濃厚的封建刑事擅繼色彩的法定證據制度正式步入歷史荒塵。這一原則的確立，對歐洲各國的刑事訴訟法也產生了深遠影響。

（2）1958 年刑事訴訟法典。

1958 年刑事訴訟法典起草早在 1953 年就已經啓動，隨著 1958 年新憲法的頒行，法典的起草工作也加快進行，1958 年底政府通過法令頒布了新起草的法典，並於 1959 年 3 月 2 日起生效。

1958 年新刑事訴訟法典由卷首和五卷構成，凡 802 條。法典既繼承了舊法典的大量原則和制度，也在諸多方面進行了變革，自法典施行直至今日，又經過不下數十次修改。以至於到了 20 世紀 90 年代，法國的刑事訴訟制度依舊必須在社會和個人之間奔波救援，依舊在糾問與控辯、強制與自由之間徘徊彷徨，也許刑事訴訟法本身就是一個矛盾的集合體。這部法典自頒布後由於社會形勢的不斷變化，一直處於修改過程中。

12.7　法國法的基本特徵

12.7.1　近代法國法以啓蒙思想為理論基礎

18 世紀法國啓蒙運動是導致法國大革命並以進步和自由思想為特徵的一場思想和信仰運動。該運動的思想家伏爾泰、孟德斯鳩、盧梭、狄德羅等人，對壓抑人性的教會和扼殺自由的專制政府進行猛烈抨擊。法國資產階級革命家是上述學說的實踐者，他們根據這些學說推導出，法律面前人人平等、私有財產神聖不可侵犯、契約自由、罪刑相適應等一系列法治原則，並以此類原則為基礎，重建了法國近代法律體系。啓蒙思想家大多是理性主義者。法國近代的法典化體系，便是以理性主義的演繹方法推衍出來的條理清晰的邏輯系統，是作為理性社會秩序的基礎建立起來的，因而是受啓蒙思想家的先驗構想決定性影響的結果。該體系仍是現代法國法律制度的基礎。

12.7.2　近代法國法烙下法國大革命的深刻印記

法國大革命是一場改天換地的革命，其激進性和徹底性世間罕有與之匹敵。它撼動了整個國家的社會基礎，廢除了舊王朝的全部制度，代之以全新的社會圖景。它將理性主義、自由主義、個人主義、國家主義、民族主義諸多思潮匯聚起來，化為民眾的壯烈行動。大革命使啓蒙思想由批判的武器變為武器的批判。整個大革命是理性主義的一次大規模實踐，它將封建遺跡從法國地面一掃而光，然後重新創建法國近代的政治、經濟、法律體系。如果沒有大革命的爆發就沒有憲法和行政法可言，也不會完成大規模編纂法典的夢想。《人權宣言》的精神內化為法國民眾的觀念意識，是法國現行法律制度的根本指導思想。因此，近代法國法不僅是自然法的產兒，更是大革命的產兒，它是自然法的基因借大革命的母體催生出來的。

12.7.3　法國法是法蘭西民族精神的體現

法蘭西是一個特徵異常鮮明的民族，它注重思想、崇尚理性、恪守原則、講究邏輯，素來便有以理性駕馭自然、重構社會的渴望。法國有注重法學對立法司法指導的

傳統，迄至近代，於歐陸首次掀起大規模法典編纂運動，將具邏輯性、系統性、確定性的法典作為法的主要淵源，強調公與私、民與商的法律分類法，習慣於演繹推理的思維方式。這些都可以視為民族精神之體現。由於過分執著於觀念、拘泥於原則，思維行事自然不免易偏頗、走極端。各執一端的結果自然是各立門戶。因此，法蘭西民族是一個好爭吵、不團結的民族。法國多黨林立、政潮迭起、憲法頻更、內閣短命、動輒暴亂、政變和革命，國家翻覆於帝制與共和、專制與無政府之間，法律擺蕩於議會制與總統制、重罰主義與寬緩主義、糾問式與控辯式之間……這些都可以看作是民族性格的反應。這是一個永遠騷動不安的民族，而法國大革命無疑強化了這種民族性。法國在政治上古來即有專制傾向，在法律上亦以追求確定性著稱。從根本意義上說，法國法是法蘭西民族精神的產兒。

12.8　大陸法系的形成和特點

12.8.1　大陸法系的形成

大陸法系又稱羅馬-日耳曼法系、民主法系或成文法系，是資本主義國家中歷史悠久、分佈廣泛、影響深遠的法系。它以歐洲大陸的法國和德國為代表，在羅馬法的基礎上，融合了其他法律成分，逐漸發展為世界性的法律體系。大陸法系淵源於羅馬法，經過中世紀羅馬法的復興之後，它在整個歐洲大陸扎下了根。經過改造和發展的羅馬法成為歐洲的普通法，具有共同的特徵和法律傳統，為大陸法系的產生奠定了基礎。之後，西歐很多國家建立資產階級制度，國家之間加強交往。法國的拿破侖在歐洲大陸攻城略地，拿破侖法典也吸收了羅馬法豐富的養料，法國開創了制定有完整體系的成文法模式，標誌著近代意義上的大陸法系模式確立。拿破侖將本國的法律制度推向歐洲大陸。各國接受拿破侖法典也是因為拿破侖法典的優良品性和各國對先進的法律制度的內在要求。德國在繼承羅馬法，研究和吸收法國資產階級立法經驗的基礎上，制定了一系列法典。德國法典成為資本主義從自由經濟到壟斷經濟發展時代的典型代表。由於以德國和法國為代表的大陸法系適應了資本主義的發展，並且採用嚴格的成文法形式易於傳播，因此，在20世紀後大陸法系跨越歐洲的疆土。法國為大陸法系的形成和發展起到了奠基和主導作用，並作為範例被其他大陸法系國家模仿，因此法國是大陸法系的母法國。

12.8.2　大陸法系的特點

（1）成文法典是大陸法系的一個顯著淵源。

大陸法系國家在主要的部門法領域制定了法典，並輔之以單行法規，構成一個較為完整的成文法體系。資產階級啓蒙思想家所倡導的自然法學說與理性主義是大陸法系國家採用法典的重要原因。憲法領域和民法領域法典化的巨大成功，推動了近代法國法的全面成文化。

（2）大陸法系以羅馬法為共同的歷史基礎。

羅馬法的近代化可以說是通過法國的嘗試得以實現的。以民法典為代表的近代法國法，不僅繼承了羅馬法的成文法傳統，而且採用了羅馬法的立法體系、概念和術語。

（3）大陸法系所具有一些其他的重要特徵。

公法與私法兩類法律部門的嚴格劃分，普通法院與行政法院相分離的雙軌制司法體制。法國基於公法和私法的嚴格劃分，以及對「三權分立」的獨特理解，建立起自成體系的、獨立的行政審判機構。

參考文獻

［1］戴雪. 英憲精義［M］. 雷賓南，譯. 北京：中國法制出版社，2001.
［2］全邦貴. 法國司法制度［M］. 北京：法律出版社，2008.
［3］何勤華. 法國法律發達史［M］. 北京：法律出版社，2001.
［4］何勤華，李秀清. 外國法制史［M］. 上海：復旦大學出版社，2010.
［5］王雲霞，等. 外國法制史［M］. 北京：商務印書館，2014.

13　德國法

　　德國法是大陸法系的重要支柱，也是近現代資本主義國家最發達的法律體系之一。19世紀中葉以後，統一後的德意志民族也開啟了大規模制定法典的進程，《德國民法典》就是在這一時期形成的，之後形成的《魏瑪憲法》則被譽為現代憲法的典範。20世紀上半葉，德國的經濟立法推動了經濟的發展。

13.1　德國法的形成與發展

13.1.1　德意志第一帝國的封建法制

　　962年，薩克森王朝的第二位國王奧托一世完全控制了德意志五大公爵領地，創立了德意志民族神聖羅馬帝國，歷時八百餘年。德意志第一帝國大致經歷了三個時期，即初步創立階段、封建化階段和向近代化的轉變階段。

　　隨著德意志國家的產生，德國法也在10世紀初步形成。這一時期德國法的主要淵源是法蘭克王朝制定和認可的日耳曼法典，以及德意志五大公爵領地的日耳曼習慣法。之後，德意志本地的日耳曼習慣法是主要的法律淵源，但是這些具有德意志特色的習慣法長期處於不成文法的狀態。直到13世紀，德國出現了以德語為載體的習慣法匯編，1220年編成於北德地區的《薩克森明鏡》和1275年編成於南德地區的《士瓦本明鏡》比較著名，這兩部法典真實體現了德國法在初創階段的特點。德國學者一般將《薩克森明鏡》視為德國法律史的開端。

　　11世紀上半葉，羅馬天主教會的勢力不斷擴大。各德意志諸侯趁機擴張勢力，王權衰微，帝國議會實際上是德國封建主階層的利益的集中體現，政治體制已經從根本上完成了由王權專制向封建專制的過渡。1356年，盧森堡家族的查理四世發布《黃金詔書》，這一詔書的頒布標誌著封建制度的法律化。

　　1438年，阿爾伯特二世登上王位，開啟了哈布斯堡家族對德國長期的統治，這一時期政治上更多地體現出中央集權的特徵，王權地位顯著上升。德國大規模採用羅馬法，帝國議會頒布的法律多具有較強的體系性，編纂於1532年的《加洛林納法典》被大多數封建邦國長期採用，事實上形成了統一化的德國法。17世紀歐洲三十年戰爭摧毀了哈布斯堡家族對歐洲的統治，進一步加深了第一帝國的分裂程度。德國各邦國掀起了制定地方法典的高潮，比較有代表性的法典是1794年普魯士邦制定的《普魯士一般邦法》，這是一部體現近代自然法精神的民法典，一直沿用到《德國民法典》生效之

時才被廢止，對德意志各邦制定邦法產生了重大的影響。

13.1.2 德意志第二帝國

1806 年，德意志第一帝國覆亡。普魯士邦通過三次王朝戰爭於 1871 年統一德國，同年 4 月頒布《德意志帝國憲法》，史稱德意志第二帝國。德國近代法律體系是在第二帝國形成的過程中逐步形成的。這一時期，德意志地區先後出現了《法蘭克福憲法》（1849 年）、《普魯士憲法》（1850 年）和《北德意志聯邦憲法》（1867 年）等憲法性文件。在民商事領域，相繼出現《奧地利普通民法典》（1811 年）、《薩克森民法典》（1865 年）、《德意志普通商法典》（1861 年）等民商事法典。在第二帝國成立之後立刻展開大規模的立法活動。在憲法方面，《德意志帝國憲法》（1871 年）建立了君主立憲的近代德國憲政制度。在刑法方面，《德意志帝國刑法典》（1871 年）確立了一系列資產階級的刑法原則和制度。在民商法方面，《德國商法典》（1897 年）和《德國民法典》（1896 年）是重要的民商事法律淵源。在訴訟法方面，《民事訴訟法》和《刑事訴訟法》（1877 年）等法律也相繼出抬。至 19 世紀末，德意志六部最基本的部門法典均已制定完畢，近代德國法最終形成。第二帝國的立法成就還包括在經濟領域、社會領域和社會保障領域的法律。

13.1.3 魏瑪共和國和第三帝國時期的德國法

20 世紀初的第一次世界大戰摧毀了德意志第二帝國，1919 年魏瑪共和國成立，同年 6 月，聯邦議會通過共和國憲法，即《魏瑪憲法》。《魏瑪憲法》規定德國實行半總統制政體，重申了資本主義精神的要旨，比如保障私人財產所有權、契約自由等，對德國乃至世界產生了巨大的影響。

1933 年，希特勒任德國總理，魏瑪共和國的歷史宣告結束，德國進入法西斯統治時期，史稱「第三帝國」。納粹統治期間德國的法律體系遭到嚴重扭曲，自始至終貫穿極權主義、恐怖主義和種族主義的特色，體現出反人類的本質屬性，這一時期的法制是德國法制史上的重大倒退。

13.1.4 兩德分立統一後的德國的法律發展

第二次世界大戰結束後，德國分裂為聯邦德國和民主德國，德國進入兩德分立的歷史時期，兩德在不同的意識形態指引下走上了完全不同的發展道路。

聯邦德國於 1949 年 5 月通過的波恩憲法成為整個聯邦德國法律發展的基礎，對各種具體法律制度的形成具有重大影響。在民事立法方面，恢復 1900 年的民法典並進行修改。在法典外，還頒布了大量的單行民事法規，補充法典的不足。聯邦德國還運用判例這一法源形式，尤其是憲法法院的判例。在經濟立法方面高速發展。在刑事立法方面恢復 1871 年刑法典，並對其進行修改補充。1975 年制定了新的刑法典，標誌著刑事法發展進入一個新階段。

民主德國仿照蘇聯的制度，規定了各項具體的社會主義國家制度。1968 年民主德國頒布新憲法，完善各項社會主義制度。在民事立法方面先沿用 1900 年民法典。

1965 年依據蘇聯民法理論單獨頒布婚姻家庭法典。1975 年民主德國制定了全新的民法典，以蘇聯的民法理論為指導，突破德國傳統的民法五編體系。在刑事立法領域，初期以單行刑事法規為主要淵源，1968 年制定刑法典。

1990 年兩德統一，統一後的德國沿用聯邦德國的名稱、國旗和聯邦制度，沿用波恩憲法和聯邦德國的各項法律制度，原民主德國的所有法律被廢除。因此，統一後的德國法制實際是原聯邦德國法制的繼續發展，只是根據形勢的變化稍作修改。

13.2　憲法

13.2.1　德國統一前的諸邦憲法

19 世紀初，受到法國資產階級革命的影響，德國各邦開始制定邦憲，最為重要的是 1850 年的《普魯士憲法》和 1867 年的《北德意志聯邦憲法》。

1850 年憲法共 9 章，規定了普魯士人的權利、國王、議會、司法權、王國財政等內容。憲法規定普魯士實行君主立憲制，國王擁有廣泛的權力，比如立法權、軍事統帥權等，大臣由國王任命並向國王負責，法官也是由國王任命。議會由貴族院和眾議院兩院組成，議會有立法權，但實際上受到國王的限制。憲法的另一重要內容是規定普魯士實行普遍的義務兵役制度。1850 年憲法實質上是建立起一種國王掌有絕對權力的制度，維護封建勢力的利益，該憲法一直實施到 1919 年。1867 年的《北德意志聯邦憲法》對德國的憲政也有重大影響，但是因為其存在時間太短，本身的執行效果不大，為 1871 年《德意志帝國憲法》的制定提供了藍本。

13.2.2　《德意志帝國憲法》

1871 年新選出的帝國國會批准了《德意志帝國憲法》，這部憲法共 14 章 78 條。主要內容包括：

第一，德意志帝國實行聯邦制，由 22 個邦國、3 個自由市、1 個直轄區組成帝國領土範圍。帝國中央政府與各聯邦成員分別行使權力，但憲法把大部分權力都劃歸帝國中央行使。帝國擁有立法權，並且帝國法律的效力高於各邦立法的效力。外交事務、軍隊都由中央政府負責。各邦只有教育、醫療衛生、地方管理等少量的立法權限，獨立的主權完全喪失，成為帝國政府屬下的一個地方自治單位。

第二，憲法規定德意志帝國實行君主立憲制。憲法規定帝國皇帝由普魯士國王世襲，帝國政權組織形式為君主立憲制。由普魯士掌握帝國最高行政權，從而也確認了普魯士在帝國的實際統治地位。帝國皇帝擁有極為廣泛的權力，如法律提案權、議會召集權以及軍事、外交、宣戰、結盟、締約等權力。首相是普魯士最高行政官吏，由皇帝任命並向皇帝負責，首相擁有各部大臣的任命權。

第三，憲法規定帝國立法權由聯邦參議會和帝國議會兩院制議會共同行使，帝國議會處於從屬地位。憲法規定聯邦議會分別由帝國各邦君主和「自由城市」參議會任

命,因此聯邦議會僅對各邦君主負責。普魯士邦在參議會中佔有絕對優勢地位。聯邦參議會的職權廣泛,包括提出和通過法案,批准和否決帝國議會的法案,頒布某些行政法令等權力。雖然帝國議會也屬於立法機關的一部分,但其立法權受到很大的限制,所有法案就要經過聯邦參議會通過,並經皇帝批准才能生效。帝國議會名義上是人民代議機構,實際上不享有行政監督權,政府也不向它負責,它只從屬於皇帝、首相,其至聯邦議會的咨議性機構。

第四,憲法通過專章規定了帝國的軍事制度。該部憲法沒有關於公民基本權利的規定,卻用專章規定了普魯士的軍事制度。這部憲法對德國的軍國主義影響深遠。但是作為德國的第一部資產階級憲法,這部憲法對於促進和鞏固國家統一具有積極意義。

13.2.3 《魏瑪憲法》

1918年德國在一戰中失敗,陷入嚴重的經濟和政治危機。1919年成立歷史上第一個共和國——魏瑪共和國,同年7月,國民議會表決通過了《德意志共和國憲法》,即「魏瑪憲法」。《魏瑪憲法》共兩編,181條,是當時世界上篇幅最長的一部憲法。主要內容有:

第一,憲法規定德意志共和國實行聯邦制。在聯邦中央與各邦的關係上,聯邦中央有高於各邦的地位。憲法把立法權分為兩部分,聯邦專有的立法權與聯邦和各邦共有的立法權。前者包括外交、國籍與歸化、貨幣、關稅、郵電等領域,後者包括民法、刑法、訴訟法、商業、出版等領域,聯邦有優先立法權,各邦的獨立性受到很大的限制,其憲法和法律不得與聯邦憲法和法律相抵觸,聯邦可以廢止各邦的法律。

第二,憲法規定德國實行共和制。國家元首是由選舉產生的總統,主要的國家機關有議會、政府和法院。議會行使立法權,由聯邦參政會和聯邦國會兩院組成。聯邦參政會由各邦政府派出代表組成,參政會的權力比之前的聯邦議會削弱了,國會是主要的立法部門,但一切法律須由政府公布實施。行政權由聯邦總統和政府行使。憲法賦予總統的權力非常廣泛,總統由選民選舉產生,七年任期,連選連任。聯邦政府由總理和各部部長組成。總理由總統任命,各部部長由總理提請總統任命。司法權由聯邦法院、各邦法院和各專門法院行使,聯邦法官由總統任命。

第三,憲法規定了廣泛的公民權利。憲法規定法律面前人人平等,公民有居住、言論、人身、結社、出版、集會、通信、宗教信仰等自由,公民的財產權、繼承權、工作權、休息權、失業時獲救濟權、受教育權等。這些規定使得《魏瑪憲法》成為同時代資產階級憲法中最具民主色彩的憲法。

第四,憲法還規定了進行經濟活動的一些基本原則和基本經濟制度。憲法設有「經濟生活」專章,規定的經濟活動基本原則有經濟自由、契約自由、所有權受保護,詳細規定了公民的工作權利和經濟權利。憲法建立了「勞動會議制度」和「經濟會議制度」。因此,此部憲法也被一些學者稱為「經濟憲法」。

《魏瑪憲法》一方面具有濃厚的民主色彩,一方面又有難以清除的軍事獨裁強國的痕跡,代表了20世紀資本主義國家憲法發展的方向,在制憲史上有劃時代意義。

13.2.4 《波恩憲法》

美、英、法三國占領之下的「西占區」於 1949 年 5 月通過了《德意志聯邦共和國基本法》（簡稱《基本法》，亦稱《波恩憲法》）。《基本法》宣稱它不是正式憲法，德國並不從此分裂，在德國統一制定新憲法時本法失效。實際上，《基本法》在德國法律體系中的地位等同於憲法，經多次修改沿用至今。《波恩憲法》共 11 章，146 條，主要內容有：

第一，高度重視公民的基本權利。此憲法把公民的基本權利放在第一章，其權利的廣泛性繼承了《魏瑪憲法》的傳統。鑒於法西斯的慘痛教訓，基本法對於人權和保障和平問題做了明確規定。這些規定將聯邦德國的交戰權局限於防禦性戰爭的範圍之內。

第二，國家機構形式仍為聯邦制。「基本法」重申了聯邦制的國家結構形式，確認聯邦主義為不可變更的憲法原則。在聯邦中央與各州的關係上繼承了魏瑪憲法的傳統，權力傾向於集中在聯邦，明文規定聯邦的權力置於州的權力之上。

第三，規定議會行使立法權。《基本法》重新確立了以議會為中心的三權分立的憲法原則。《基本法》規定聯邦國會由聯邦議院和聯邦參議院組成，是國家權力的核心。聯邦議院的主要任務是立法、決定國家預算、選舉聯邦總理和對政府進行監督，它是公民代表機構和最高的立法機構，在立法中居於主導地位。聯邦參議院代表各州參與聯邦的立法和國家管理。

第四，削減了總統的權力。憲法保留了總統作為國家元首，但實際權力掌握在總理手中。德國總統由特設的聯邦大會選出，任期 5 年，再次選舉可連任一次。總統有法律公布權，有總理和各部部長任免權，任命法官、軍官權，召集、解散聯邦議院權。但總統行使權力必須借助聯邦議院或總理的相關決定才能有效，因此其職能基本上是禮儀性的。

第五，憲法還規定了一些特殊內容。憲法確認德國的主權可以轉讓給國際組織，國際法構成德國法律體系的一部分。憲法規定政黨的法律地位及其組織和活動原則。憲法設立了憲法法院制度，保障憲法的實施。

總之，《波恩憲法》吸取了德國納粹統治的教訓，強調了自由民主的基本權利不可侵犯，強調了國家制度的民主原則，突出了反法西斯化集權的機制，貫徹了民主主義、聯邦主義和社會立憲主義的基本原則。

13.3 民商法

德國民商法是德國法中具有代表性的部門法，也是最有影響力的部門法。德國民法以 1900 年的《德國民法典》為核心，德國商法以 1900 年的《德國商法典》為典型。德國民商法是德國幾百年法律發展的結果。

13.3.1 1900年《德國民法典》

德國民法從廣義上講是由民法學說和強制性規範組成的。在強制性規範中，《德國民法典》是核心部分，也是最基本的內容。1871年德意志帝國成立為制定統一的民法典奠定了政治基礎。1873年德國對《德意志帝國憲法》作了修改。1874年聯邦議會任命了民法典起草委員會，開始起草統一的民法典。經過多年努力和多次修改，經國會審議通過，帝國皇帝批准，於1896年8月正式公布，1900年1月1日起生效。《德國民法典》共有5編，2,385條。

(1)《德國民法典》的基本內容。

第一編總則，規定了民法的基本制度、原則和概念。第二編債的關係法，規定了債法的基本概念和制度。第三編物權法，規定了物權的基本制度和內容範圍。第四編親屬法，主要規定了婚姻和離婚、婚姻的效力、夫妻財產制度、家庭關係、監護制度等。第五編繼承法，主要規定了繼承人順序、繼承人的權利和義務、繼承權的放棄和喪失、遺囑的設立和撤銷、遺囑的效力和執行、特留份制度等。

(2)《德國民法典》的基本原則。

第一，法典確認了民事權利主體平等原則。所有人都能獲得權利能力，對擁有權利能力的確認不附加任何條件，即不存在資格上的差異。第二，法典確認了私有財產權不受限制的原則。第三，法典確認了契約自由的原則。第四，法典確認了過錯責任的原則。第五，法典確認了子女等額繼承遺產、被繼承人可自由遺囑處分財產原則。遺囑繼承優先於法定繼承，遺囑可以任意制定繼承人，也可以排除法定繼承人的基礎權，這是私有財產權不受限制原則的貫徹。

《德國民法典》是一部傳統的民法典，繼承了1804年《法國民法典》制定以來民法的基本精神和原則。有學者把德國民法典的基本原則概括為「平等」和「自由」。平等是民法上的人人平等，權利平等，自由是行使權利自由、遺囑自由，而這正是近代法學理論乃至政治理論的最高原則。

(3)《德國民法典》的特點。

《德國民法典》在貫徹民法基本原則的同時，與近百年前的《法國民法典》相比，自身也有鮮明的特點：

第一，帶有相當的封建法的色彩，維護當時仍佔有一定優勢的封建勢力的利益。用大量的篇幅詳細規定了土地所有權以及由此而產生的其他權利，主要得其利益的是容克地主集團。在婚姻家庭法領域還保留著中世紀家長制的殘餘，維護夫妻之間在民事權利方面的不平等地位。第二，法典帶有一些現代民法的蹤跡，對法人制度作了詳細的規範。對雇傭合同作為主要合同種類作了專節規定。法律權利不再是一種絕對的概念。反應了絕對個人主義的法學理論已開始向社會化的法學學說轉變。第三，法典具有濃厚的學術色彩和一定的靈活性。法典大量使用法言法語，概念高度抽象，只有受過專門教育的人才能準確理解其含義。法典堅持嚴密的邏輯性，往往從一般規定再到具體規定。雖然法典堅持嚴密的邏輯性，但是其絕對主義的色彩大為削弱，其規範也往往留有餘地。

1900 年施行的《德國民法典》仍是德國現行的民法典，20 世紀對其修改已經超過 150 次，通過了 143 項民法典修改法，所涉及的條款已經超過整部法典的三分之一。德國民法的發展，除了直接對《民法典》的條文加以修改外，還通過制定民事補充法的方法來實現。《民法典》和大量的單行法規和法院判例共同構成了德國戰後系統完善的民事法律體系。

13.3.2　1900 年《德國商法典》

（1）德國商法的發展。

在德國，商法是私法的一個組成部分，是專門適用於商人、調整商業活動的法律。商法的統一在德國開始得比較早，在中世紀時就有相對統一和獨立的商法，比如漢薩城市同盟的商業原則，19 世紀初開始的各邦立法，都包括了商法的內容。德意志聯邦建立後，1848 年在商法領域制定了統一的票據法，1861 年又制定了《德國普通商法典》，該法典對於德國商業活動起到了良好的示範作用。德意志帝國建立後，隨著統一民法典的制定又重新制定商法典，與統一的市場相適應。第二次世界大戰後，雖然德國繼續使用原有的商法典，但是其缺陷隨著經濟形勢的發展逐漸暴露出來。商法本身發生了很多變化，商法典中的有關商業組織的規定被逐漸分離出來，形成獨立的企業法。獨立的企業法的形成反應了德國社會的巨大變化，以及對經濟組織功能的重新認識。

（2）1900 年《德國商法典》的基本內容。

1896 年《德國民法典》公布後，德國著手新商法的起草，1897 年 5 月獲得帝國國會的通過，並於 1900 年 1 月 1 日與《德國民法典》同時生效。新商法典共 4 編，905 條。它具體調整商業關係，僅適用於商人。

第一編為商人，包括商人的概念、商號、商業註冊、商業帳簿、商業代理和經紀人等。法典把商人解釋為經營商業事務的人，並對商業事務的範圍作了劃分；規定了商號真實原則，自然人必須以姓名為商號，其他商號的選用應當與營業的範圍和種類相稱。

第二編為公司與隱名合夥，規定了公司的種類和形式。公司形式主要有無限公司、兩合公司、股份兩合公司和股份有限公司 4 種。法典還規定了隱名合夥，隱名合夥人以投資方式加入他人經營的企業，分享贏利並分擔虧損，不直接對外負責，對企業享有某些監督權。

第三編為商業帳簿，具體規定了各種類型的公司在簿記、帳目和必備商業文書方面的要求，同時還規定了對資合公司以及特殊營業部門的帳簿公開和審查制度。

第四編為商行為，法典明確規定，商行為是符合經營其業務的商人的行為，並且對各種商行為一一列舉。法典還規定了商業合同的一般條款，內容涉及商品買賣、倉儲、批發、發送和轉運等。

第五編為海商法，幾乎占《德國商法典》全部篇幅的一半，實際上是一部完整的海商法典。

《德國商法典》沒有關於破產的規定，也不包括保險和票據，這些都是由單行法調整。凡《德國商法典》沒有規定的，適用《德國民法典》，或遵循商業慣例。

13.4 經濟立法與社會立法

13.4.1 德國經濟法

（1）德國經濟法的發展。

「經濟法」這個概念最初是由德國學者在 1906 年提出的，較為成熟且具有現代意義的經濟法理論是由德國學者赫德曼於 1916 年提出的。作為一門獨立的部門法，現代經濟法最早形成於德國，因此德國有「經濟法母國」之稱[①]。

經濟法較早產生於德國，首先是因為德意志的統一為資本主義的經濟發展掃清了障礙，德國經濟得以在短期內快速發展。德國的資本集中和企業壟斷程度高於其他國家，德國社會經濟秩序的嚴重失衡和財富利益分配的不公正，需要國家進行調控，加之德國傳統的國家權威主義觀念為國家運用公權力進行組織管理和調控經濟行為提供了正當基礎。

一戰期間，為了適應戰爭的需要，德國制定和頒布了一系列緊急立法，以實現限制物價、保障糧食供應等目標。魏瑪共和國時期，政府為了擺脫戰敗後的經濟困難，擴大了經濟立法的範圍。《魏瑪憲法》確認了國家有權對社會經濟特別是私人企業的經濟生活進行干預和限制的原則。1919 年頒布的《煤炭經濟法》是世界上第一個以經濟法命名的產業統制法。隨著德國經濟政治的發展，經濟法律體系初步形成。第二次世界大戰後，聯邦德國經濟立法的中心是致力於建立自由的社會市場經濟。這一時期的立法，推動在競爭基礎上的自由經濟的發展。20 世紀 60 年代，隨著經濟的繁榮，聯邦德國加強了對經濟的全面管理和宏觀控制，引導經濟良性循環。隨著經濟高度發展造成嚴重的環境污染引起各界的關注，環境保護方面的立法顯著增加，成為德國經濟法中的一個重要內容。

（2）德國經濟法的主要內容。

第一，幣制改革法。1871 年《貨幣法》以金本位制取代了銀本位制，帝國馬克成為唯一的支付手段。第二次世界大戰後，1948 年占領當局制定和頒布了《幣制改革法》和《貨幣改革後經濟政策和指導原則法》，取消了戰後定量配給制，為市場經濟的建立奠定了基礎。1957 年《聯邦銀行法》建立了德國聯邦中央銀行，確立了國家銀行體制。1976 年《信貸法》確認了銀行是專門從事銀行業務的企業。

第二，《反對限制競爭法》，即反壟斷法，在德國也習慣稱作「卡特爾法」。1957 年制定後修訂的《反對限制競爭法》被譽為社會市場經濟的根本大法，主要內容包括兩大類：列明限制競爭行為的各種表現以及反限制競爭的執行機構和程序。《反對限制競爭法》規定的限制競爭行為主要是卡特爾協議，除此之外，限制競爭的行為也可以非合同方式實施。目的是為了保護競爭自由的秩序，鏟除經濟強權。《反對限制競

[①] 何勤華. 德國法律發達史 [M]. 北京：法律出版社，2000：283.

爭法》的主要執行機構是依該法設立的聯邦卡特爾局，以及各州的卡特爾局和聯邦經濟部長，反應國家對經濟的直接干預，具有公法性質。

第三，《反不正當競爭法》。該法於 1909 年頒行後曾多次修訂，規定了各種不正當競爭行為及應承擔的責任。最重要的是第一條，規定了不正當競爭的一般概念，這一條被稱為一般條款，對制裁各種不正當競爭行為起到重要作用。在「一般條款」下，又列舉了一些具體的不正當競爭行為。德國的《反不正當競爭法》作為世界上第一個此類的專門立法，對其他國家具有較大的影響。

第四，國有化法。根據基本法的規定，聯邦德國採取多元化的經濟形式，以發展私人壟斷資本為主，但國家也從社會市場經濟的角度出發，將一些投資額度高、利潤低、私人資本不願經營的部門收歸國有。

第五，促進經濟穩定發展的法律。1967 年《促進經濟穩定和增長法》是聯邦德國宏觀調控的重要法律，規定了經濟政策的總方針。

13.4.2　社會立法

（1）德國社會立法的發展。

社會法屬於新型的獨立法律部門，是關於國家、社會組織和公民三者之間有關社會保障、社會救濟和國家補助方面形成的權利義務關係。現代德國通過社會立法確立的社會保障制度，以社會保險為核心，以保險、預防和福利為其基本原則，以社會保險、社會補償和社會救濟為其主要方式，體現了德國社會立法的獨特性。

德國專門的社會立法始於 19 世紀末德意志帝國時代，是世界上第一個建立較全面的社會保險制度的國家。這一時期的立法重點是通過對勞動者人身安全和健康的初步保障來維持其正常的勞動和生存，借以緩和勞資對立、減少社會衝突，這些法律為今後德國的社會福利制度的發展奠定了基礎。魏瑪共和國時期，德國也非常重視關於社會保障方面的立法，勞工方面的立法是重點。第二次世界大戰後，德國把保障國民的基本生存條件作為政府的重要責任。自 20 世紀 70 年代起，德國開始對社會法進行系統整理和修訂，於 1983 年 7 月公布了《社會法典》，盡可能將現行的社會立法全部進行匯編。1961 年《聯邦社會福利法》經修訂後重新頒行。隨著德國經濟的高速發展，德國逐步形成了規模宏大、體系完備的社會立法系統，為公民提供生老病死各個方面的社會保障。

（2）德國社會法的主要內容。

德國社會法的目標是追求社會平衡和社會保障。社會平衡旨在縮小貧富差距，建立公正合理的社會秩序；社會保障要求國家擔負起保障公民基本生存的職責，增強公民抵禦各種可能風險的能力。

德國社會保障法的主要內容分為三個方面，即社會保險、社會補償和社會救濟。在社會保障中，依據保險—救助—贍養的順序，社會根據各類風險發生的概率、發生風險的覆蓋面以及對勞動者和家庭成員生活造成的損害程度，依次提供社會保險、社會補償和社會救濟。

社會保險是整個社會保障制度的核心，包括醫療保險、養老保險、工傷保險、失

業保險和護理保險五大類。除政府提供部分保險基金外，其餘部分由社會提供。保險費用採用集體戶互助方法解決。

德國社會補償制度最初是為解決戰爭給公民造成的巨大財產損失，幫助戰爭受害者重新生活而給予的賠償，後因賠償對象的數量日益增多，變為主要針對一些特殊危險引起的損害進行社會補償，比如死於暴亂中的無辜者。

社會救濟是指對既無力自救又不能從第三方獲得幫助的生活困難者，比如達不到政府規定的最低生活水準的家庭。社會救濟分為兩個部分：一是根據各邦規定的具體標準，向生活困難者提供維持日常生活必需的食品和物品以及其他形式的幫助；二是為具有特殊需要的公民提供相應幫助，確保其生活基礎，比如對殘疾者的就業救濟。

13.5 刑法

13.5.1 刑法的歷史淵源

德國在統一之前，不同的邦國、不同的領地通常適用不同的刑事法律。1532年神聖羅馬帝國的《加洛林納法典》雖然對德國並無普遍適用的效力，但是仍在其他邦國推行兩百多年，對歐洲刑罰史產生重要影響。19世紀，在法國大規模立法的影響下，各邦紛紛頒布各自的刑法典，其中1813年的《巴伐利亞刑法典》、1851年的《普魯士刑法典》影響較大。近代德國刑法以1871年《德意志帝國刑法典》的頒布為形成標誌，在1933年以前，該法一直是德國最重要的刑事法規。這期間德國雖然多次提出修正刑法典的方案，但由於種種原因，刑法典仍維持原貌。德國根據形勢需要，制定了一些單行法來補充法典的不足。第二次世界大戰結束後，德國對納粹主義進行全面清算。在聯邦德國地區，首先全面恢復了1871年刑法典的效力，只對其中明顯不合時宜的條款進行刪改。在民主德國地區，在戰後初期，實際上也適用1871年刑法典，直到1968年民主德國頒布了一個以蘇聯刑法為模式的刑法典，該法典與各種蘇聯式的刑法並無重大區別。1990年兩德統一後，該法典伴隨所有民主德國的法律一起被廢除了。

13.5.2 1871年刑法典

德意志帝國成立之後，為了維護統一的社會秩序，俾斯麥政府對《北德意志聯邦刑法典》稍作修改，於1871年頒行了《德意志帝國刑法典》。該法典作為德意志第一部統一適用的資產階級刑法典，於1872年1月1日起施行。

《德意志帝國刑法典》分為總則和分則兩部分。總則部分把犯罪分為重罪、輕罪和違警罪3種，確立了刑法的基本原則，包括罪刑法定原則、法不溯既往原則等，還規定了刑法的空間和時間上的管轄範圍，在空間範圍上以屬地主義為主，屬人主義為補充，在時間範圍上，實行從舊兼從輕原則。第一編刑例，規定刑法的種類有：死刑、無期徒刑、有期徒刑、苦役、拘留、罰金和剝奪公權等，其中剝奪公權是附加刑。同時還規定了犯罪未遂、共同犯罪、主犯和從犯、不論罪等事項。第二編罪及刑，是刑

法的分則部分，具體列舉了各種犯罪及其處罰。

1871 年刑法典的特點體現在三個方面。第一，確認了刑法的基本原則。對於具有濃厚封建色彩的德意志帝國來說是一個大的進步，使法典進入了近代法的行列。第二，法典對統治者的統治地位作了嚴格保護。如在第二編中把大逆罪列為各罪之首，還規定了不敬罪。第三，嚴格保護了私有制制度。在法典列舉的罪名中，侵犯財產的行為佔有很大的比例。第四，對教會的利益作了特別的保護。法典規定，侵犯教會的財產不按一般侵犯財產罪處理，而是按照宗教罪處理。第五，法典在排編上比 1810 年《法國刑法典》有進步。在分則部分不再按犯罪分類的體系，而是以列舉罪名的方式排編，顯得緊湊、明確，這是刑事立法技術上的進步。

13.5.3　1975 年刑法典

第二次世界大戰後，聯邦德國依據 1949 年《基本法》確定刑事立法原則，對 1871 年刑法典進行了修改。1954 年，聯邦議會設立刑法改革委員會，開始制定新刑法，並於 1962 年公布了《刑法典草案》。1966 年，14 位刑法學教授聯合發表《供選擇的刑法典草案》。1975 年 1 月 1 日正式實施新的《刑法典》，其正式名稱是《1975 年 1 月 1 日修訂的 1871 年 5 月 15 日刑法典》，即《德意志聯邦共和國刑法典》，它分為總則和分則兩部分，28 章，共 358 條。

總則部分仍確定了舊刑法的基本原則，但取消了對犯罪的分類，增加了一些特別規定，如對在國外犯滅絕種族罪的管轄。對犯罪的未遂、故意犯罪、緊急避險等一般概念做了細緻區分。在刑罰的規定上，廢除死刑，將自由刑簡化，統一為終身監禁和有期限監禁。財產刑的適用範圍得到擴大。法典還放鬆了對適用緩刑的限制。除了刑罰之外，法典增加了保安措施，這種措施一般不認為是刑法，但卻在法典裡做了規定。分則部分主要是調整了犯罪的範圍，有些罪名被取消了，如全部的違警罪內容都取消了。同時增加了一些新的罪名，如滅絕種族罪、危害民主國家安全罪等。

1975 年刑法典的特點：第一，再次確認了刑法的基本原則，如罪刑法定原則、法不溯既往等。第二，體現德國憲法的原則，把法治國、社會國的原則作為刑事立法的基礎和出發點，充分體現了憲法是最高法律的性質。第三，吸收了多年來的刑法學發展的成果，注意理論對法律實踐的指導作用。第四，刑罰制度的變革最大，強調人道主義，充分反應了刑罰的教育改造犯罪人的目的。

1975 年刑法典的新型性對各國的刑法改革和刑事政策的確定都產生了影響，也是繼 1871 年刑法典之後的又一個里程碑，是百年來德國刑事科學的發展成果和司法實踐的總結。自 1975 年刑法典施行後至今已有多次的修訂，這些修訂往往結合單行刑事法規進行，但是作為刑法典，其基本的體系和制度仍沒有變化，只是做了局部調整，而隨著國內社會發展和世界局勢的變化，這種調整將是經常性的。

13.6 司法制度

13.6.1 司法機構

德國實行司法獨立原則，德國法院體系由聯邦憲法法院、聯邦最高法院、各種聯邦法院及各州法院組成。德國是個聯邦制國家，德國的法院系統是上下統一的，但是聯邦法院和各州法院並不各成體系。普通法院由四級法院組成：聯邦最高法院、州高等法院、州法院和區法院。除普通法院外，德國還有很多專門法院，如行政法院、勞動法院、財政法院、軍事法院等。這些專門法院都從屬於政府各相關的部門，但仍被視為司法機構，這些專門法院的審級設置是不相同的。

（1）法院。

德國現代的憲法法院是第二次世界大戰後建立起來的。1949年《波恩基本法》正式確認並規定要設立憲法法院，因此，1951年制定了《聯邦憲法法院法》。同年6月，聯邦憲法法院正式設立。聯邦憲法法院和各州的憲法法院組成了德國憲法法院體系，但兩種憲法法院之間並無從屬關係。

聯邦憲法法院兼具司法機關和憲法機關的性質，是一個獨立的憲法機關，不從屬於任何其他機關，與議會、政府等處於平等的地位。由於其擁有憲法解釋權，因此憲法法院實質上擁有立憲的權力。聯邦憲法法院下設兩個庭，正副院長分別擔任一庭、二庭的庭長。目前規定每個庭有8名法官，法官由聯邦議院和聯邦參議院各選舉產生一半。當選法官得票在三分之二以上，任期為12年，不得連任。

根據《聯邦憲法法院法》，聯邦憲法法院的主要職權有：審查各種法律法規有無違憲；裁決聯邦與各州之間的公法性糾紛；裁決各州之間的公法性糾紛；審理公民因憲法規定的基本權利受到侵犯而提出的憲法控訴案；彈劾總統和法官案。

（2）普通法院。

普通法院系統是德國最主要的司法系統，由四級法院組成，聯邦最高法院、州高等法院、州法院和區法院。

聯邦最高法院是普通法院體系中的最高審級，但是不具有一般意義上一國最高法院的權力，因此無權受理屬其他專門法院管轄的案件以及對專門法院裁決的上訴案件。

聯邦最高法院設院長1人，下設民事和刑事兩個評議庭，每庭法官8名。審理案件須有5名以上法官組成合議庭。法院一般不受理上訴，只進行再審。對重大刑事案件，如叛國罪，有一審管轄權，其判決也是終審判決。其他普通法院包括州高等法院、州法院和區法院，各法院都設院長1人及法官若干人，下設民事庭和刑事庭，區法院還有商事庭。除區法院審理輕微案件可以由獨任法官進行外，審理案件均採用合議制。

（3）行政法院。

行政法院在《魏瑪憲法》制定時才有法律依據，在納粹時期被削弱，第二次世界大戰後依據《波恩憲法》才恢復發展。行政法院分為聯邦行政法院、州高等行政法院

和州行政法院三級。各行政法院都由院長、主審法官和法官若干人組成。審理案件由合議庭進行，只有在州行政法院審理不重要、不複雜的案件時可以獨任審判。

德國行政法院審理案件的範圍相對狹窄，許多特殊的行政案件都有專門的法院管轄。如社會法院審理有關社會保險、補償和救濟方面的糾紛；財政法院審理有關稅務的糾紛；勞動爭議由勞動法院管轄。

(4) 檢察機構。

德國採用審檢合署制，即各級檢察機關附設於相應級別的普通法院之中，即在聯邦最高法院設聯邦檢察院，州高等法院設州高級檢察院，州法院設州檢察院。區法院相應的檢察權由州檢察院行使。聯邦檢察院從屬於聯邦司法部長，屬於聯邦檢察機關，州級檢察院從屬於州司法部長，屬於州檢察機關，但是兩種檢察機關之間並無垂直領導關係，並且檢察官擁有獨立的檢察權。檢察機構的職權是對刑事案件行使偵查權和起訴權，對刑事審判活動行使法律監督權。

13.6.2 訴訟制度

(1) 民事訴訟制度。

德意志第二帝國於1877年2月頒布的《民事訴訟法典》統一了德國民事訴訟制度，確立了民事訴訟的一些基本原則，如當事人主義原則，民事糾紛不告不理原則等。建立起一些民事訴訟制度，如調解制度。強調律師代理制度，規定除初級法院外，其他法院的民事訴訟都必須由律師代理，實行四級三審制度，對判決不服可向上級法院上訴，但第二次上訴只能就法律問題提出。民事訴訟程序包括一審、上訴審核再審程序，一審程序包括起訴、審理、判決三個環節和初級法院程序、調解程序。

(2) 刑事訴訟制度。

德意志第二帝國於1877年頒布了《刑事訴訟法》，該法主要規定了總則、第一審程序、上訴、對已發生法律效力的判決案件的再審、特種形式的訴訟程序、刑罰的執行和訴訟費用等；設立了無罪推定、辯護制、公開審判、法官主動調查、上訴不加刑等近代刑事訴訟原則；規定了刑事訴訟除個別案件由被害人及其代理人起訴以外，主要由檢察機關提起。

刑事訴訟程序包括調查程序、居間程序和審判程序三個部分。調查程序是州檢察官為了做出是否提起公訴的決定而對刑事案件的嫌疑人所做的偵查、取證工作；居間程序是法院在接到起訴書後，主審法官在對案件事實進行初步審查的基礎上，可以在不公開的情況下，對訴訟程序做出決定，或者將案件提交審理，或者做出結束審理的裁定；審判程序是德國刑事訴訟的關鍵環節，分為審理和判決，法官做出判決後，當事人不服第一審判決的，可向高一級法院上訴或抗告。

13.7 德國法的特點和歷史地位

13.7.1 德國法的特點

嚴格意義上的德國法形成於 1871 年德意志民族國家統一之後。此後雖然經過兩次世界大戰，但德國法也經歷了成長。德國法在借鑑和吸取其他國家法制建設的經驗基礎上，由最初以民法典為核心的近代六法體系發展成為部門眾多，門類齊全、規範詳盡的現代法律體系。德國法的特點主要有以下四個方面：

第一，全面繼承了羅馬法的傳統，強調法的成文化和理性化。羅馬法是一種成文化和理性主義的法律，德國在中世紀繼受羅馬法之後一直堅持這一特徵。各種法律制度都是通過成文形式表現出來，習慣、判例只是個別的例外現象。在立法活動中，又堅持了理性主義，盡量使規範吻合人們的道德觀念，並且這種傾向貫穿於德國法發展的整個過程和各個方面。

第二，在法的價值追求上，一直有國家主義、團體主義的傾向。在德國法形成初期就受到德國古典哲學的影響，也反應了當時德國集權主義、國家主義政治環境，對個人主義、自由主義作了一定的限制。這固然與當時德國所處的經濟環境有關，但不能否定德國法學的這種價值傾向。

第三，善於把法學理論用於指導法律實踐。德國法的發展有其理論學說支持，而理論學說又是在觀察客觀環境和社會現實後思考的結果。德國人思維縝密，也敢於進行法律實踐，因此在法律發展過程中多次取得突破性發展，比如對團體人格的研究、對經濟法的研究均屬於這一類。

第四，堅持嚴密的邏輯推理，力求精確的表達法律術語。德國法為了追求術語表達和邏輯嚴密犧牲了法律的通俗簡便的一面，這是德國法在形式上的一個特點。

13.7.2 德國法的歷史地位

德國法已經形成門類齊全、部門眾多、規範詳盡的現代法律體系，深厚的哲學底蘊、精神的學理、高超的法律技術在世界法律史上占據了重要地位。這種地位主要表現在它對大陸法系的發展上。1900 年《德國民法典》成為繼 1804 年《法國民法典》後大陸法系的又一面旗幟，為 20 世紀以來眾多國家編纂民法典的主要範本，它確立的總則、債、物權、親屬、繼承五編機構及其以社會本位為基礎的民法原則被廣泛接受。

「德國法進一步推動了大陸法系的繁榮，形成了大陸法系發展過程中的第二個高潮，成為該法系內的第二核心，並吸引了一批追隨者，形成了『德國支派』」[1]。奧地利曾是德意志神聖羅馬帝國的一個州，其法律受到德國法的強烈影響，奧地利以 1900 年《德國民法典》為藍本，修改自己的民法典，有些部分還根據《德國民法典》

---

[1] 何勤華. 德國法律發達史 [M]. 北京：法律出版社，2000：110.

的模式加以重新編纂。瑞士也曾是德意志神聖羅馬帝國的一個州，受德國法的影響深刻，1907 年《瑞士民法典》主要參考和借鑑了德國 1900 年民法典，特別是「潘德克頓法學」所確立的編纂體例。日本明治維新後的法律西化過程中，也全面借鑑了德國法模式，如 1889 年《明治憲法》、1890 年《刑事訴訟法》和《民事訴訟法典》等都是以德國法為藍本制定出來的，有些法典甚至是聘請德國學者親自撰寫的。德國 1919 年《魏瑪憲法》成為 1919 年芬蘭憲法、1920 年捷克憲法等許多國家憲法的藍本，其所包含的「社會化」原則和措施也對 20 世紀西方憲政和民商法、經濟法、勞動法的發展產生了重要影響。德國法學對各國的影響十分明顯，各國都在模仿德國法律制度的同時也在引入德國法學，對德國法學進行研究。

參考文獻

[1] 何勤華. 德國法律發達史 [M]. 北京：法律出版社，2000.

[2] 何勤華，李秀清. 外國法制史 [M]. 上海：復旦大學出版社，2010.

[3] 王雲霞，等. 外國法制史 [M]. 北京：商務印書館，2014.

14　日本法

14.1　日本法的形成與發展

14.1.1　固有法

日本地處東亞，是太平洋上的一個島國，由北海道、本州、九州、四國四大島嶼及周圍數千個小島組成。日本法制史發端於彌生文化時代（公元前3世紀至公元3世紀），這一時期日本已經產生了水稻農業，出現氏族制度的萌芽。3世紀初期，日本九州北部地區出現了最早的奴隸制國家——邪馬臺國。3世紀中期以後，本州中部的大和國奴隸制國家興起。大和國以其強盛的國勢，先後徵服其他部落，至5世紀統一日本，建立起健全的國家組織，其朝廷以天皇氏（最大的氏族）為中心，由各大豪族統合而成。這一時期日本法的特徵是宗教與法不分，以不成文的命令和習慣為表現形式，因此稱之為不成文固有法時期。

14.1.2　律令法

592年，推古天皇即位，立聖德太子為攝政。為了抑止豪族勢力，建立起以天皇為中心的中央集權國家，主管朝政的聖德太子進行了重大的政治改革，於603年制定了「冠位十二階」，緊接著又頒布了《憲法十七條》。《憲法十七條》並不是現代法律意義上的憲法，只是對官吏與貴族必須遵守的政治道德準則進行了規定，它是日本歷史上第一部成文法典。

646年，大和國效仿中國隋唐制度進行改革，史稱「大化革新」。這是一場自上而下的全面改革，大化革新廢除了奴隸制，確立了以天皇為中心的中央集權體制，為日本律令法體系的形成和發展奠定了政治基礎。

大化革新以後，日本仿照隋唐律、令、格、式的表現形式，建立了日本的成文法體系。668年日本制定了第一個令——《近江令》。兩年後，又制定了《庚午年籍》，這是日本第一個戶籍。701年（大寶元年）制定了《大寶律令》，該律令的制定及實施，標誌著律令制國家正式形成。隨後，718年在《大寶律令》的基礎上又頒布了新的律令，由於此時是養老二年，因而稱其為《養老律令》。此後，沒有再進行新的律令的編纂。但833年，編撰了《令義解》，一部關於令的註釋書，它與「令」具有同等的法律效力。格、式在法律淵源中漸漸居於主要地位，比較著名的有820年匯編的《弘仁格式》、868年的《貞觀格式》及之後的《延喜格式》（格於907年成立，式於

927 年成立）。這一時期主要是從中國繼受律令制的時期，因此稱為「律令時代」。

14.1.3　幕府法

11 世紀以後，武士階層逐漸在日本興起，為了爭權奪利，各武士勢力之間戰爭不斷。源賴朝在 1192 年戰勝所有的對手，因而被天皇任命為「徵夷大將軍」，他在自己的根據地鎌倉建立幕府，史稱「鎌倉幕府」。此後直至明治維新近七百年的時間，為幕府統治時期，大致經歷了鎌倉、室町、德川三個幕府的封建統治，其間日本逐漸發展出武家法（也稱幕府法）。

1224 年，北條泰時繼任幕府執權，推行了一系列民主改革，並對作為幕府基礎的御家人制度做了較為全面的規定，制定了《御成敗式目》（又稱《貞永式目》）。《貞永式目》的內容涉及刑事、民事、行政、訴訟等各個方面，適用範圍廣泛，是武家法的基礎。隨著歷史的發展，《貞永式目》不斷被補充、修改，補充的單行法被稱為「式目追加」，為後世武士政權制定法律法規提供了範本。

1338 年，足利尊氏被任命為「徵夷大將軍」，同年 11 月 7 日，在《貞永式目》的基礎上制定和頒布了《建武式目》，室町幕府正式建立。《建武式目》並非法律或法令，只是一種抽象的、道德性的意見書。

鎌倉幕府時期，為鞏固統治，幕府建立了一套以幕府為核心，以諸藩為支柱的「幕藩體制」，並在政治與法律上採取了一系列集權性措施。1615 年，德川幕府公布了武家法規 13 條，稱之為「元和令」，後來又增至 21 條，稱作「寬永令」，用以牢固控制廣大武士。以後新將軍上任都加以增刪，不過主要內容變化不大，這些法令總稱為「武家諸法度」，規定了各藩主以及武士的基本義務。1615 年，為解決與天皇朝廷的關係，德川幕府頒布了《禁中並公家諸法度》17 條，明確規定了天皇與公卿的權力。1742 年，德川幕府參照中國的《大明律》，在日本傳統習慣法的基礎上，編纂了《公式方御定書》。

德川幕府時期，各藩領主大名名義上雖都是將軍的臣下，但他們在自己的藩內都擁有自治權，在遵循幕府法的前提下，他們在自己的領地內都制定了相應的法律規範，從而在幕府法體系約束的基礎上形成了藩法體系。1742 年幕府頒布《公式方御定書》後，各藩又仿效「御定書」的形式制定了一些細則性的法典，如福井藩的《公事方御定書》、龜山藩的《議定書》等。到幕府後期，有些藩還仿效中國的明清律典制定自己的法典，如土佐藩的《海南政典》《海南律例》以及歌山藩的《紀州藩國律》、熊本藩的《熊本藩御刑法草書》等。

14.1.4　近代法的確立

1868 年日本爆發了一場以建立天皇制中央集權國家為內容的倒幕運動，史稱「明治維新」。這是日本從封建社會進入資本主義社會的轉折點，也是日本近代法的開端。1868 年 3 月 14 日，明治天皇發布《五條誓文》，確立了政府改革的基本綱領，並隨後在《五條誓文》的基礎上，制定了《政體書》，規定國家權力集中於太政官，太政官之下設立法、行政、司法三官。在此基礎上，明治政府通過實行「版籍奉還」「廢藩置

縣」等措施，變化了日本的地方割據狀態，建立了中央集權的國家體制，為日本資本主義的發展與法制建設奠定了基礎。

日本著手編纂西方式法典始於 1870 年的民法草案。由於編撰的法典特別是民法草案過分法國化，與日本當時的國情不符，遭到普遍的抵觸，因此轉而參照德國法重新進行修訂。1889 年，頒布了以 1850 年《普魯士憲法》為藍本制定的《大日本帝國憲法》，隨後分別頒布了商法典、民事訴訟法典、刑事訴訟法典、民法典、法院組織法等，至 1907 年刑法典頒布，資本主義法律體系的各主要法典均編製完成，標誌著日本近代資產階級法律體系最終確立。

14.1.5 現代法的發展

進入 20 世紀後，日本法開始進入現代化發展階段，其間經歷了巨大的法制變革。第一次世界大戰後，日本國力大大增強，壟斷資本主義得到了進一步發展。為了適應經濟、政治形勢的變化，日本一方面對原來的各法典進行全面修訂，另一方面則頒布了大量的單行法規充實原有的法律體系，一些新的法律部門如經濟法、社會法逐漸得以發展。這個階段日本開始對全盤模仿大陸法系的做法進行反思，不僅注意挖掘日本原有法律制度的精華，而且也注重從英美法中吸收有益的成分。

九一八事變和 1932 年政友會首相犬養毅遭暗殺，標誌著日本政黨政治的結束及法西斯化的開始。1937 年全面侵華戰爭發動後，軍部的獨裁統治初步形成。1941 年，東條英機獨裁體制確立，標誌著日本已全面建立起法西斯專政。為了適應戰爭的需要，日本於 1937 年和 1938 年先後頒布所謂的「戰時三法」：《臨時資金調整法》《關於進出口商品等臨時措置的法律》《國家總動員法》。此後，又在國家主義統制立法的核心——《國家總動員法》的基礎上，陸續頒布各種統制法令，並制定了一系列法西斯化刑事特別法，構建起法西斯主義的法律體系。

第二次世界大戰結束後，根據《波茨坦公約》等國際協議，日本需要鏟除軍國主義與法西斯勢力，向和平、民主、獨立的國家轉變。隨後，日本進行一系列改革。在法律制度方面，日本廢除了《國家總動員法》《治安維持法》等法西斯立法，重新起草了《日本國憲法》，並制定了《國會法》《內閣法》《選舉法》等與新的憲法相配套。為了適應新憲法確立的原則，對民法、商法、刑法、訴訟法等主要法典進行了修改，摒棄其中封建色彩較濃的部分，補充了新的原則。另外，日本還著手司法制度的改革，制定了《法院法》《檢察廳法》《律師法》等法律制度。1952 年《舊金山和約》生效，日本獲得了獨立，各主要法律部門都已經進行了較大的改革，朝著民主與法治的精神方向大踏步邁進，日本法制建設進入了一個嶄新階段。

進入 20 世紀 90 年代後，日本法出現了一些新的發展趨勢。其一，伴隨行政改革的推進，相繼制定、頒行或修改了《地方自治法》《地方分權總括法》《改革基本法》《改革關聯法》《獨立行政法人通則法》等重要法律文件，並制定了規制公務員和警察的《國家公務員倫理法》和《修訂警察法》等；其二，為了導入競爭原理，開放市場經濟，著手修改《禁止壟斷法》；其三，頒布《民事再生法》，對處理破產案件的實務進行了大變革；最後，在環境立法方面先後頒行了《再生資源利用促進法》《環境基本

法》《容器包裝再利用法》《家電再利用法》《建築再利用法》《食品再利用法》《綠色購買法》等法律,並對《廢棄物處理法》進行了多次修改。日本政府還制定了綜合地、有計劃地推進廢棄物循環利用對策的基本制度,於 2000 年 6 月 2 日頒布了《循環型社會形成推進基本法》,形成了以其為核心的循環型社會的立法體系,標誌著日本已經跨入循環經濟法制的先進國家行列。

14.2 憲法

14.2.1 《明治憲法》

(1) 憲法制定的歷史背景。

《明治憲法》是在階級矛盾十分尖銳,自由民權運動日益高漲的背景下制定的。明治維新初期,在西方憲政思想的影響下,以制定憲法、開設議會為基本要求的自由民權運動廣泛開展,社會上要求實行憲政制度的呼聲日益強烈,迫於壓力,明治政府於 1875 年 4 月發布詔書,承諾逐漸成立君主立憲政體。天皇政府於 1881 年 12 月頒布詔書,正式宣布於 1890 年開設國會、頒布憲法。1882 年,伊藤博文等四人出使西歐,考察歐洲國家的憲政制度。由於普魯士的政治制度與日本國情最為接近,1886 年,天皇便指令伊藤博文等人秘密起草憲法。1888 年憲法起草完畢,經樞密院修改審議通過後,1889 年 2 月,由天皇舉行儀式,發布《大日本帝國憲法》,後通稱《明治憲法》,定於 1890 年 11 月 29 日召開議會之日起正式生效。憲法頒布後,伊藤博文撰寫的《大日本帝國憲法義解》一書,成為憲法解釋運用的最權威的著作。

(2) 憲法的主要內容與特點。

《明治憲法》以 1850 年《普魯士憲法》為藍本,有 46 條搬用普魯士憲法,僅第 1、31、71 條為日本獨創。依次由天皇、臣民權利和義務、帝國議會、國務大臣及樞密顧問、司法、會議、補則組成,共 7 章 76 條。憲法內容的主要特點有:

①天皇總攬國家最高統治權。《明治憲法》第 1 條就明確規定「大日本帝國,由萬世一系之天皇統治之」,第 3 條「天皇神聖不可侵犯」,第 4 條「天皇成為國家之元首,總攬統治權」。這三條集中表達了天皇的地位和作用,說明天皇擁有國家主權並具有最高權威,任何人須無條件服從天皇的統治。

②內閣是從屬天皇的最高行政機關。《明治憲法》第 55 條規定「國務大臣輔弼天皇,負其責任」。內閣首相經元老院推薦由天皇任命,大臣由首相提名,天皇任命。海軍大臣、陸軍大臣表面上由首相提名,人選的決定權實際由軍部掌握。日本內閣只對天皇負責,是最高管理機關,議會不能決定內閣的去留。

③軍部脫離內閣直接行使軍權。軍部在憲法中雖無明文規定,但受憲法承認。它是直隸於天皇的參謀本部、海軍軍令部、內閣中的陸軍省、海軍省四個機關的統稱。凡指揮、調動軍隊,制定作戰計劃等由參謀本部和海軍軍令部直接上奏天皇裁決,內閣、議會無權過問,因而軍部成了超內閣的最重要的國家機關。這種軍部獨立於內閣

之外獨立行使軍權的現象，在日本憲法學中稱之為「二重內閣」。

④議會的立法權、監督權有限。貴族院和眾議院共同組成議會。《明治憲法》第5條「天皇以帝國議會之協贊，行使立法權」，表明了日本議會僅是「協贊」機關，不享有獨立的立法權。在監督財政方面，議會無權過問皇室費用和軍事開支，不能拒絕為執行現行法律所需要的撥款。因此，憲法規定議會對天皇的制約僅是虛有其表。

⑤憲法規定了公民有限的權利和自由。1889年憲法採用的是「臣民」而非近現代憲法所通用的「公民」。《明治憲法》第2章規定臣民享有居住、遷徙、通信、言論、出版、人身及私有財產受保護等自由、權利，但臣民必須服從於天皇，所享受的權利來源於天皇對臣服的臣民的恩賜。而且，與其他西方國家的近代憲法相比較，憲法所規定的自由權利範圍較狹窄，種類較少，對自由權利做了許多限制性規定，天皇可以戰爭、事變為由限制、剝奪臣民所享有的自由權利。

總之，《明治憲法》是日本歷史上第一部憲法，是一部帶有封建性和軍事性的憲法，是明治維新的產物，也是學習西方法治的成果。它對進一步打破日本封建制度，創建近代法律體系，推進日本政治近代化具有重要作用，同時也體現了日本封建軍國主義的殘餘，為其日後走向軍國主義道路，發動法西斯侵略戰爭提供了可能。憲法從1890年生效以後一直實施到第二次世界大戰結束。在半個多世紀裡，憲法本身並未被修改，但其某些原則、制度卻因憲法解釋、憲法性法律的頒布及新的國家機關的設立而發生了較大的變化。

14.2.2　《日本國憲法》

（1）憲法制定的歷史背景。

第二次世界大戰，日本戰敗投降。國內外形勢迫使日本廢除1889年憲法，並於1946年2月開始擬定、起草新的憲法，1946年3月6日在「麥克阿瑟草案」基礎上擬定的「政府憲法修改草案綱要」問世，同年11月3日，日本現行憲法《日本國憲法》頒布，並於1947年5月3日起正式生效。

（2）憲法的主要內容與特點。

《日本國憲法》除序言外，正文共11章103條。分為天皇、放棄戰爭、國民的權利和義務、國會、內閣、司法、財政、地方自治、修訂、最高法規、補則。與《明治憲法》相比，《日本國憲法》在體系與內容上均有所改變，具有如下特點：

①否定了天皇主權原則。憲法序言規定「主權屬於國民」「國政來自國民嚴肅的信託，其權威來自國民」，體現了國民主權原則。「天皇只能行使本憲法規定的國事行為」「天皇有關國事的一切行為，必須有內閣的建議和承認，由內閣負其責任」，這使日本天皇由最高統治者變成了「象徵性」的國家元首。

②確立了以「三權分立」原則為基礎的責任內閣制。憲法採用三權分立原則，實行英國式責任內閣制。立法權、司法權、行政權分別屬於國會、法院和內閣，三者相互制衡。國會由參議院和眾議院組成，議員均由選舉產生，國會是國家最高權力機關、國家唯一立法機關。內閣作為行使行政權的最高行政機關，對議會負責。內閣總理擁有較大實權。司法權屬於各級法院，法官獨立行使職權，最高法院院長由天皇根據內

閣提名任命，其他法官由內閣任命。被罷免、控訴的法官由國會議員組成彈劾法院進行審理。最高法院為終審法院，對一切法律、命令、規則、處分是否符合憲法具有決定權。日本由天皇專制的君主制國家變成了以三權分立為基礎的議會立憲君主制國家。

③擴大了公民的權利。憲法第3章對國民享有的權利、義務進行了界定，共計31條，是整部憲法中條文最多的一章。憲法規定了法律面前每個國民擁有平等的地位，詳細闡明了公民所享有的自由權、參政權和社會權，擴大了公民所享有的自由權利，規定了國民權利是「不可侵犯的永久權利」。

④強調了和平原則。憲法第2章專章闡述了「放棄戰爭」這一條款。憲法第9條規定「日本國民衷心謀求於正義與秩序的國際和平，永遠放棄以國家主權發動的戰爭、武力威脅或使用武力，不以此作為解決國際爭端的手段。為達到前項目的，不保持陸海空軍及其他戰爭力量，不承認國家的交戰權」。這些規定反應了日本國民渴望和平的強烈願望。

基於上述特點，有日本學者把「民主、人權與和平」三大原則定為1946年憲法的基石。現行憲法是一部帶有較多資產階級民主色彩的憲法，它的實施對於否定天皇專制制度，肅清日本封建主義和軍國主義的影響具有重要意義，為第二次世界大戰後日本進行政治體制改革奠定了基礎，開創了日本現代法治建設的新時代。同時，由於憲法產生於特定歷史條件下，不可避免地帶有一定的局限性。現行憲法自頒布60多年以來，護憲與修憲的論爭從未停歇過。1946年憲法雖沿用至今，但在實際運用過程中，憲法的部分內容通過解釋憲法、判例等方式已發生了改變。2005年11月，日本自民黨在慶祝建黨50週年之際，公布了修憲草案，將自衛隊升級為軍隊，引發熱議。2007年，國會通過了《關於日本國憲法修改程序的法律》（又稱之為《國民投票法》），該法的通過標誌著日本修改憲法的程序有了法律上的依據。《國民投票法》已於2010年5月18日起正式實行。護憲與修憲的論爭仍在繼續，日本今後將如何修改憲法的確令人關注。

14.3　民商法

14.3.1　日本民法

（1）明治法典的制定。

近代初期，圍繞民法典的爭論較多，在兩派激烈的爭論下，明治政府最終決定以《法國民法典》作為編撰《日本民法典》的依據。1870年，明治政府設立制度調查局，著手翻譯《法國民法典》，1872年開始了日本民法典的起草工作，1890年公布了民法典草案（後被稱為「舊民法」），原預定於1893年1月1日實行，因遭到社會輿論強烈反對，最終帝國議會決定延期實施。1893年，明治政府成立民法典調查會，參照德國民法典草案，結合日本國情重新起草民法典。總則、物權、債權三編於1896年4月公布，1898年6月，又依次公布了親屬、繼承兩編和「民法施行法」，該法典於

1898 年 7 月 16 日開始實施，後被稱為「明治民法」。

（2）民治法典的主要內容與特點。

1898 年實行的《日本民法典》共計 5 編 36 章 1 146 條，其體系結構與《德國民法典》相似，只是把物權編調置債權編之前，突出了對物權的重視，在日本，通常把前三編統稱為財產法，後兩編統稱為家族法，這是一部保留了濃厚封建殘餘的民法典。

第一，財產法集中體現了資產階級民法的原則。法典第 1 條規定「私權的享有，始於出身之時」，表明了公民民事權利在形式上是平等的。法典第 206 條規定「所有人於法律限制的範圍內，有自由使用、收益、處分所有物的權利」，法典第 207 條規定「土地所有權於法令限制的範圍內，及於土地的上下」，明確了資本主義私有財產無限制性。在法典的第 521、526、537、540 等條文中詳細闡述了契約自由原則。

與此同時，財產法部分也不可避免地帶有一定的封建色彩。如物權編專章規定了具有封建剝削性質的永小作（永佃）制度。根據規定，佃農因不可抗拒力使收益減少時，地租不得減免；當佃農因不可抗拒力致使全無收益，或持續 5 年收益低於地租時，才可以要求停止租佃關係，否則必須在地主土地上永佃 20~50 年。

第二，家族法保留了大量封建時代的內容。親屬編肯定了以男性為中心的家族制度，專章對戶主的支配地位和家屬的從屬地位進行了詳細闡述。按照規定，戶主對家族其他成員擁有住所指定權以及婚姻、收養的同意權，且戶主特權不允許隨意拋棄。經法院確立的親屬會議擁有對家族事務決定權。在家庭婚姻關係中，夫妻地位不對等，妻子的財產由丈夫管理，其行為能力深受限制，沒有離婚的自由。

繼承編中，繼承分為家督繼承（即戶主身分繼承）和遺產繼承。前者是對戶主權利、義務的繼承，繼承順序為男子優於女子、婚生子優於非婚生子，均以年長者為先，目的在於傳續封建家族制度。在遺產繼承中，雖規定諸子平分，但實則非婚生子女、庶子的繼承份額僅為婚生嫡子的 1/2。

14.3.2 民法的發展

1898 年的明治民法一直施行到今天。但自第二次世界大戰後，民法已多次被修改，又因大量民事單行法規的頒布、民事判例的適用，日本民法已發生了較大變化。

修改後的民法核心內容仍是維護資本主義私有制，修改較大的為親屬編和繼承編，從形式上廢除了以家長制為中心的封建家族制度，刪除了民法中的戶主制度、家族部分。在婚姻方面也做了一定修改，撤銷了戶主的婚姻同意權，規定了婚姻自由權；夫妻關係中，男女雙方擁有平等的權利與義務，取代了雙方不平等的地位。繼承制度也做了相應的修改，廢除了戶主繼承制，繼承僅限於財產繼承；父親去世後，子女不論長幼均擁有平等繼承遺產的權利，並規定了配偶也享有繼承權。

14.3.3 明治商法

明治維新初期，為扶持民族企業，保護對外貿易，政府決定制定統一的商法典。1881 年開始起草商法典，1890 年 4 月《商法典》公布，後被稱為「舊商法」。因為該法典的制定主要借鑑《法國商法典》，脫離了日本國情，不完全適合日本商業的發展，

公布後不久政府便對其進行了多番修改，1893 年法典的部分內容得到實施，1898 年 7 月作為應急措施，下令實施法典的全部條款。

1899 年 3 月，新的《商法典》（即「明治商法」）頒布，法典共 5 編 689 條，同年 6 月 16 日，明治商法代替舊商法開始實行。1899 年的《商法典》在繼承日本傳統商事習慣的基礎上，主要借鑒德國商法，同時對英國商法、法國商法的內容也有所吸收。與舊商法相比，明治商法有如下特點：其一，舊的商法典把破產法作為重要組成部分，而新的商法典把其排除在外，作為獨立的單行法有助於破產法的發展；其二，舊商法注重民法對商業活動的指導、調整作用，明治商法強調商業習慣法的特殊效力；其三，舊商法遭批判的一個焦點是，它規定商業帳簿的製作必須由會計或法科學校的畢業生負責，明治商法則沒有這個限制，其他人也可製作商業帳簿；其四，舊商法規定成立股份公司必須經主管部門批准，明治商法則採用自由設立主義；此外，明治商法還增加了允許公司合併的規定。

14.3.4　商法的發展

明治商法是日本的現行商法，但自實施以來，該商法已經多次被修改，法典的體系、內容早已發生了改變。體系上，因為 1932 年《票據法》和 1933 年《支票法》的制定，法典的第四編票據已被刪除，海商法從第五編改為第四編。內容上，法典自實施以來也多次被修改。步入新世紀後，日本對法典的修改工作更加深入、頻繁。日本在 2001—2002 年對自身的商法、公司法進行了自 1950 年以來最大規模的修改，引入了許多美國式制度。2005 年，日本對法典的修改涉及商法總則，《公司法》被單列出來。2008 年，日本又制定了《保險法》。

在日本，商法分為形式意義上的商法和實際意義上的商法。形式上的商法僅指商法典，而實質上不僅僅是商法典，商事特別法、商事習慣法、民法典等都屬於商法。

14.4　刑法

14.4.1　1907 年刑法典

（1）刑法典的制定。

在 1907 年刑法典頒布之前，日本相繼出抬過《假刑法》（1868 年制定，「假」是暫行的意思）、《新律綱領》（1870 年頒布）、《改定法律》（1873 年頒布）等刑法法規。這些法規在當時發揮過一定的作用，不過它們大多是搬用日本封建時期的法律。1875 年，日本政府以 1810 年《法國刑法典》為藍本，著手制定西方式刑法典，1880 年 7 月正式頒布，並於 1882 年 1 月 1 日正式生效，後被稱為「舊刑法」。這是日本首部西方式法典，它最先確立了「法不溯及既往」「法無文明規定不為罪」等原則，對量刑幅度也做了比較嚴格的規定，使法官的自由裁量權得到了限制。但由於「舊刑法」與日本國情不相符合，因此在實施過程中，刑法的地位極不穩定，一直遭受輿論

反對。

直至日俄戰爭結束，1906年，明治政府決定修訂原修改案，該法典於1907年4月獲得公布，1908年10月1日實行，被稱為「新刑法」。

（2）刑法典的內容與特點。

新刑法兩編共264條。第一編為總則，主要包括刑法適用範圍、刑罰種類、假釋、緩刑、合併罪、累罪、共犯等原則的規定。第二編是分則，規定了各種犯罪和應處的刑法。它側重於對社會刑法學派目的刑思想的借鑑，同時又吸取了古典刑法學派的報應思想。與舊刑法相比，新刑法有如下特點：

①對於舊刑法中規定的「法無明文規定不定罪、不處罰」。新刑法立法者認為，這一規定不言自明，且憲法第23條有類似規定，因而新刑法中廢除了這一規定。

②取消了重罪、輕罪的劃分，將違警罪從舊刑法中移出，並制定單行法規《警察犯處罰令》。

③針對舊刑法中的用詞做了調整。如用「時效」代替了「期滿免除」，把「謀殺故殺之罪」替換成了「殺人罪」，等等。

④規定「對皇室之罪」「內亂罪」為最重大的犯罪，並分別列專章規定。

⑤舊刑法對日本臣民在外國對本國或本國臣民所犯罪行的處罰並未作規定，新刑法則增加了這一條例。

⑥首次規定了緩刑制度，對假釋制度作了進一步完善，增加了犯罪未被發覺前自首減刑、犯罪行為未完成前自首免刑的規定。

⑦簡化了刑名，將主刑定為死刑、懲役、監禁、罰金、拘留、罰款幾種，並將沒收定為附加刑。

⑧擴大了量刑幅度，如規定懲役可以是1年以上10年以下，有的條文僅規定了刑期的底線，不明確最高期限，為法官留下了自由裁量的餘地。

總之，1907年日本新刑法體現了資產階級刑法原則，同時又保留了一定的封建殘餘。

14.4.2 刑法的發展

（1）刑法典的修改。

①第二次世界大戰前的修改。

1907年的刑法典至今依然有效，但日本刑罰制度已經發生了許多變化。1908—1946年，日本對刑法典進行了幾次修改。第一次是1921年，主要把業務上私吞罪的刑罰從「1年以上10年以下的懲役」改為「10年以下的懲役」。第二次是1941年為適應當時的總動員體制，修改了勞動場拘留、沒收等規定，增加了關於追徵金、「強制執行不正免脫罪」及「強制投標妨礙罪」等，對賄賂罪的相關規定進行了修改。此外，1926年，臨時法制審議會提出「刑法修改綱領」，在此基礎上，司法省於次年完成了「刑法修改預備草案」，草案的總則與分則分別於1931年、1940年以未定稿發表。該刑法改革草案因戰爭原因未提交議會審議，但其是戰後刑法修改的重要參考資料。

②第二次世界大戰後的修改。

1947年，日本以第二次世界大戰後制定的新憲法精神，對刑法典進行了大規模的修改，此番修改側重於保護個人法益及保障行為人自由。如刪除了對皇室的犯罪、通敵犯罪與通奸罪，加重了公務員濫用職權罪、暴行罪、脅迫罪的法定刑，放寬了緩刑適用條件，增設了前科消滅制度等。

零星的修補工作難以適應日本社會發展的需要，自20世紀70年代以來，日本刑法開始了全面修改工作。如1974年公布了「修改刑法草案」，1976年「關於刑法全面修改的中期報告」的發表，1981年「刑法修改工作當前的方針」的發表，等等。

在20世紀最後十年期間，又進行了兩次修改憲法的活動。如1991年廢除了《罰金等臨時措置法》，並為適應日本經濟的高速發展和貨幣價值的變動，日本刑法不僅提高了罰金額，而且將罰金數額規定到各項具體條文中。1995年，日本刑法刪除了有關減輕聾啞人刑罰的規定，刪除了有關殺害、傷害、遺棄、拘禁尊親屬等加重處罰的規定，並用平假名改寫刑法典（相當於將古漢語譯為白話文），實行了刑法典的通俗化。進入新世紀，日本刑法典又經歷了多次修改，至今，刑法典的修改工作仍在繼續。

（2）頒布具有刑罰內容的其他部門的法規。

在日本，刑法典是狹義的刑法，廣義的刑法還包括規定犯罪、刑罰內容的其他部門的法規。

除刑法典之外，日本立法機關還制定了許多單行刑法，如《關於防止暴力團員的不當行為的法律》（1991年）、《關於防止沙林等造成人身傷害的法律》（1995年）、《關於器官移植的法律》（1997年）、《處罰有關兒童賣淫、兒童色情等行為及保護兒童的法律》（1999年）、《關於規制實施無差別大量殺人行為的團體的法律》（1999年）、《關於有組織犯罪的處罰及犯罪收益規制等的法律》（1999年）、《關於防止兒童虐待等法律》（2000年）、《關於規制基因克隆技術的法律》（2000年）、《關於禁止不正當存取信息行為的法律》（2000年）、《關於規制糾纏行為等的法律》（2000年）、《關於防止配偶的暴力及保護被害人的法律》（2001年）、《關於處罰為了對公眾等脅迫目的的犯罪行為提供資金等的法律》（2002年）、《關於對心神喪失等狀態下實施他害行為的人進行醫療及觀察等的法律》（2003年）。同時，立法機關對原來制定其至新制定的單行刑法也進行了必要的修改和調整。

14.5　司法制度

14.5.1　司法組織

（1）近代司法組織的形成。

明治維新初期，日本行政與司法不分，行政官兼顧司法，缺少獨立的法院組織法。日本於1871年成立司法省，民刑裁判一律由之兼管，地方上的司法官由地方行政官兼任。1875年，太政官制改革，設立大審院，規定其為最高司法機關，下設上等法院、

巡迴法院、府縣法院，廢除了地方官兼任司法官制度，初步實現了司法與行政的分離。1880 年，《治罪法》公布，將法院分為高等法院、大審院、控訴法院、重罪法院、輕罪法院和違警罪法院。1886 年《法院管制》公布，控訴院代替了控訴法院，確立了法官身分保障制度。至此，日本的司法制度才初具規模。

1889 年《大日本帝國憲法》形式上採用的三權分立制度促進了日本近代司法組織的形成。根據《明治憲法》，日本法院分為行政法院與普通法院兩個體系，並於 1890 年頒布了《法院構成法》與《行政裁判法》。《法院構成法》是模仿德國法院組織模式制定的，共 4 編 144 條，規定普通法院受理民、刑案件，實行四級三審制，設立區法院、地方法院、控訴院、大審院，各級法院均設檢事（檢察官）局，各級法院的判事、檢事均為奏任或敕任，均為終身職務。《行政裁判法》共 4 章 47 條，規定行政法院設於東京，由裁判長、評定官 5 人以上合議進行裁判，行政法院僅審理法律、敕令和有關行政裁判文件規定的行政違法案件。

（2）第二次世界大戰後日本司法組織的變化。

第二次世界大戰後，日本根據新憲法精神，頒布了《法院法》《檢察廳法》及《律師法》，使日本司法制度發生了變化。

《法院法》頒布於 1947 年，規定實行單一的法院體系，把法院分為最高法院、高等法院、地方法院和簡易法院 4 個審級，實行四級三審制，各級法院兼理民、刑案件，最高法院享有違憲審查權。日本政府於 1948 年對《法院法》進行了修改，增設家庭法院，專門負責審理家庭案件與少年犯罪案件。此法之後又歷經多次修改。

1947 年《檢察廳法》頒布，規定獨立設立檢察廳，有最高檢察廳、高等檢察廳、地方檢察廳和區檢察廳 4 級，檢察官是國家行政官吏，地位受法律保護。

1949 年《律師法》頒布，改變了律師處於國家機關監控下的舊體制，確立了律師自立原則，規定律師的使命為保護人權，維護正義。日本的法官、檢察官和律師的地位極高，三者共同構成了「法曹三者」，被稱為「法制建設上的三根支柱」。

14.5.2 訴訟制度

（1）刑事訴訟。

①近代刑事訴訟法典的制定。

1882 年實行的《治罪法》是日本最早的刑事訴訟法。隨後，日本政府於 1890 年 10 月公布了以 1877 年德國刑事訴訟法為藍本，以《治罪法》為基礎而改訂的《刑事訴訟法典》，並於同年 11 月實行。

《刑事訴訟法典》共 8 編 334 條，附有 5 條附則。它有如下特點：其一，將訴訟分為公訴和私訴，公訴由檢事提起，私訴由被害人提起；其二，規定了法官的迴避制度；其三，將預審作為公判審理前必需的訴訟程序；其四，規定了控訴、上告、非常上告和抗告等四種上訴方式。

②兩次世界大戰期間訴訟制度的變化。

1922 年日本公布了修改後的《刑事訴訟法》，並於 1924 年開始實行。這部法典的特點：其一，擴大了檢察機關、偵查機關的強制權，把提起公訴作為預審的絕對條件；

其二，規定對於事實不當也可審理，改變了原法典中關於上訴審僅限於審查適用法律是否適當的規定；其三，對未決犯拘留的時間作了限制；其四，強化被告的當事人地位，擴大辯護制度。在法西斯統治時期，日本的訴訟制度開始片面強調國家職權主義，突出其專斷的性質，體現民主化司法制度的《陪審法》於 1943 年被宣布停止實施。

③第二次世界大戰後訴訟制度的變化。

第二次世界大戰後，隨著《日本國憲法》的實行，修改後的《刑事訴訟法》於 1948 年公布，1949 年實行，共 7 編 506 條。該法典對法院的刑事管轄、審級、公訴、審理、判決等程序作了較為詳細的規定。主要有：規定了強制處分時的保障人權條款；廢除預審，第一審以公開為主；認可被告人有選聘律師的權利；庭審中引入對抗制；採用「證據裁判主義」和「自由心證主義」原則，限制口供的證明能力，嚴禁傳聞證據的效力；廢除私訴。日本還於 1950 年制定了《刑事補償法》，對在一定條件下被宣告無罪者可就其遭受的錯誤逮捕、關押、審判，申請國家賠償，從而進一步完善了刑事訴訟制度。

（2）民事訴訟。

1885 年，日本仿照德國民事訴訟法制定了《民事訴訟法典草案》，幾經修改，於 1890 年公布，1891 年正式實行。《日本民事訴訟法典》分為 8 編 12 章，總計 805 條。該法典在內容上主要存在以下特點：①貫徹「當事人本位主義」原則，即若當事人自己不向法院起訴，法院不應干涉；②訴訟必須提交訴狀，採用和解制度，規定在訴訟的任何階段，法官都有權進行和解；③上訴審只在原審提出的請求和上訴申請的範圍內進行；④對不動產的強制執行通過強制拍賣或強制管理來實現。該法典實施後遭到強烈非議，因此日本在 1895 年對其著手修改，1926 年對修改過的民事訴訟法予以公布，並於 1929 年 10 月 1 日正式實施。

第二次世界大戰後，日本雖依舊沿用戰前的《民事訴訟法》，但實則已經開始對其進行一系列改革。如 1948 年，廢除職權證據調查，採用交互詢問制詢問證人，設立變更判決制度以防止無益的上訴等；1950 年，進一步嚴格了日期的變更條件，規定單獨事件的審判中也可採用準備程序等；1964 年設立票據和支票訴訟制度；1979 年將法典的第 6 編「強制執行」獨立出來，制定《民事執行法》；1989 年又制定了《民事保全法》，從而使日本的民事訴訟制度更加具有自己的特色。

14.6　日本法的特點和歷史地位

14.6.1　日本法的特徵

（1）日本法吸收了外來先進法律文化。

日本法是在不斷吸收、借鑑外來先進法律文化的基礎上逐漸發展完善起來的。在日本文明形成初期，中國大陸文明對其產生了深刻的影響。大化革新時期，日本效法隋唐的法律制度和法律形式，頒行「冠位十二階」與「憲法十七條」，創建以忠、孝

為核心精神的封建法律秩序。直至進入幕府統治時期，中國法律依然深刻影響著日本法律的發展方向。

明治維新初期，日本採取「泰西主義」的基本方針，學習西方發達的法律文化，開始政治、法律體制的全面改革。在仿照法國法失敗後，轉而效仿德國法，制定了憲法典、商法典、民法典、刑法典、民事訴訟法典、刑事訴訟法典等一系列法典，建立了完整的「六法體系」。進入20世紀後，日本開始逐步引進英美法內容，比如它們的信託制度、陪審制度等。尤其是在第二次世界大戰以後，日本法更多地汲取了美國式的民主法律制度，對進一步改革原法律體系，為戰後日本的政治穩定與經濟發展奠定了重要的制度基礎。

（2）日本法體現了現代法律體系的混合色彩。

現代日本法體系是在明治維新以後逐步建立起來的，法國法、德國法相繼成為日本法效仿的對象，因而日本整個法律體系呈現出大陸法系的特徵。步入20世紀，日本開始零星地引入英美法系的部分內容，主要制定了信託法、少年法、陪審法等單行法規，引進了英美國家的信託制度、陪審制度和對少年罪犯的特殊保護原則。第二次世界大戰後，在美軍直接占領下的日本較為全面地吸收了英美法律制度，英美法系尤其是美國法幾乎滲透到日本法律的各個部門。在憲法領域，《日本國憲法》採用英國的君主立憲制和議會內閣制；在司法制度方面，廢除行政法院制度，確立違憲審查權等，日本司法制度轉為英美型；在行政法領域，則仿照美國的獨立規制委員會，設立各種各樣的行政委員會；在刑法方面，效仿美國刑法制定《緩刑者保護觀察法》與《預防犯罪更生法》，並重新制定頒布了《少年法》與《少年審判規則》；在商法領域，尤其是公司法部分採用美國的授權資本制度等；在勞動法和經濟法領域，以美國法為模式制定了《勞動關係調整法》《禁止壟斷法》《證券交易法》《公司更生法》等；在訴訟法方面，開始轉變過去大陸法系的職權主義為英美法的當事人主義。儘管這些英美法的滲入程度比不上明治政府時期對大陸法系吸收程度，但它使現代日本法具有了兩大法系的混合特徵。

（3）日本法保留了獨具特色的本土法律精神。

日本在古代就模仿中國法制構建起自己的律令法、武家法或幕府法，但同時也保留了日本獨特的本土文化色彩，許多固有法的因素都被納入到其法律體系之中。日本在借鑑隋唐律令時，考慮了與自身的風俗習慣與法律傳統的整合性，有選擇性地吸收符合自身國情的法律制度。如深受中國大陸文化影響而制定「十七條憲法」，日本鑑於其歷史傳統，否認了豪族的世襲特權與政治支配權，並把與儒家、法家價值取向有些相反的佛教作為確立統一國家的指導理念。

明治維新後，迫於嚴峻的國際國內形勢，日本進行了「泰西主義」的政治、法律變革，建立了西方化的資產階級法律體系，但是日本從未完全拋棄自身的傳統法律因素。起初日本因無法立即建立近代化的西方法律體系，曾試圖復活其古代的律令法制，在1870年仿照清律制定了《新律綱領》，並於1873年制定了《改定律例》，作為對前法的補充。隨後在繼受各國法律文化的歷史選擇中，日本根據其具體國情，選擇了德國法的基本模式，但在建構自身法律制度的過程中，日本保留了大量本土文化的基本

精神，如憲法中的天皇專制制度，民法典中的家長制、家督制以及永小作制度，刑法典中各種維護皇權、家長權的罪名，等等。

特別值得關注的是，日本「以和為貴」的精神在近現代法律歷史發展過程中得到充分發展。第一次世界大戰後，日本頒行一系列調停法，規範了傳統的調解制度，有利於各種民事、商事糾紛的解決。第二次世界大戰後，日本制定了統一的《民事調停法》用以取代過去零散分佈的調停法，促進了民事調停制度的進一步發展。日本的訴訟案件大多以和解告終，即通過訴訟上的和解而解決糾紛，「因此，法官為達成和解而積極活動可以說是日本法的一大特徵」[①]。

14.6.2　日本法的歷史地位

（1）日本法對日本經濟發展起了重要作用。

日本的發展與其法律的發展有著緊密的聯繫，法律在日本社會、經濟的發展過程中發揮著重要作用。早在大化革新時期，效法隋唐的律令法給日本的政治與經濟發展提供了重要的制度保障。明治維新後，日本學習德國法，為日本從自由資本主義過渡到壟斷資本主義確立了法律上的依據。20世紀初，日本資本主義經濟迅速發展，形成了壟斷資本，國家開始對社會經濟進行比較全面的干預、調控，因而進行大量的經濟和社會立法，同時對原有的法律制度進行適時調整。第二次世界大戰後，日本為清除法西斯主義的影響，進行了一系列改革，建設了民主化的現代法律體系，為之後日本社會的重建提供了法律上的保障，大量新型的經濟、社會立法的實施，促進了戰後日本經濟的迅速騰飛。

（2）日本法為發展中國家實現法制現代化提供了經驗借鑑。

日本對外來法律文化的借鑑不是簡單機械地全盤接收，而是在結合自身法律文化的基本精神的基礎上，將二者結合起來，創造出符合日本社會發展的法律制度，這為發展中國家實現法制現代化提供了寶貴的經驗。日本法律發展的歷史充分表明，學習、借鑑西方發達的法律文化必須對各種外國的法律制度及其政治、經濟、文化和歷史背景進行全面分析、比較，選擇那些最符合本國國情的法律制度加以借鑑和吸收，並根據社會發展的需要不斷對其進行修訂，使之與本國固有的法律文化相互融合，這樣才能創建起順應時代潮流、促進本國長遠發展的法律體系。

（3）日本法為比較法研究提供了範本。

日本法在其歷史發展過程中，既深受中華法系的深刻影響，又經大陸法系與英美法系的雙重改造，呈現出東西方法律文化交融的狀態。同時，由於近代日本的迅速崛起，其法律開始極大地對周邊國家和地區產生重大影響，東亞、東南亞地區眾多國家的法律制度也均受到日本法或多或少的影響，並且隨著日本經濟的發展，這種影響還逐漸滲入西方發達國家。日本法在其本土文化的基礎上，融會貫通中華法系、大陸法系及英美法系的基本精神，為比較法的研究提供了重要的範本。

---

① 六本佳平. 日本法與日本社會 [M]. 劉銀良，譯. 北京：中國政法大學出版社，2006：220.

參考文獻

［1］六本佳平. 日本法與日本社會［M］. 劉銀良, 譯. 北京：中國政法大學出版社, 2006.

［2］何勤華, 李秀清, 方樂華, 等. 日本法律發達史［M］. 上海：上海人民出版社, 1999.

［3］龔刃韌. 現代日本司法透視［M］. 北京：世界知識出版社, 1993.

［4］何勤華. 外國法制史：6 版［M］. 北京：法律出版社, 2016.

［5］林榕年. 外國法制史：5 版［M］. 北京：中國人民大學出版社, 2014.

［6］李秀清. 外國法制史［M］. 北京：北京大學出版社, 2012.

［7］夏新華. 外國法制史［M］. 北京：北京大學出版社, 2011.

15 俄國法

15.1 十月革命前俄國法的法律制度

俄羅斯人屬於東斯拉夫人的一支。8—9世紀,東斯拉夫人的氏族社會解體,逐漸形成了封建制公國,882年建立了以基輔為首都的基輔羅斯(又稱古羅斯)。基輔羅斯是俄羅斯最早的國家形態,從此開始了俄國的歷史。十月革命前,俄國的法律發展歷程大致經歷了三個階段。

15.1.1 古羅斯時期

9世紀初至14世紀末是古羅斯時期。古羅斯國家建國初期以習慣法為主,隨著封建制度的確立和鞏固,10世紀時開始了成文立法。11世紀出現的《羅斯法典》(又稱《羅斯真理》)是古羅斯最重要的成文法典。該法典主要是關於血親復仇與各種違法行為的賠償金的規定,體現了封建特權原則,同時也帶有原始社會的痕跡。

15.1.2 中央集權制形成時期

15世紀初至17世紀後期,是俄羅斯國家走向統一的時期。在這期間,農奴制逐步強化,俄羅斯成為沙皇統治下的統一的多民族國家,以沙皇為中心的國家管理制度逐步形成,法律制度也逐漸走向統一。這一時期主要有幾部重要立法:一是促進與鞏固中央集權制的1497年《律書》,又稱「大公律書」;二是為了進一步強化中央集權而統一法院組織的1550年《律書》,又稱「沙皇律書」;三是鞏固農奴制度的1649年《會典》,又稱《阿列克賽·米海伊洛維奇法典》。此外,《羅斯法典》仍繼續適用。

15.1.3 俄羅斯帝國時期

俄羅斯帝國時期從1682年彼得一世即位起,一直延續到十月革命。彼得一世執政後著手進行了一系列改革,相繼頒布了一些法律條例,如1716年《軍事條例》、1720年《海上條例》、1729年《票據條例》和1782年《整飭條例》等。1716年的軍事法典分為軍事行政條例、軍事刑法與審判法、戰鬥與放哨勤務條例三卷,該法典在世界軍事史上具有特殊價值。

18世紀末至19世紀初,俄羅斯資本主義生產關係逐步形成,封建農奴制日益走向瓦解。沙皇尼古拉一世為強化專制統治,極力限制資本主義的發展,鞏固封建農奴制。受這一思想的指導,沙皇設立「法典編纂處」,搜集了五萬多件舊法令,對其加以整

理，於 1830 年匯編成《俄羅斯帝國法令全集》（以下簡稱《全集》）。在《全集》的基礎上，1833 年編撰了《俄羅斯帝國法律全書》。

19 世紀後半葉，民主主義運動蓬勃發展，俄國農奴制度陷入危機。1861 年，亞歷山大二世頒布了改革法令與廢除農奴制的特別宣言，並進行了一系列資產階級性質的改革，如 1864 年的《司法條例》，規定了公開審理制、司法偵查制、辯論制以及明確的審級制等資產階級的司法、訴訟原則和程序。此次改革形成了資產階級君主制，但依舊存在農奴制的殘餘。至十月革命前，俄國法律一直是封建專制制度與資本主義制度的混合物。

15.2　蘇聯時期的法律制度

15.2.1　蘇聯時期社會主義法律的創立與發展

1917 年 11 月 7 日（俄曆 10 月 25 日），以列寧為首的社會民主工黨領導社會主義革命取得勝利，建立了世界上第一個工農民主專政的社會主義國家，隨之誕生了對現代法律產生重大影響的蘇維埃社會主義法。其在 1917—1991 年的發展情況如下：

（1）社會主義法律制度的創立。

十月革命勝利後，蘇維埃政權立即著手制定了一系列法令與決議。1917 年 11 月 8 日，第二次全俄蘇維埃代表大會就通過了《告工人、士兵與農民書》《和平法律》與《土地法令》三項重要法律。隨後，在 1917—1918 年，蘇維埃政府相繼頒布了《憲法》《婚姻家庭法典》《關於法院的法令》。1922 年，又制定了《蘇俄民法典》《蘇俄刑法典》《土地法典》《勞動法典》等。1923 年制定了《森林法典》《刑事訴訟法典》《民事訴訟法典》等。這一系列法典的制定初步形成了一個社會主義法律體系。這一立法高潮在俄國法的發展史上，具有深遠影響。

（2）社會主義法律制度的發展。

1922 年 12 月，由俄羅斯、烏克蘭、白俄羅斯和外高加索組成了蘇聯。俄羅斯作為最大的加盟國，俄國法成為蘇聯法的重要部分。此後，俄羅斯自身的法律體系構成發生了重大變化，從原先單一的蘇俄法轉變為包括蘇聯法、蘇聯與加盟共和國共同法及蘇俄法的複合法律體系。

蘇維埃俄國從加盟蘇聯到第二次世界大戰之前，除制定 1924 年與 1936 年兩部蘇聯憲法、《蘇聯和各加盟共和國刑事立法基本原則》及《蘇聯和各加盟共和國刑事訴訟基本原則》等法律文件之外，還頒布了蘇俄《婚姻、家庭和監護法典》《勞動改造法典》《海商法典》《海關法典》與《內河航行章程》等法典，使初步建立的社會主義法律體系完備化。

第二次世界大戰之後，經過經濟恢復期，蘇聯進入了大規模立法時期。至 1980 年年底，蘇聯頒布了關於民事、刑事、訴訟、婚姻家庭、勞動與勞動改造、土地及行政違法行為等方面的共 15 個立法綱要，同時還制定了《航空法典》《海關法典》和《海

商法典》等法典。蘇俄據此制定或修訂了相應的法典,在蘇聯解體之前一直都適用,主要有1961年的《刑法典》和《刑訴法典》、1964年的《民法典》和《民訴法典》,以及1969年的《婚姻法典》。

15.2.2 蘇聯時期主要法律制度

(1) 憲法。

①1918年蘇俄憲法。

1918年7月10日第五次全俄蘇維埃代表大會通過《俄羅斯蘇維埃聯邦社會主義共和國憲法》,這是世界上第一部社會主義類型的憲法,分為6篇17章,共90條。該憲法以《被剝削勞動人民權利宣言》為首篇,宣告了蘇俄國體、政體及國家結構形式。其餘各篇為總綱、政權結構、選舉權與被選舉權、預算法、國徽和國旗。憲法明確了蘇維埃國家未來活動的綱領;根據國情擬定了蘇維埃自治和蘇維埃聯邦的原則;貫徹了社會主義民主原則與公有制原則;明確了公民的基本權利和義務,剝奪了不勞動者的選舉權;憲法宣布一切生產資料歸國家所有,提出了「不勞動者不得其食」的口號。1918年憲法為創立和鞏固無產階級專政國家累積了寶貴的經驗,走出了社會主義憲政探索的第一步。

②1924年蘇聯憲法。

1924年通過的《蘇維埃社會主義共和國聯盟憲法》是第一部蘇聯憲法。該憲法由蘇聯《成立宣言》與《成立條約》及11章本文構成。《成立宣言》闡述了蘇聯共產黨及蘇維埃政權的民族政策,《成立條約》規定了蘇維埃社會主義共和國的基本原則,明確了蘇聯和各加盟國之間的權限。憲法規定各加盟國均獨立行使其主權,受蘇聯保護,各加盟國有權自由退出蘇聯。這部憲法鞏固了蘇聯的新生政權,促進了各加盟國間的團結合作,為蘇聯和加盟國權限的劃分提供了法律依據。

③1936年蘇聯憲法。

經過十多年的發展,蘇聯已經基本建成社會主義社會,為適應社會發展需要,1936年12月5日,斯大林主持對1924年憲法進行修改,形成1936年憲法,通稱1936年「斯大林憲法」。

這部憲法分為13章,共146條,分別闡述了蘇聯的社會結構、國家結構、最高權力機關、加盟共和國最高權力機關、聯盟國家管理機關、加盟國國家管理機關、自治共和國最高國家權力機關、地方國家權力機關、法院與檢察機關、公民基本權利義務、選舉制度、國徽、國旗和首都及憲法修改程序等。憲法規定了社會主義國家的基本原則,宣布全部政權歸城鄉勞動者,由勞動者代表蘇維埃行使;蘇聯的經濟基礎是生產資料的社會主義所有制,社會主義公有財產神聖不可侵犯;宣布「各盡所能,按勞分配」。第一次規定了在蘇維埃社會中共產黨的領導地位。詳細規定了公民的權利和自由,包括勞動權、休息權、物質保障權、個人財產權和個人財產繼承權、受教育權等權利,以及言論、出版、集會、遊行、示威等自由,也有遵守法律、維護公共財產、服兵役等義務。憲法規定了選舉制度的普遍、平等、直接及無記名投票原則。憲法還調整了蘇聯的國家機關體系,蘇聯最高國家權力機關為蘇聯最高蘇維埃,其集中掌握

國家立法權；最高蘇維埃主席團是國家集體元首，對最高蘇維埃負責；蘇聯人民委員會是最高執行機關；蘇聯最高法院是最高審判機關。

這部憲法是整個蘇聯歷史中最重要的一部憲法，它反應了蘇聯高度集中的社會主義政治經濟體制，是各社會主義國家立憲的主要參照。

④1977年蘇聯憲法。

1977年10月7日，蘇聯第九屆最高蘇維埃非常第七次會議通過了《蘇維埃社會主義共和國聯盟憲法（根本法）》，由於其全面體現了勃列日涅夫所謂的「發達社會主義」理論，因此又之稱為「發達社會主義憲法」，除序言外，憲法分為9篇21章，共174條。與前三部憲法相比，1977年憲法有三個方面的特點：其一，宣布蘇聯已完成無產階級專政的任務，成為全民國家，蘇聯已經建成了發達的社會主義社會，目前的任務是建立共產主義社會；其二，突出了「人民」的概念，將「勞動者代表蘇維埃」改稱為「人民代表蘇維埃」，並監督其他國家機關，規定一切權力屬於人民，擴大了國家政治基礎的範圍；其三，加強了對公民人身、住宅不受侵犯以及私生活秘密權的法律保護，增加了享受保健、住房、文化成果的權利及技術改造、藝術創作的自由。

1985年，戈爾巴喬夫擔任蘇共中央總書記，開始進行全面改革，占主導地位的意識形態發生變化，共產黨的領導地位遭受懷疑與挑戰，社會制度開始動搖。在這種時代背景下，1977年憲法在1988年、1990年進行了兩次修改。

1988年的修改集中在改革與完善人民代表蘇維埃體制方面。修改後的憲法規定，蘇聯人民代表大會是最高國家權力機關，蘇聯最高蘇維埃是蘇聯人民代表大會的常設機關，由蘇聯人民代表大會直接選舉產生；蘇聯最高蘇維埃設主席一人，作為國家元首對國家實施總領導；設立憲法監督委員會，保障憲法的實施，維護憲法的權威。

1990年3月，蘇聯第三次非常人民代表大會通過了《設立蘇聯總統職位和蘇聯憲法修改補充法》。修改後的憲法規定，總統由全國公民直接選舉產生（首任總統除外），總統作為國家元首、武裝部隊總司令，擁有廣泛的權力，有權對公民的權利和義務、憲法與國家主權、安全和領土完整實行全面控制；有權提出對國家高級官員的任免建議，宣布總動員、部分動員以及緊急狀態；有權進行會談和簽署國際條約，否決最高蘇維埃通過的法案；有權發布總統令，組織蘇聯總統委員會，制定實施蘇聯對內對外政策的基本方針和措施，保障國家安全，討論實施蘇聯人民代表大會的經濟綱領和措施。憲法的修改，進一步激化了蘇聯潛在的各種矛盾，從而使蘇聯陷入全面危機之中。

（2）民事立法。

俄國在蘇俄、蘇聯時代頒行了大量民事法規，其中最重要的有1922年與1964年兩個《民法典》及1918年、1926年和1969年分別制定的三個《婚姻、家庭和監護法典》。

①1922年《蘇俄民法典》。

該法典於1922年10月31日第九屆全俄中央執行委員會第四次會議通過，1923年1月1日起正式生效。法典全文共436條，包括總則、物權、債和繼承4篇。總則篇規定了民事法律關係主體及其權利能力、行為能力、法律行為民事權力客體、訴訟時效等問題；物權篇主要明確了所有權及其種類，建築權及抵押權等；債篇規定了債的一

般原則及合同、不當得利、侵權等三種債；繼承篇規定了繼承方式及適用原則、繼承人範圍與順序及遺產範圍等。

作為世界法制史上第一部社會主義類型的民法典，1922年民法典開創了社會主義民法的新體系與新原則，是民事立法發展的新的里程碑。該法典不僅有利於蘇俄經濟發展，還被廣泛適用於土庫曼、烏茲別克、哈薩克、塔吉克等加盟國。這部民法典一直施行至1964年。

②1964年《蘇俄民法典》。

1964年10月1日，依據1961年《蘇聯和各加盟共和國民事立法綱要》制定並實行了新的民法典。與1922年民法典相比，新的民法典的主要變化是體系有很大改變，並且增加了有關知識產權的內容。體系上，分為8編42章，共569條，全部按照《立法綱要》的篇章名目和條款順序排版：第一編是總則，規定了基本原則、人、法律行為、代理和委託、期限的計算、訴訟時效；第二編是所有權，包括所有權人的權利範圍、不同所有權及其取得和喪失、共有關係等；第三編為債權，主要是有關債的一般原則、債的種類等；第四至七編分別是關於著作權、發現權、發明權、繼承的闡述；第八編是有關外國人、無國籍人及外國民法、國際條約適用的規定。內容上，新增了如供應、基本建設承包、運送、結算、信貸關係、名譽與尊嚴的保護等一些法律關係；取消了之前為了適應新經濟政策而規定的關於公司、私人機構的活動等內容。

③婚姻、家庭立法。

蘇俄1918年的《婚姻、家庭和監護法典》從形式到內容都可以稱作世界法制史上的創舉。這是世界範圍內首次對婚姻、家庭的專門立法，使婚姻、家庭法從傳統的民法體系分離出來，成為單獨法律部門，這部法典所確立的婚姻自由、夫妻享有平等的權利義務等原則成為社會主義國家調整婚姻家庭關係的基本準則。

以1968年《蘇聯和各加盟共和國婚姻和家庭立法綱要》為依據制定了1969年的《婚姻家庭法典》。1969年法典依然堅持1918年以來的婚姻自由、男女平等原則；與1926年的法典相比，增加了總則編與關於涉外婚姻、國際條約適用的第五編；廢除了事實婚姻，明確規定只有經過登記的婚姻才具有法律效力；廢除了協議離婚與單方面離婚的制度，規定只有經過法院判決才能離婚。

(3) 刑事立法。

①1922年《蘇俄刑法典》。

1922年刑法典是以1919年《蘇俄刑法指導原則》為依據而制定的。法典分為序言、總則與分則，共227條。總則第6條把「犯罪」定義為：凡威脅蘇維埃制度基礎及工農政權在向共產主義過渡時期內所建立的革命秩序的一切有社會危險性的作為或不作為，均為犯罪行為。法典第10條還規定了類推制度，闡述了包括驅逐出境、死刑在內的共11種刑罰。法典還規定了強制治療、放逐於指定地區等4種社會保衛方法。

1922年《蘇俄刑法典》是世界範圍內第一部社會主義類型的刑法典，它首次系統地表述、整理了蘇維埃社會主義刑法的各種規範，進一步發展、完善了蘇維埃刑事立法，其中的多項原則、規範被全蘇的刑事立法和各加盟國的刑法典所吸收。

②1960年《蘇俄刑法典》。

1958年12月25日，蘇聯通過了新的《蘇聯和各加盟共和國刑事立法綱要》（以下簡稱《綱要》）。《綱要》分為總則、犯罪、刑罰、判罪和免刑4章，共47條，相當於刑法典總則。依據《綱要》要求，1960年10月27日，蘇俄通過新的《蘇俄刑法典》，該法典由6章總則和12章分則構成，共269條。總則對基本原則、適用範圍、犯罪、刑罰、醫療和教育性強制措施等進行了規定。刑法典宣布罪刑法定主義，「只有犯罪人，即故意或過失地實施刑法所規定的危害社會行為的人，才應擔負刑事責任，並受刑罰」。相對於類推適用原則，這是一大進步。刑法雖沒有規定廢除死刑，但認為這是一種「非常刑罰方法」，對其適用範圍作了特別規定。醫療性和教育性的強制措施，包括對精神病人的強制治療，對酗酒、吸毒人的強制治療，對未成年人的教養和醫療教育等強制方法。分則對國事罪、侵犯社會主義所有制罪、危害社會治安罪、危害公民生命自由和權利罪、侵害個人財產罪、瀆職罪和經濟罪等進行規定。

隨著蘇聯政治經濟形勢的變化，蘇俄對1960年《蘇俄刑法典》作了許多補充和修訂。蘇聯解體後，該法典最終為1996年《俄聯邦刑法典》所取代。

（4）司法制度。

①司法體系。

1922年，蘇俄通過了《蘇俄法院組織條例》和《蘇俄檢察機關條例》，建立了法院和檢察機關體系。蘇聯成立後，根據《蘇聯、各加盟共和國和自治共和國法院組織法》《蘇聯、各加盟共和國和自治共和國檢察院組織法》完善了司法體系。其司法體系的基本原則和特點有：其一，實行審檢分立制；其二，法院實行雙重領導，檢察院實行垂直領導；其三，實行陪審制度。蘇聯於1958年頒布《蘇聯和各加盟共和國法院組織立法綱要》，並於1980年6月對其加以補充修訂。蘇聯及其他加盟共和國也據此修改了相應的法律。

②訴訟制度。

1923年頒布的《刑事訴訟法典》和《民事訴訟法典》，是蘇聯制定最早的、最具代表性的兩部訴訟法典。幾經修改，最終被20世紀60年代的新的刑事、民事訴訟立法所替代。

1923年的《刑事訴訟法典》規定了兩審訴訟程序、公訴制、辯論制、辯護制及公開審理等制度，明確法院為查明事實可以不受任何限制。依據1958年《蘇聯和各加盟共和國刑事訴訟立法綱要》，蘇聯於1961年通過了新的《蘇俄刑事訴訟法典》，修改後的1961年法典吸收並發展了「綱要」的規定，明確了各訴訟主體的地位、權利與義務及對這些權利的保障，詳細規定了刑事訴訟的每一個階段，闡明了處理若干案件的特點。

1923年的《民事訴訟法典》貫徹了民主原則、國家利益與勞動人民利益相結合原則，實行合議和陪審制度、辯論制度、公開審判制度等。依據1961年《蘇聯和各加盟共和國民事訴訟立法綱要》，1964年，俄羅斯聯邦最高蘇維埃通過了新的《蘇俄民事訴訟法典》，修訂後的民事訴訟法加大了訴訟參與人的權利，增添了法院審理行政糾紛及涉外民事訴訟程序的規定。

15.3 俄羅斯聯邦時期的法律制度

1985年，戈爾巴喬夫出任蘇共中央總書記後，為消滅舊體制痼疾，開始推行全面改革。由於舊體制的制約、傳統觀念的根深蒂固，局面沒有得到改觀，沉積多年的各種矛盾反而被激化起來，引發了嚴重的政治、經濟危機，社會動盪不安，各加盟國離心趨向日益嚴重。1990年3—5月，波羅的海三國紛紛宣布獨立，掀起了脫離蘇聯的浪潮。同年6月12日，蘇俄發表《國家主權宣言》，宣布俄羅斯是主權國家，保留自由退出蘇聯的權力。隨後，其他加盟國也紛紛發表了主權宣言。1991年12月21日，俄羅斯等11個加盟國首腦簽署了《建立獨立國家聯合體協議》等6個文件，宣告獨聯體成立。12月25日，蘇聯總統宣布辭職，蘇俄國名改為俄羅斯聯邦。12月26日，蘇聯最高蘇維埃發表了最後一個聲明，宣告蘇聯在法律上終止存在。蘇聯解體後，俄羅斯繼續進行全面改革，俄羅斯法律制度的發展也進入了一個新的歷史發展時期。

15.3.1 憲法

1993年《俄羅斯聯邦憲法》是俄羅斯現行憲法，分為序言和兩編。第一編為正文，俄聯邦憲法的所有實質內容都集中在這一編，主要包括：憲法制度基礎、人與公民的權利和自由、聯邦體制、俄羅斯聯邦總統、聯邦會議、俄羅斯聯邦政府、司法權、地方自治、憲法的修改與重新審議等，共9章137條。第二編為「最後的過渡性條款」，規定了與該憲法的生效相關的9個問題。1993年憲法的主要內容如下：

第一，憲法規定俄羅斯是一個聯邦制共和政體的民主法治國家，實行政治多元化、多黨制，取消了共產黨的領導地位，承認意識形態的多樣性。第二，取消社會主義公有制，宣布「俄羅斯聯邦平等地承認和保護私有制、國家所有制、地方所有制及其他所有制形式」，規定私人財產未經法院判決不得加以剝奪，強調實行全面的市場經濟，保障商品、勞務及財政資金的自由流動，國家鼓勵競爭、自由的經濟活動。第三，承認並保障了人與公民的權利與自由，強調人的權利與自由生來就具有，不可被剝奪。闡明了人和公民的權利與自由，涉及政治、經濟、文化、司法等各個方面。規定了當這些權利與自由被侵犯，且在國內用盡一切手段仍不能得到捍衛時，可向有關國際機構請求保護。規定對公民實行無罪敲定原則，公民無自證無罪的義務。第四，吸收了三權分立原則，確立了總統制。總統任期四年，可連任兩屆，由公民直接選舉產生。總統作為國家元首，有權任命總理，有權批准或駁回議會通過的法律，有權發布總統令、解散國家杜馬、宣布全民公決、統帥武裝部隊等。總統有叛國行為或其他重罪時可受彈劾，最高法院負責審判。聯邦議會行使立法權，由聯邦委員會和國家杜馬組成，前者由各聯邦主體各派兩名代表組成，後者由選民選舉產生的450名議員組成。聯邦政府具有執行權力，政府由聯邦政府總理、副總理及部長組成。實行司法獨立原則，由憲法法院、最高法院、其他聯邦法院、最高仲裁法院和聯邦總檢察長行使司法權。其中憲法法院通過解釋憲法和違憲審查來監督憲法的實施，最高法院是民事、刑事和

行政案件的終審法院，仲裁法院負責對經濟案件的仲裁，總檢察長主要負責法律的監督。

1993年《俄羅斯聯邦憲法》反應了俄羅斯進行政治、經濟改革的指導思想，確認了俄羅斯總統制的聯邦國家制度。這部憲法在本質上、體系上、內容上均不同於蘇聯時期的社會主義法律制度。

15.3.2 民商及經濟立法

1990年以後，俄羅斯開始了民商及經濟法制的改革，頒布了一系列民商法及經濟法，其中最重要的成果是1994年制定的《俄羅斯聯邦民法典》。

1994年《俄羅斯聯邦民法典》並未以完整的形式一次生效，該法典共分為四個部分，分別於1995、1996、2002、2008年正式實施。民法典的第一部分包括總則、所有權和其他物權、債法總則等3編29章，共453條；第二部分即第四編，涉及對債的種類的規定，實際上是債法分則，共31章656條；第三部分包括繼承法、國際私法，共2編3章40條；第四部分，即第七編，主要涉及智力活動成果與個別化手段的權利，共9章327條。法典全文共1,551條。與之前的法典相比，該民法典的特點如下：

其一，確立了民法在法律體系中的權威地位。改變了之前多層次民事立法及法與法之間相互矛盾的狀況，也改變過去總統、政府的命令或決議以及主管部門頒布的合法性文件可獨立解釋、補充或代替法律的現象。該民法典從立法權限上明確了民法屬於俄羅斯聯邦法律，各俄聯邦主體及地方自治組織沒有頒布民事立法文件的權限。其他包含民事法律規範的聯邦法律或法律文件與民法典相抵觸時，若法典本身沒有其他規定，應以民法典為準。其二，體現了私法精神。民法典首次以法律的形式確立了主體平等，財產不可侵犯，合同自由，任何人不允許任意干涉私人事務，不得阻礙主體行使公民權利，保障恢復被侵害的權利，司法保護民事權利等私法原則。這些原則貫穿在民法典的諸多條款中，實質上為經濟活動參與者實現權利獨立性提供了一定的法律空間。在私法調整範圍內，各主體間的關係是平等、自願且獨立的，在不違背法律的條件下，每個人都可按照自己的意願，在維護自己利益的範圍內，自主地參與民事活動。其三，反應了俄羅斯市場經濟發展的需要。在民事權利主體制度中，自然人的法律地位得到加強。他們可以是民事流轉過程中的消費者，也可以是私人經營者，還可以是各種經濟聯合組織的參與者。完善了法人制度，規定了多種法人類型，強調了計劃經濟體制下產生的那些非傳統性法人類型企業的過渡性特徵，並對其作了限制性規定。在所有權制度中，承認私有權的合法性，取消了國家所有權的唯一性，建立了適合俄羅斯市場經濟發展的比較完善的物權體系。在債權制度中，展現了俄羅斯現代市場經濟發展的特點，廢除了與市場經濟不相符合的舊的或相抵觸的規則，增加了許多新的合同種類，規定統一的交易規則，注重保護債權人利益。其四，較準確地使用法律概念，逐步取消規範中帶有經濟特點的術語。俄羅斯長期存在經濟學概念和法律學概念相混淆或經濟學概念代替法律學概念的現象。新民法典正逐步避免使用帶有經濟特點的術語，盡量將相關概念歸為法律範疇。

總之，《俄羅斯聯邦民法典》的頒行是俄聯邦法律改革中的一項重大舉措，法典規

範基本拋棄了過去具有公法性質的法律調整方式，恢復民法固有的私法精神，為俄羅斯現代市場經濟關係的形成與調整確立了統一的法律準則，同時對民法的發展具有重要意義。

15.3.3 刑事立法

蘇聯解體後，俄羅斯的政治、經濟制度都發生了重大變化，1960年刑法典已經不再適用了。為應對這一變化，俄羅斯聯邦在修改舊的刑法典的同時，也開始著手制定新的刑法典。截至1994年7月1日，原刑法典於1992年10月和1993年7月歷經了兩次大規模修改，全文269條內容中，修改的條文涉及160多條。

1996年5月通過了《俄羅斯聯邦刑法典》，並於1997年1月1日起正式生效。該刑法典分為總則和分則兩部分，共12編34章360條。其內容主要有如下特點：

其一，重新規定了刑法的基本原則，分別是：罪刑法定的法制原則、公民在法律面前地位平等的原則、罪過原則、公正原則及人道原則。其二，重新界定「犯罪」的概念，清除了舊刑法典對「犯罪」這一概念塗抹的厚重階級色彩。法典第14條明確規定「以刑罰相威脅而禁止的有罪過地實施危害社會的行為是犯罪」，以剝奪自由刑的不等年限為標準，將犯罪分為輕型、中等嚴重的犯罪、嚴重犯罪和特別嚴重的犯罪等四類。其三，首次規定了法人應負刑事責任。法典第5編規定了未成年人的刑事責任及相應刑罰的適用，年滿16週歲者須承擔刑事責任，年滿14週歲者，只對規定的犯罪承擔刑事責任；未成年人只適用6種刑罰，量刑時需要考慮到其生活、教育條件及其心理發展水平與個性特點；規定被判剝奪自由刑的未成年人應設有特殊的服刑地點；加重了累犯的刑事責任。其四，在刑罰種類方面，廢除了放逐、流放、公開訓誡等刑種，規定了刑罰體系由9種主刑與4種從刑構成，包括強制性義務勞動、勞動改造、限制軍職、限制自由、拘役、一定期限的剝奪自由、剝奪終身自由、死刑、剝奪專門稱號、沒收財產、罰金等。罰金既可作為主刑，也可當作從刑，罰金額不再固定為定額的幣值，而是以最低勞動報酬的倍數或一定期限內的工資收入來表示，適用罰金刑時，不僅需要考慮罪行的嚴重程度，還要依據罪犯的財產狀況來決定。規定死刑只適用於侵害生命的特別嚴重犯罪，對婦女不適用死刑。第6編還規定了既可以與刑罰同時適用，又能夠單獨適用的醫療性強制措施，適用於特定的實施犯罪行為的人。其五，調整了犯罪種類的順序，增加了大量犯罪種類與罪名，如增加了對侵犯普通人和公民的憲法權利與自由的犯罪、生態犯罪、有組織犯罪、對計算機信息領域的犯罪、經濟領域犯罪、破壞人類和平與安全的犯罪等規定。

1996年《俄羅斯聯邦刑法典》體現了蘇聯解體、社會劇變對刑法所產生的深刻影響，同時也反應了現代世界刑法理論的發展趨勢。它是俄羅斯刑法科學與當代立法實踐的重大成就，標誌著俄羅斯刑事立法的民主化方面邁向一個新階段。

15.3.4 司法制度

（1）法院組織。

聯邦憲法法院、聯邦普通法院與仲裁法院共同構成俄羅斯聯邦法院體系。聯邦司

法體系中各級法院的權限、組成及活動程序均由憲法性法律規定。在俄羅斯政治和法律生活中聯邦憲法法院具有舉足輕重的地位。

俄羅斯聯邦於1991年5月16日頒布了《俄羅斯聯邦憲法法院法》，7月12日，通過了它的修正案，12月29日，俄羅斯聯邦人民代表大會選舉產生了13名聯邦憲法法院法官。依據憲法及相關法律的規定，憲法法院僅設立聯邦中央一級，憲法法院的19名法官由聯邦委員會根據聯邦總統的提名任命，任期為12年。憲法法院法官獨立行使司法權，無故不得被撤換。作為司法審判機關的憲法法院主要通過憲法訴訟活動對憲法的執行進行監督。聯邦普通法院，由聯邦最高法院、各聯邦主體最高法院、各邊疆區、州、聯邦直轄市、自治州、自治專區、區（市）法院、治安法官以及軍事法院組成。它是民事、刑事及行政等案件的最高審判機關，作為決策機構擁有一般司法權，有權對聯邦法院的活動進行監督，有權對審判實踐問題做出解釋。仲裁法院，由聯邦最高仲裁法院、各聯邦主體中共和國的最高仲裁法院、邊疆區、州、聯邦直轄市、自治州、自治專區仲裁法院組成。作為司法機關的各級仲裁法院主要用以解決經濟爭議和審理其管轄範圍內的其他案件。

（2）檢察制度。

俄羅斯各級檢察機關是代表聯邦對國家各部門的法律執行情況實施監督的法律監督機關。俄羅斯檢察體系分為三級，分別是俄羅斯聯邦總檢察院、各聯邦主體檢察院和區（市）檢察院，三級之間為上下級隸屬關係。檢察體系實行總檢察長負責制，實行垂直領導、集中統一的原則。總檢察長由聯邦委員會根據俄羅斯總統的提議任免，任期五年。檢察機關內部實行總檢察長負責制，下級檢察長服從上級檢察長與總檢察長，總檢察長須定期向聯邦委員會和俄羅斯總統匯報工作。

俄羅斯檢察機關的主要職能包括：第一，監督職能，是指對法律執行情況的監督，對遵守人和公民權利與自由情況的監督，對偵查機關、初步調查機關、執行刑罰及其他強制措施的機關執行法律情況的監督；第二，參加法院案件審理的職能；第三，刑事偵查職能；第四，協調各種護法機關反犯罪鬥爭的職能；第五，參與完善法律活動的職能。這些職能，充分展現了檢察機關在俄羅斯聯邦憲政體系中的重要地位。

（3）訴訟制度。

訴訟制度的主要法律依據來源於《俄羅斯聯邦民事訴訟法典》（2003年2月1日起實行）、《俄羅斯聯邦刑事訴訟法典》（2002年7月1日生效）與《俄羅斯聯邦仲裁程序法典》。這些法典具體規定了操作性很強的訴訟、仲裁程序。1997年《俄羅斯聯邦執行程序法》與1996年《俄羅斯聯邦刑事執行法典》是俄羅斯聯邦為保障民法典和刑法典的實行而專門制定的法律。

普京當選總統後，提出了新的司法改革整體目標，加快了司法改革的步伐，提出司法改革的核心觀念主要是保護個人免受國家機關的專橫，並按照現代通用的國際準則、慣例對俄羅斯的具體法律部門及司法制度進行全面的技術性調整，通過對各項法律進行修訂、補充，重新調整俄羅斯的法院系統。已經通過的司法改革措施有：法官任職終身制、法官職務行為責任豁免制、陪審團制、司法審查制度、刑事訴訟程序改革等。其中刑事訴訟程序改革的重點是加強對刑事被告人的權利保護，包括準備採納

無罪推定原則，審前羈押和搜查、沒收、逮捕由法院批准等。改革後的司法體制確認了在國家機構中司法機關的獨立地位，通過引入審團制、辯論制、改革的證據制度等一系列的制度，確保了市場主體的權利與自由，突出了對個體的保護，體現了建立資產階級民主制與實行市場經濟的必然性。

參考文獻

［1］張壽民.俄羅斯法律發達史［M］.北京：法律出版社，2000.

［2］劉向文，宋雅芳.俄羅斯聯邦憲政制度［M］.北京：法律出版社，1999.

［3］任允正，於洪君.獨聯體國家憲法比較研究［M］.北京：中國社會科學出版社，2001.

［4］何勤華.外國法制史：6版［M］.北京：法律出版社，2016.

［5］林榕年，葉秋華.外國法制史：5版［M］.北京：中國人民大學出版社，2014.

［6］李秀清.外國法制史［M］.北京：北京大學出版社，2012.

［7］由嶸.外國法法制史：3版［M］.北京：北京大學出版社，2007.

16 歐洲聯盟法

　　歐洲聯盟法（其前身是歐共體法），在歐洲一體化的運動中逐漸發展和完善，形成獨立的法律體系。它兼有國際法和國內法的因素，在大陸法系和英美法系相融合的基礎上，開創了新的法律模式。它不僅適用於各成員國之間的關係，而且可以直接適用於成員國公民和法人。歐洲聯盟法不但對歐洲各成員國，而且對世界法律文化的發展都產生了巨大的影響。

16.1 歐洲聯盟法的形成和演變

　　歐洲聯盟法是指以建立歐洲共同體的國際條約為基礎逐步發展起來的，適用於歐洲聯盟各成員國的，有關歐洲聯盟機構及其職能的條約、立法、判例等法律規範的總稱。

　　1951年法國、聯邦德國、義大利、比利時、荷蘭、盧森堡六國簽訂了《歐洲煤鋼共同體條約》（《巴黎條約》），建立了煤鋼共同體。

　　1957年上述六國又簽訂了《關於建立歐洲經濟共同體的條約》和《關於建立歐洲原子能共同體的條約》（統稱《羅馬條約》），並於1958年建立了經濟共同體和原子能共同體。

　　1967年7月三個共同體合併，歐共體即為上述三個共同體的總稱。之後，歐共體先後接納了英國、愛爾蘭、丹麥、希臘、西班牙、葡萄牙等國。歐共體的宗旨是以三個共同體為基礎來推動歐洲的統一，所以歐共體在發展中經歷了從關稅同盟到單一市場、從共同市場到經濟貨幣聯盟、從經濟共同體到政治聯盟的發展。其中，歐共體成員國於1979年建立了歐洲貨幣體系和歐洲貨幣單位，1986年簽署了《單一歐洲條約》，1992年簽署《歐洲聯盟條約》。

　　這樣，通過經濟一體化所形成的歐洲國家聯盟，對歐洲和世界的經濟、政治格局的變化和發展，發揮著日益重要的作用。由於從歐共體到歐洲聯盟的每一個發展過程都是在法律的基礎上實現的，所以歐盟法也隨著歐盟組織的建立和發展而形成和發展起來。

16.2 歐洲聯盟法的淵源和效力

歐洲聯盟法的淵源包括兩部分：成文法即條約和制定法；不成文法即一般原則和判例。前者包括歐洲聯盟基礎法和歐洲聯盟制定法，後者包括法的一般原則和歐洲法院的判例。

16.2.1 條約

條約包括建立歐洲聯盟的基礎條約和歐洲聯盟國際協定。基礎條約是成員國以多邊條約的形式直接制定的法律，構成了歐盟法的法律基礎，相當於主權國家的憲法，其制定和修改必須經過特別程序。國際協定是歐盟成員國與非成員國及其他國際性組織締結的條約。

16.2.2 歐洲聯盟機構頒布的制定法

歐洲機構根據歐盟條約的規定，在條約授權的範圍內制定具體的規定，可分為三類。

（1）條例。

條例是歐盟制定法中最重要的、效力等級最高的法律形式。條例的內容是就某一領域的事項創制在歐盟統一適用的一般性法律規則，適用於歐盟所有法律主體，體現了它的普遍適用性。條例的效力不僅限於它所規定的目標，而且及於為實現目標所規定的具體辦法。成員國對生效的條例必須全面執行，不得持有任何保留或反對態度，體現了它的全面約束性。條例在所有成員國都直接適用，可以直接為成員國的公民和法人設定權利與義務，不需要成員國國內的任何立法或司法機關的仲介，體現了它的直接適用性。

（2）指令。

指令的主要任務在於規定所要達到的目標。指令也是由歐洲聯盟部長理事會和歐洲聯盟委員會依據歐洲共同體條約的授權所制定的立法性文件。接受指令的成員國有義務在一定期限內通過自由選擇的立法與行政措施，實現指令所規定的目標，即指令對所有成員國而言，只對指令所規定的目標有法律約束力。至於成員國採取何種方法和途徑，則由成員國自行決定；有關成員國必須把指令轉化為國內法，指令須借助於國內法的實施，才能產生法律效力。

（3）決定。

決定是針對特定成員國或特定人，以及特定事項頒布的實施一般性法律規則的具體條件和辦法。決定是由歐洲聯盟部長理事會或歐洲聯盟委員會做出的，具有拘束力的立法性文件。它是一種執行決議，是執行歐洲聯盟法令的一項行政措施，目的在於提高歐洲聯盟法令的公開信和透明度。它要求成員國或法人、甚至個人從事某行為或不從事某行為，直接為其規定義務，或實施某項處罰。確切地說決定對其接收對象具

有全面的拘束力，其接收對象可以是歐洲聯盟成員國，也可以是自然人或法人。與條例和指令的立法性質不同，決定具有特定的適用對象，對其特定的適用對象具有全面的拘束力、直接的適用性等特點。

16.2.3　歐洲聯盟法的一般原則

歐洲聯盟法的一般原則，來源於成員國法律制度的共同原則、國際法中的有關原則，以及歐洲聯盟基礎條約的基本精神。它往往是通過歐洲法院的判例加以確立的。一般原則的適用是有限的，只有在歐洲聯盟成文法的規定不完備或不一致的情況下，歐洲法院才能適用歐盟法的一般原則。幾十年形成的對歐盟有重大指導意義的一般原則有基本權利原則、平等不歧視原則、比例原則、保護既得利益原則、不溯及既往原則、信義誠實原則等。

16.2.4　歐洲法院的判例

歐洲法院行使著歐盟的全部司法權。歐洲法院是有權解釋和決定歐洲聯盟成文法效力的唯一法院。儘管歐洲法院以大陸法系的裁判制度為模式，原則上不承認判例的約束力，只有事實上的影響力。但由於歐洲法院的判決在法律適用中，通過相關法律的解釋、法的一般原則的適用、國內法及國際法的援引，彌補了成文法律的不足，從而形成了一系列新的規則，逐步形成和發展了判例法，使之取得了接近於約束力的效力。所以，判例也是歐盟法的淵源。根據民法法系的法律理論，法院的判決只對其所針對的案件有效，對將來的案件不具有約束力，法院只能適用法律而不能制定法律。但是在實踐中，這個理論並沒有得到嚴格執行，這是因為在法律的適用中需要解釋，通過適用或解釋，有關的規則就得到限制或補充，其中必然包括具有一般約束力的規則。

在實踐中，歐洲法院的判例作為法律淵源主要通過三種途徑：第一，在判決中提及歐洲法院曾經做出的決定；第二，在判決中重複歐洲法院曾經做出的決定；第三，歐洲法院指示考慮其他類似情況，該判決對於其他類似情況具有拘束力。

16.2.5　歐洲聯盟法的效力

歐洲聯盟作為一個獨立的經濟政治實體在歐洲的經濟、政治、文化等方面發揮著重要的作用。根據基礎條約和歐洲法院的司法實踐，歐洲聯盟法與各成員國之間的關係問題，主要體現為歐洲聯盟法在各成員國國內的效力問題。其效力主要分為直接效力和優先效力。

（1）歐洲聯盟法律的直接效力。

直接效力是指在一定條件下，歐洲聯盟法為個人直接創設了權利和義務，個人可以要求國內法院保護權利和實施義務。這個概念不是《歐洲共同體條約》規定的，而是歐洲法院在司法判例中發展起來的。

歐洲法院認為，條約創立了一種新的法律制度，這種新的法律制度為個人創設了權利，並使這種權利成為個人法律遺產的一部分。法院在一些案件裡逐漸完善了直接

效力的概念，並對產生直接效力的條件做出了界定：①規定必須清楚明確，毫不含糊；②它必須是無條件的；③它的實施必須不依賴於成員國或共同體機構進一步的行為。

《歐洲共同體條約》第249條規定，具有直接效力的歐洲聯盟法律除了共同體條約外，還有條例、指令、決定等。條例「在所有成員國直接適用」。因此，條例可以自動成為成員國法律制度中的一部分，而不需要通過任何成員國的立法轉換便可產生效力。然而，這並不是說條例的所有條款都具有直接效力，其中有的條款可能不符合「無條件和充分明確」的要求，這樣在歐洲共體法律界中，就產生了「直接效力」和「直接適用」的區別。這種區別的意義也得到了許多學者的支持。但是歐洲法院對是否存在直接適用與直接效力的區別，並沒有做出明確的標示。總的來說，有的條例能產生直接效力，有的則不能，條例只有在滿足了上述三個條件之後才能產生直接效力。

在歐洲共同體頒布的三種具有約束力的法律文件中，指令的直接效力最富有爭議，原因在於《歐洲共同體條約》第249條沒有將指令確定為直接適用的法律淵源。指令和條例的最大區別就是指令在成員國內法上不直接適用的法律效力，但是如果成員國立法機關在規定期限內未轉化或者錯誤轉化了指令的內容，是否對個人具有直接效力呢？如果在規定的期限內沒有轉化、部分轉化或錯誤轉化了指令的內容，而該指令的目的在於保護私人利益並含有絕對和處分保護個人的條款時，個人可以對國家援引該條款並提出損害賠償請求，但不得對其他個人援引此種規定，即指令無「平面的直接效力」。據此，指令在一定條件下也具有直接效力：①成員國在轉化期限屆滿仍未將指令轉化為國內法；②從指令的內容來看，指令對於個案已經是確定的，並且具有充分的適用性。具備這兩個條件時，成員國公民和法人可直接援引指令中對已有利的條款對抗國家行政當局和各級法院。

根據《歐洲共同體條約》第249條第4款和《歐洲原子能共同體條約》第161條第4款的規定：「決定對它所指向的對象在各個方面具有約束力。」但是決定的適用對象與條例有所不同，它既是可以指向成員國，也可以指向個人，包括成員國的公民和法人。當決定指向公民和法人時，由於其直接涉及公民和法人的權利與義務，在成員國具有直接效力。對於以成員國為對象的決定，根據歐洲法院在1970年第9號案的判決，在一些例外情況下，如果「決定」包含有確定的，而且非常明確地要求成員國履行有利於個體的某些義務，則決定也可以引申出對個體的優惠性的「間接的適用效力」，即指向成員國的決定與指向成員國公民和法人的決定一樣，都能在成員國直接適用。因此，共同體機構所做的符合上述條件的決定，在成員國也具有直接適用的效力。

（2）歐洲聯盟法律的優先效力。

歐洲法院在實踐中確立了共同體法優於各成員國國內法律的原則。歐洲法院認為，對主權權利的限制和一個既適用於個人，也適用於成員國的法律機制使得這種新的法律制度有必要優先於與之不適應的國內法規定。歐洲法院通過一系列判例，不僅使歐洲共同體法優先效力原則適用於歐洲共同體基礎條約，還適用於歐洲共同體體立法以及歐洲共同體與第三國締結的國際協定。

根據歐洲法院的司法實踐，歐洲共同體優先效力原則具體體現為以下三個方面：①凡是與歐洲聯盟法相衝突的國內法，不管是一般法律、法規，還是憲法，也不管是

先於還是後於歐洲聯盟法頒布的，都必須服從於歐洲聯盟法；②歐洲聯盟法直接賦予個人權利，各成員國國內法必須予以確認，成員國的立法機構不得通過旨在剝奪個人根據歐洲聯盟所享有的權利的法律，成員國法院也不得借口與憲法不一致而不適用有關的歐洲聯盟法律；③成員國無權制定或維持可能對歐洲聯盟有害的法規，也無權對歐洲聯盟法做出權威性解釋，更無權阻止本國法院適用歐洲聯盟法。當然各成員國法院尊重歐洲法院的主張這一事實並不是通過強迫或財政制裁而取得的，而是通過要把歐洲一體化建立在尊重法制的原則之上實現的。

除了直接效力與非直接效力的劃分外，西方學者還認為有平面的與垂直的效力、針對個人的效力與針對成員國的效力、橫向的效力與縱向的效力等的劃分。

16.3 歐洲聯盟法的基本制度

16.3.1 歐洲聯盟法與成員國法之間的關係

歐洲聯盟作為一個由諸多主權國家組成的國際組織，擁有自己的立法、行政和司法機構，是獨立的法律實體，有自己較為完整的法律體系。解決歐盟法與成員國法之間的關係可以概括為三個原則：直接效力原則、歐盟法優先原則和歐盟法與成員國法之間的合作關係原則。

①直接效力原則。歐盟法在成員國內直接適用，直接發生法律效力，這使得歐盟法與成員國法在一定程度上協調一致。它要求：成員國必須把所適用的歐盟法等同於國內的法律，並以國家力量保障其實施；成員國的任何公民和法人均可直接援引歐盟法主張或行使權利。

②歐盟法優先原則。歐盟法優於成員國國內法，不僅先於歐盟法頒布的國內法與歐盟法相違時無效，而且後於歐盟法制度的成員國法與歐盟法相違時也無效。

③歐盟法與成員國法之間的合作關係原則。歐盟法在許多方面都需要成員國法加以彌補。成員國法律體系和比較完整的歐洲聯盟法律體系各有自己的存在基礎和運作方式。同時在極為廣泛的領域內，兩者之間互相合作和補充，共同調整著各國國內和成員國之間錯綜複雜的關係。

16.3.2 歐洲聯盟的主要機構

歐洲聯盟的主要機構：歐盟理事會、歐洲委員會、歐洲議會、歐洲法院。

（1）歐盟理事會。

歐盟理事會是由各成員國的部長組成，所以又稱部長理事會，是歐盟的最高決策機構和實際立法機構，在歐盟中居於中樞地位。理事會的主要職責是制定歐盟的各項基本政策，以確保條約的執行和履行。

首腦理事會又稱歐洲理事會，是由各成員國元首和政府首腦及外交部部長組成。它是部長理事會的進一步發展，體現了歐盟從單純的經濟目的向更多目的的發展趨向。

它在確定歐盟的基本方針和政策上起決定性作用。但它不能直接產生具有法律效力的決議,其決議必須通過部長理事會的程序才能生效。

(2) 歐洲委員會。

歐洲委員會是歐洲聯盟的常設機構和執行機構,負責實施歐洲聯盟條約和歐洲聯盟理事會做出的決定,向理事會和歐洲議會提出報告和立法動議,處理日常事務,代表歐洲聯盟對外聯繫和進行貿易等方面的談判。歐洲委員會是獨立於成員國和理事會的機構,由經各國政府一致協商任命的17名委員組成(其中英、法、德、意各兩名,其他成員國各一名)。委員們一經任命就成為歐盟的專職官員,不受本國政府指示的約束,也不得從事其他任何工作,以保證在任何情況下都能以維護和發展歐盟的利益為行動準則,否則歐洲議會可以對委員提出彈劾,免除其職務。歐洲委員會代表的是歐洲聯盟超國家的利益,對歐洲議會負責,有立法、執行和監督職能。為確保歐洲聯盟的條約和立法得到貫徹實施,委員會有權對各成員國及其公民和法人行為進行監督,對於任何違反歐洲聯盟法的行為或拒不履行法定義務的情況,委員會有權進行調查、訴諸歐洲法院,或頒布禁令、實施罰款、做出限制,並要求成員國司法機關協助強制執行;理事會做出的所有重要決定均須以委員會的提案為基礎;在指定的範圍內行駛獨立的決定權,獨立頒布無強制力的建議和意見,確保歐洲聯盟利益的優先地位。

(3) 歐洲議會。

歐洲議會是歐洲聯盟的諮詢機關和監督機關,在某些領域擁有部分立法權和預算決定權。歐洲議會由成員國公民直接選出的議員組成,議員名額分配因國之大小有所不同,議員可以同時是成員國的議會議員,但不能同時擔任成員國政府或歐盟其他機構的任何職務。歐洲議會的調查監督權主要有三項內容,即臨時調查委員會的調查監督、申訴專員的調查監督以及歐洲議會的質詢。臨時調查委員會主要調查在實施歐洲聯盟法中受指控的違法行為或失職行為;申訴專員主要審理歐洲聯盟任何公民或在一成員國中居住或擁有註冊辦事處的任何自然人或法人,就共同體機構活動中的失職行為所提出的申訴;歐洲議會對歐洲聯盟的各機構的監督作用主要表現在對委員會的監督上,委員會向議會負責,議會有權對其提出不信任的動議,從而迫使委員會全體辭職。歐洲議會在一定程度上有權參加其他機構的立法活動,理事會和委員會進行立法活動時,在歐洲聯盟基礎條約規定的範圍內,必須經過徵求議會諮詢意見的程序。此外,歐洲議會在決定歐洲聯盟預算方面的權限比較突出,而且一直在不斷擴大,甚至參與某些法令的立法過程,從歐洲聯盟的發展過程來看,歐洲議會的權利在逐漸加強,特別是立法過程中發揮著越來越重要的作用。

歐洲議會形式上是歐盟的最高議事機關和監督機關,但事實上的權力有限。其主要職能不是立法,而是實施監督和發表諮詢意見。

(4) 歐洲法院。

歐洲法院是根據歐洲聯盟基礎條約設立的獨立機構,其職責是保證歐盟的法律得到尊重,保證在解釋和適用歐盟法律過程中法律的統一。歐洲法院由16名法官組成,依慣例每個成員國指派一名,由各成員國政府協商一致任命。歐洲法院還有6名檢察官,獨立於法官,既不代表歐盟,也不代表任何成員國,只為公共利益代言。

歐洲法院的管轄權:

①先於裁決權,即歐洲法院對成員國法提出的有關條約的解釋,歐洲聯盟機構通過的法令的效力和解釋,或其他機構的章程的解釋問題進行裁決。它適用於成員國法院已經受理、並且正在審理的涉及歐盟法的解釋的案件。

②受理委員會或一個成員國違反歐盟法的訴訟。

③受理對歐洲聯盟機構提起的訴訟。

④受理純司法性質的案件。歐洲法院有權審理非契約上的損害賠償糾紛以及歐盟各機構與其職員的雇傭契約和處分問題的爭執。

16.3.3 歐盟憲政法律制度

2004年6月17—18日,歐盟首腦在布魯塞爾就《確立歐盟憲法條約草案》達成一致意見,10月29日,當時的25個成員國首腦在羅馬簽署了《歐洲聯盟憲法條約》。

憲法是國家的根本大法,歐洲起草憲法說明歐洲不僅想要在經濟上尋求合作,而且要在政治上探索聯合發展的模式。憲政原則是尊重和保護公民的尊嚴、平等、自由與基本人權。憲政立法、實施與執行機構是歐洲聯盟的幾個主要機構:歐洲議會、歐盟理事、歐洲理事會、歐盟委員會和歐盟法院。

16.3.4 歐盟經濟一體化法律制度

在歐洲一體化的過程中,歐洲聯盟逐漸制定了適用於各成員國的共同經濟政策,在聯盟內部對經濟進行干預和調節,排除各種障礙,從而建立了統一的共同市場和經濟與貨幣聯盟,實現了成員國之間貨物、人員、服務與資本的自由流動,以及建立了保證內部市場中競爭不受扭曲的法律制度。

(1) 經濟一體化法律制度的基礎。

歐盟法對內必須消除成員國之間直接或間接的貿易障礙,建立適用於所有參加國領土的規範和規則;對外則必須對希望把自己的產品輸入到共同市場的第三國建立共同政策,共同市場對外應該以統一的面孔出現,建立共同市場是歐洲聯盟所追求的主要目的。歐洲法院把這一目標解釋為「創造一個單一市場以達到類似於國內市場的條件」。欲達到這一目標就必須消除各種貿易障礙,實現成員國之間貨物、人員、服務與資本的自由流動,建立起統一的共同市場,這是經濟一體化的基礎,也是立法的核心。

(2) 歐盟競爭法。

競爭法是歐盟法律的重要組成部分,合理有序的競爭將促進歐盟經濟的健康發展。反之,各種壟斷將對經濟共同體起阻礙甚至破壞作用。歐洲經濟共同體條約第85條、第86條對於企業之間限制競爭的協議,以及企業濫用優勢地位做了規定。條約第85條對於企業之間協調一致、限制競爭的行為做了規定。歐洲聯盟競爭法主要內容包括三個方面:第一、禁止企業間限制競爭的行為;第二、禁止企業濫用支配性地位;第三、禁止有損競爭的國家援助。

(3) 歐盟反傾銷法。

反傾銷法是為了打擊傾銷行為而制定的。它是近年來歐洲共同體頻繁使用的非關

稅保護措施之一。歐洲共同體制定第一部反傾銷法是在 1968 年，後對該法律進行了多次修訂。現行有效的是 1955 年 12 月 22 日公布的《第 384/96 號規則》。歐洲聯盟反傾銷法旨在保護成員國產品免受第三國低價出口的競爭。構成傾銷必須具備三個條件：一是某些產品的出口價低於同類產品的正常價，二是傾銷對歐洲聯盟有損害或構成威脅，三是徵收反傾銷稅符合歐洲聯盟的共同利益。歐洲聯盟反傾銷法適用於所有產品的貿易，包括農產品，但不包括服務貿易。理事會和委員會負責反傾銷法的實施，受理歐洲聯盟內公民、法人以及相關協會對外國商品傾銷的指控。

(4) 歐盟公司法。

歐洲聯盟公司法由歐洲聯盟基礎法的有關規定、歐洲聯盟有關機構的立法以及歐洲法院的判例組成，其中特別以理事會的十餘項有關公司法的指令尤為重要。由於指令僅在所要實現的目標方面有約束力，至於實現目標的形式和方法則由各成員國自由選擇，因此各成員國有關公司的法律規定顯得十分重要。協調和統一各成員國不同甚至互相抵觸的公司法，是歐洲聯盟公司法的首要目標。到目前為止，歐洲聯盟的公司法尚未形成完備的體系，有關公司法的規定仍然是理論多於實踐。公司法本身的法律特徵主要以各成員國國內法為依據，依據任何一個成員國的國內法而成立的公司，其法人資格得到所有歐洲聯盟成員國的承認，即公司是依據各成員國法律設立的，但同時享有和承擔歐洲聯盟法所規定的權利和義務。

16.3.5 歐盟對外貿易法律制度

共同關稅法律制度。關稅是以進口貨物為對象徵收的一種稅。關稅制度是國家政權的體現。1992 年 10 月《歐洲共同體關稅法典》的頒布，進一步完善了歐洲共同體關稅的法律制度。該法典規劃了商品分類目錄，制定了統一的原產地制度與統一的海關估價制度，同時規定稅則例外條款。

非關稅壁壘法律制度。它包括：共同的進出口制度、反傾銷法律制度、反補貼法律制度。

16.3.6 外交與安全、司法與內務方面的法律制度

安全與外交法律制度。《歐洲聯盟條約》完善了外交與安全方面的內容，授權歐洲理事會負責制定共同體的外交與安全方面的政策。條約第 5 編對該方面做出了比較具體的規定，其目標是捍衛聯盟的共同價值、根本利益與獨立，加強聯盟國的安全，促進國際合作、保障基本人權。

內務與司法合作法律制度。《歐洲聯盟條約》第 6 編對於這方面的內容做了規定，涉及避難、非法移民、人員的自由流動、毒品、詐騙、民事、刑事與海關合作等。歐洲聯盟所有成員國都是國際刑事法庭的簽署國。法庭負責戰爭罪與反人類罪的起訴與調查，審判種族屠殺、種族滅絕的罪行，同時打擊金融犯罪，如洗錢、詐騙、偽造歐元等，維護金融秩序。民事方面也一樣，通過一系列的立法加強成員國之間的民事司法合作，內容涉及管轄、契約、破產、婚姻家庭、繼承、等等。

16.4 歐洲聯盟法的基本特點和歷史影響

16.4.1 歐洲聯盟法的基本特點

歐洲聯盟法是一個開放的、處於不斷變化發展中的法律體系。

(1) 歐洲聯盟法自成體系。

歐洲聯盟法是一個既不同於國際法又不同於國內法，而是具有其自身獨特特點、自成一類的法律體系。國際法主要調整國與國之間的行為規範，而歐洲聯盟法主要調整歐盟成員國之間的經濟關係。國際法中的自然人不具備國際法主體資格，不能對國家提起訴訟，而歐洲聯盟法是容許的，這說明二者實質性的差異。

歐洲聯盟法具有國內法的一些特徵，如代表成員國參與一定的國際條約與協定的簽訂、談判，以特定的國家的身分參加國際組織與活動，但是它在相當程度上又必須依賴於成員國的贊同，在一些方面不能代表成員國做出決定。

(2) 歐洲聯盟法具有聯邦法的屬性。

在美國，除了憲法列舉的情況之外，剩餘的權屬一律劃給各州。從這個角度看，歐洲聯盟法確實具有聯邦法律的特徵。不過歐洲聯盟法主要限於經濟社會領域，並不具有聯邦憲法所具有的各州憲法不得與聯邦憲法相衝突的特徵。

事實上，歐盟除經濟上合作外，在其他諸多領域中，如軍事、外交（除與歐洲聯盟有約定，也即《歐洲聯盟條約》的第二、第三條規定的合作事項外）基本上是由成員國自行決定。歐洲聯盟本身所具有的權力本身就是成員國賦予的，是成員國主權的部分轉讓，不為歐盟本身所具有的，很多重大事項無法脫離成員國的同意與支持。

但是隨著歐洲聯盟的不斷發展，有些情況應該引起我們的注意：

一是歐盟具有進一步「政治一體化」的傾向，歐洲聯盟逐漸由經濟方面的合作邁向經濟與政治合作並重，具有向聯邦過渡的傾向。

二是為實現歐洲的夢想，包括讓許多政治家、歐洲的一些政黨與利益集團積極推動歐洲聯盟向聯邦的方向發展。

16.4.2 歐洲聯盟法的歷史地位

(1) 歐洲聯盟法使兩大法系日益融合。

歐洲聯盟最初的成員國都是大陸法系國家，歐洲聯盟的法律受到大陸法系的強烈影響。歐洲經濟共同體首先接受大陸法系的方式，尤其是法國的傳統。歐洲共同體的法院機構與司法行政也完全採用法國的模式。

1973年英國、愛爾蘭加入歐共體後，聯盟的法律又受到了普通法系的影響。首先，判例在調整非行政案件中所發揮的作用越來越大。1975年的「瑪蒂沙案」，歐盟法院明確地遵循了「先例」。20世紀80年代，歐洲法院的程序制度在兩個方面得以發展，一是口頭辯論的運用，二是採取英國的「聽取對方之詞」的規則。從這裡我們可以看

出，歐洲法院的發展與兩大法系有密切的關係。歐洲法院本身就是在兼取兩大法系原則的基礎上不斷地向前發展的。

歐盟法也為兩大法系的融合提供了條件，使它們能夠相互取長補短。如普通法系的正當程序原則已經被大陸法系廣泛接受，而大陸法系的均衡與合理期待原則也為普通法系國家所接受。

（2）歐洲聯盟法是法律全球化的實驗室。

歐洲聯盟作為一個區域性的經濟政治組織已經取得了很大的成就，其一體化程度遠非其他經濟組織可以望其項背。

歐洲聯盟雖然是歷史的產物，其形成與發展都是由歷史的合力形成的，但是，歐洲聯盟法律制度給我們留下了寶貴的財富，在人類法律發展史上將佔有重要的地位。

首先歐洲聯盟法是一種特別的法律，為我們在經濟政治合作方面提供了法律上的樣式。其次，歐洲聯盟的擴大與發展，使得歐盟的版圖不斷擴張，新加入的這些國家之間的文化、宗教並不完全相同，如何處理這些問題，加強成員國之間的合作，歐盟也為我們提供了一個解決文化宗教問題方面的樣式。總之，歐盟在經濟、政治、外交、安全、司法等方面為成員國提供了一個可以廣泛交流與合作的平臺，歐盟的法律在協調成員國的衝突、解決成員國的矛盾、促進成員國經濟政治的合作與發展、保障歐盟公民的基本權利方面做出了巨大的成績，在人類法律發展史上佔有重要的地位，是法律發展史上一筆不可多得的財富。

國家圖書館出版品預行編目(CIP)資料

外國法制史 / 朱琳 主編. -- 第一版.
-- 臺北市：崧博出版：財經錢線文化發行，2018.10

面； 公分

ISBN 978-957-735-580-5(平裝)

1.法制史

580.9　　　　107017093

書　　名：外國法制史
作　　者：朱琳 主編
發行人：黃振庭
出版者：崧博出版事業有限公司
發行者：財經錢線文化事業有限公司
E-mail：sonbookservice@gmail.com
粉絲頁　　　　　網　址：
地　　址：台北市中正區延平南路六十一號五樓一室
8F.-815, No.61, Sec. 1, Chongqing S. Rd., Zhongzheng Dist., Taipei City 100, Taiwan (R.O.C.)
電　　話：(02)2370-3310　傳　真：(02) 2370-3210
總經銷：紅螞蟻圖書有限公司
地　　址：台北市內湖區舊宗路二段 121 巷 19 號
電　　話：02-2795-3656　傳真：02-2795-4100　網址：
印　　刷：京峯彩色印刷有限公司（京峰數位）

　　本書版權為西南財經大學出版社所有授權崧博出版事業有限公司獨家發行電子書及繁體書繁體版。若有其他相關權利及授權需求請與本公司聯繫。

定價：350元

發行日期：2018 年 10 月第一版

◎ 本書以POD印製發行